내면의 수사학

저자 **변학수**

1958년 문경 출생. 경북대학교 사범대학 독어교육학과를 졸업하고 독일로 건너가 슈투트가르트대학교에서 문학과 철학으로 석사학위(M. A.)를 받았다. 아데나워재단의 장학생으로 공부했으며, 같은 대학교에서 1993년 문학박사(Dr. phil.)학위를 받았다. 1999년부터 문학평론가로 활동했고, 계간지 『시와반시』, 『다층』의 편집위원을 역임했으며, 『현대시학』에 장기간 기고했다. 현재 한국문인협회 회원이다. 문학치료에 관심을 두어 2004년 경북대학교에서 학과 간 협동과정으로 문학치료학과를 창설하였고, 독일 프리츠 펄스 연구소에서 문학치료사 양성 과정을 수료하고 난 뒤, 문학치료 슈퍼바이저 자격을 얻었다. 현재 경북대학교 사범대학 독어교육학과 교수로 재직하며 고려대학교 대학원에 출강하고 있다.
저서로는 『문학적 기억의 탄생』(열린책들, 2008), 『프로이트 프리즘』(책세상, 2004), 『문학치료』(학지사, 2005, 개정판 2007), 『통합적 문학치료』(학지사, 2006), 『잘못보기』(유로서적, 2003), 『문화로 읽는 영화의 즐거움』(경북대학교출판부, 2003), 『인문학과 해석학』(공저, 계명대학교출판부, 2002), 『Hermeneutische und ästhetische Erfahrung des Fremden』(iudicium, 1994)이 있으며, 역서로는 『제국의 종말-지성의 탄생』(글항아리, 2008), 『기억의 공간』(경북대학교출판부, 2005), 『독일문학은 없다』(열린책들, 2004), 『릴케-헌시·시작노트』(책세상, 2000), 『보리스를 위한 파티』(성균관대학교출판부, 1999), 『시와 인식』(문학과지성사, 1993)이 있다. 논문으로는 「20세기의 미학적 저술에 나타난 부정성의 개념과 문학적 경험」, 「회상으로서의 유년」, 「비언어적 영화 기호의 해석」, 「문화로서의 글쓰기」 등 50여 편이 있다.

내면의 수사학

초판 1쇄 2008년 3월 15일 • **초판 3쇄** 2023년 9월 21일
지은이 변학수 • **펴낸이** 홍원화 • **펴낸 곳** 경북대학교출판부
출판등록 1973년 10월 10일 ㉑97호 • **주소** 대구광역시 북구 대학로 80
전화 053-950-3830 • **팩스** 053-953-4692
이메일 press@knu.ac.kr • **홈페이지** www.knupress.com
ISBN 978-89-7180-219-9 93800

정가는 뒤표지에 있습니다.
파본은 바꾸어 드립니다.

내면의 수사학

변학수 지음

경북대학교출판부

서문

제목이 무거운 것에 비하면 책을 쓴 동기는 너무나 가볍다. 이 책은 이미 우리가 사는 사회에 중요한 문화적 아르테팍트(도구)가 되다시피 한 내러티브(서사)에 관한 이야기다. 이런 이야기는 천일야화의 탄생 배경처럼 – 샤흐르차드가 죽지 않기 위해 천 하루 동안 이야기를 끌고 간다 – 듣는 자나 읽는 자들에게 '그래서?', '왜?', '그런데?' 하는 질문을 유발하고 그들에게 호기심과 긴장감을 불러일으킨다. 물론 거기에는 수사와 오락성도 중요한 요인이 될 것이다. 하지만 그런 호기심과 긴장감을 불러일으키는 구조화가 없다면 이야기는 곧 끝나게 되고, 술탄(왕)에게 샤흐르차드는 죽임을 당할 것이다.

"엄마, 우리 강아지 사요, 네?" 하고 조르는 아이에게 엄마가 무슨 대답을 하면 이야기가 끝나는가? 간단하다. "그래 사자." 그러면 이야기는 끝난다. "안 돼." 그렇게 말해도 왜 안 되는지에 대한 이야기가 특별한 방법으로 제시되지 않으면 이야기는 끝날 수 있다. 이렇게 강아지 사자고 조르는 것, 거기에 대한 변증법적 반응이 당연하거나 단순하지 않을 때 독자들은 긴장과 호기심으로 이야기에 빠지게 된다. 우리는 이렇게 문학어가 일상어가 아님을 쉽게 공감할 수 있다.

시가 서술로 일관하고 이미지는 없는, 치렁치렁한 수사로 만들어져 있다면 그 또한 심미적 긴장을 유발할 수 없다. 말하고 서술한 것에만 의존하고 작가가 살아 있어 의미를 강요하는 그런 소설이 되풀이된다면 문학은 독자를 문식성의 후진 대열에 묶어 둘 수밖에 없다. 보여 주거나 제시하는 것은 없고 상투적 어구에만 매달리는 소설이 소위 말하는 베스트셀러 자리를 계속 지킨다면 우리의 내러티브 문화는 희망이 없을 것이다. 그리고 이야기나 시가 볼 수도, 만질 수도, 냄새 맡을 수도, 맛볼 수도 없는 내면 공간을 함의할 재주가 없다면 일국의 문화콘텐츠는 후진성을 면하기 어려울 것이다.

이런 것은 단지 시나 드라마, 소설에서만 일어나는 일은 아니다. 근래에 쏟아진 〈디워〉 같은 영화들을 위시한 많은 영화들에 대한 비판은 내러티브와 캐릭터가 없는 배우나 화면의 화려함으로 승부를 걸었기 때문에 발생한 일이다. 수사修辭와 오락에만 의존한 내러티브는 – 숲의 측면에서건 나무의 측면에서건 – 관객을 긴장시킬 수 없다. 이 점에서 "진지한 것을 5분도 못 견디는 세대가 무섭다"라고 한 배우 안성기 씨의 말은 다시 생각해 보아야 한다. 스크린쿼터는 바로 이런 수사와 오락의 전통이 남긴 부작용이다.

이 책은 경북대학교출판부 '교양기획도서 공모사업' 선정작이다. 학문적 이론만 늘어놓지 말고 일반 독자들에게 가까이 다가가는 그런 책을 쓰라는 것이 공모 의도였는데, 그 의도에 이 책이 부합하길 기대해 본다. 책을 쓸 수 있게 기획을 한 경북대학교출판부와 운영위원님들께 감사의 마음을 전한다. 그리고 원고 정리에 많은 도움을 준 출판부 편집진들께도 감사한다.

2008년 2월

변학수

Contents

차례

들어가는 말

◎ 영화 텍스트든 이야기 텍스트든 시 텍스트든, 텍스트는 내러티브를 가지고 있다. 그리고 그 내러티브는 있는 그대로를 표현해서는 의미를 얻기가 힘들다. 가령 불륜의 스토리를 가진 영화라면 특정 배우의 벗은 몸을 보기 위해 관객들이 올 것 같지만 실은 그렇지가 않다. 좋은 감정만으로 좋은 문학이 되지 않는 법, 탄탄한 구조와 서스펜스를 포함한 내러티브가 없으면 그 영화는 외면당한다. 글이나 그림, 영화 속의 내러티브는 보이는 것으로 의미를 만들 수 없다.

연암 박지원의 말을 빌려 표현하자면 내러티브는 심사心似와 형사形似로 구분되는 두 가지 층위를 지니고 있다.●

● 정민, 비슷한 것은 가짜다, 연암 박지원의 예술론과 산문미학, 태학사, 2000, 105쪽 이하.

전자는 보이지는 않지만 내러티브의 내적 요소이면서 저변에 동기적動機的으로 작동하는 심동모이心同貌異한 것이며, 후자는 가시적이면서 활동적이며 내적 요소를 파악할 근저를 제공하는 분위기적雰圍氣的 요소, 즉 모동심이貌同心異의 표현들이라 할 수 있다. 이와 같이 우리는 문학이나 영화의 내러티브에서 텍스트가 특정한 패턴을 갖고 있음을 알 수 있다. 그것에는 형사形似하는 패턴과 심사心似하는 패턴이 있다. 이런 것은 시대마다 다르고 문화마다 다르고 개인의 취향마다 다르다.

나는 이 책에서 그런 취향을 다루고자 한다. 환언하면 무엇을 단순히 서술하는 것이 아니라 제시하고present, 들뢰즈의 말대로 "보도록 구조화하는"● 그런 수사법에 대해 말하고자 한다. 이런 패턴은 문화적 이질성, 가령 그리스와 히브리, 한국과 서양이라는 문화에서 다르게 실천되기도 하지만 같은 문화에서도 시대적으로 변화하는 경우가 있고 작가의 취향에 따라 차이가 나기도 한다. 서정주와 김춘수가 다르고 이상과 박인환이 다르며, 공지영과 윤대녕이 다르다. 그러나 이런 개인적이고도 문화적인 특성만으로 그 고유성을 인정하기엔 너무나도 분명한 패러다임 변화가 있다는 사실을 알 수 있다.

비트겐슈타인은 "말로 표현될 수 없는 것이 – 말로 표현되지 않고 – 표현한 것에 내포되어 있다."라고 말했다. 우리가 이 말을 이해할 수 있을까? 있다면 어떻게 이해할 수 있을까? 이것을 이해하기 위해 이런 방법의 저편에 서 있는, 다시 말해 말로 표현하는 수사학의 방법을 보면 이 말의 뜻을 짐작할 수 있을 것이다. 수사학이란 무엇인가? 플렛은 "수사학은 훌

● Gilles Deleuze, Cinema I : L'image mouvement (Paris : Minuit, 1983), p. 117.

룽한(곧 효과적인, 아름다운) 말에 관한 재주이거나 학문이다."● 라고 정의하고 있다. 나아가 그는 수사학이 설득시키고 확신시키는 재주로 이해되어 왔음을 설명하고 있다. 즉, 수사학은 감정적 · 합리적 동기를 가지고 상대방을 바꾸고자 하는데, 그것은 곧 (사실적으로) 알리고 (논리적으로) 따지고 (윤리적으로) 타이름을 통해 이루어진다. 그렇게 할 수 있는 수단으로 우선 에토스를 자극하여 설득하고, 웃기기를 통하여 심미적으로 자극하며, 울리기를 통하여 격렬한 흥분을 유도한다. 그렇기 때문에 수사학자들은 "웅변가는 만들어지고, 시인은 태어난다."라고 생각하였던 것 같다.

그런데 우리는 언제부턴가 '만들어진 웅변가'보다는 '태어난 시인/작가'의 어법에 더 귀를 기울이게 된 것이다. 특히 문학을 대할 때 그 표현이 능수능란한 웅변가/시인보다는 어법에 맞지 않음에도 불구하고 감동을 주는 시인/작가를 선호하게 되었다. 문학사적으로 볼 때 그 최초의 흔적은 아마도 세르반테스의 『돈키호테』에서 찾을 수 있을 듯하다. 이 작품의 서문을 보면 수사학의 전통에서 벗어나는 것이 어떤 의미인지 알 수 있다. 이런 작품들을 나는 '내면의 수사학'이라는 프리즘을 통해 하나의 패턴으로 보고자 한다. 내면의 수사학을 지향하는 작품들은 내러티브가 가지는 에토스와 표현보다는 내면의 감성을 자유롭게 해방시키고 개성을 보여 주고, 그런 상황을 구조화하려는 목적을 지향하고 있다. 그렇기 때문에 이런 작품들은 말로 표현할 수 있는 것보다 표현할 수 없는 것에 집중하고 있다. 내면의 수사학은 전통을 전승하는 수사학이 추구하는, 그야말로 아름다운 말재주를 겨냥하지는 않는다. 그것은 인물의 말과 행동이 상황에는

● 플렛(Heinrich F. Plett), 수사학과 텍스트 분석, 양태종 옮김, 도서출판 동인, 2002, 19쪽.

적절치 못하나 그들이 보여주는 내적 동요가 독자와 관객을 압도하는 내러티브를 가지고 있다.

18세기를 기점으로 서구의 문학은 수사학에 차츰 종말을 고한다. 그리고 마르셀 프루스트 이후 서구의 문학은 점점 더 보이지 않는 것, 말할 수 없는 것을 문학에 유입한다. 한국의 근대 문학에서도, 비록 그런 경향성이 뚜렷하지는 않지만, 새로운 패턴의 문학적 내러티브가 등장하고 있다. 특히 아동문학이나 청소년문학에서는 1990년대 이후 두드러지게 그런 현상을 볼 수 있다. 이 책은 그런 변화가 새로운 취향을 만들어 내는 이유에 대해 설명하고자 한다. 작품의 '화자가 말하는 것'과 '내포 저자가 함축하는 것' 사이에 있는 불균형을 말이다. 이것은 말하기와 보여 주기의 차이이기도 하다. 그렇기 때문에 이 책은 내면과 현상이라는 전형을 실현하고 있는 문학 또는 문화 텍스트에 대한 비판이기도 하다.

이미 앞에서 언급하였듯이 수사학의 기본 특성이 가르침과 설득이라면 내면의 수사학의 특성은 스스로 느끼고 내면의 소리를 읽는 것이다. 텍스트를 수용하고 생산하는 데 있어서 독자와 관객의 구미가 진화하고 있다는 것은 이미 내러티브 시장에서 확연히 볼 수 있는 현상이다. 아동문학은 아예 서구의 문학이 시장을 전체적으로 점유하고 있다고 보아야 한다. 문학 시장뿐만이 아니다. 스크린 또한 서구로부터 대단한 위협을 받고 있다. 그런 현상의 근저에는 단순히 한국적인 것이라는 표층 밑에 수구적인 수사학의 관행이 깊이 똬리를 틀고 있기 때문이다. 그러므로 스크린쿼터는 바로 수사학적 전통이 남긴 부작용이다.

그리스에서는 가르치고 멋있게 수사한다. 그러나 히브리는 느끼고 계시를 기다린다. 또 유교적 조화에서는 가르치고 설득한다. 그러나 기독교에서는 내면성이 더 중요하다.● 하여 서구의 문학은 설교를 듣는 듯한 인상을 주고 한국의 문학은 훈계하는 듯한 느낌을 준다. 이를테면 우리가 잘 아는 괴테나 헤세, 셰익스피어나 톨스토이를 읽을 때 양심을 고백하는 느낌을 받는다면, 박경리, 이문열, 이청준은 스스로가 진리를 깨친 종교의 성자聖者나 고승高僧인 듯한, 훈계하는 인상을 받는다. 그러므로 양심과 관계되는 문학을 독자가 교훈으로 이해하기란 여간 어렵지 않다. 내면적 독자들은 작품으로부터 지나친 간섭을 받는 것을 싫어하기 때문이다.

서구의 프로테스탄트적 기독교는 내면의 언어를 개발하였다. 그러나 남유럽이나 한국은 그보다 수사학적 문학에 더 경도되어 있다. 정직성을 요구하는 기독교는 내면성의 전통을 가능하게 했다. 이들에게 수사학은 특정한 청중과 독자에 영향을 미치고자 한 속임수처럼 보였던 것이다. 그에 반해 조화를 가치로 한 유학의 글쓰기에서는 진실성의 요구보다는 비非표출적 언어로서의 글쓰기나 영화 만들기가 더욱 중요하다. 여기서는 이상적으로 변용된 표현이 중요하지, 진실과 현실을 재현하는 것이 중요하게 여겨지지 않는 것처럼 세계를 묘사하고 있다. 하지만 현대의 독자나 관객들은 수사학에 그렇게 좋은 반응을 보이지 않는다. 그보다는 서술하지 않고 마음을 보여 주는 기술에 감동한다.

요즘 영국에서는 제조업이 급격히 후퇴하는 반면, 스토리텔링 산업이 부흥해 경제의 주류로 자리 잡는다고 한다. 마침 한류라는 조류를 타고 우

● 유교와 기독교의 인간관을 비교문화학적으로 언급한 저서로는 줄리아 칭의 『유교와 기독교』(임찬순 · 최효선 옮김, 서광사, 1993)라는 책이 있다. 이 책의 기본적인 생각을 두 문화의 비교 토대로 삼고 있음을 밝힌다. "기독교는 신으로부터 소외된 세상을 극복하고자 고심분투하면서 자기 자신과 자신의 사악한 본성과 싸우는 인간상을 받아들인 듯하다. […] 조화를 사랑하는 유교인은 변화를 꺼리는 모습으로 묘사되어 왔으나, 호전적인 기독교인은 명백히 이 땅의 모습을 변화시키고 있다."(137쪽) 다분히 기독교 비판적인 이데올로기를 가지고 있는 듯하나 이 책에서 그 점은 중요하지 않다.

리의 '이야기'도 이웃 나라들에서 호응을 얻기 시작했다. 기왕에 이런 점이 주제가 되었으니 이것이 영화산업이나 스토리텔링 산업에 일조하길 기대한다. 견문이 좁아 생각을 조리 있게 정리하지 못했지만 그럼에도 이 책에 쓴 부분만은 전적으로 나의 창안이다. 특히 문화와 문화학을 공부하면서 얻은 지식을 여러 장르의 문학에 대입하여 보았다. 지겨운 수사학 대신 내면을 구조화하는 데 도움이 될 만한 방법을 쇼핑하는 것이 재미있어 논의의 대상이 된 원문을 가급적 그대로 실었으니 독자들은 직접 체험해 보기 바란다. 내면과 수사의 현상이 드러나기 위해서는 문맥이 필요하고, 따라서 장문의 인용이 불가피하게 되었다. 이 점, 독자들의 이해를 구한다.

part 1 문학

chapter 01

고대의 글쓰기 패턴

◎ 글을 읽다 보면 부자연스런 서술이 더욱 진실하게 다가오는 경우가 있는가 하면 있는 그대로 상황을 서술하였는데도 그 내용이 부자연스럽게 다가오는 경우도 있다. 그렇기 때문에 앞의 글을 읽을 때는 독자에게 배경을 짐작할 수 있는 경험과 지식이 있어야 하나, 뒤의 글을 읽을 때는 모든 것이 자연스럽게 전경으로 서술되거나 배치되어 있기 때문에 독자가 굳이 그 배경을 해석하거나 미루어 짐작할 필요가 없다. 이런 일은 고대의 글에서도 찾아볼 수 있는데, 이는 우리가 이 책에서 시도하는 대로 마음을 어떻게 서술하는가가 아니라 어떻게 보여주는가 하는 데 중요한 잣대를 제공해 준다는 점에서 흥미로운 일이다.

에리히 아우어바흐는 그의 저서 『미메시스』의 첫 장에서부터 우리가 관심을 가지고 있는 이 문제에 대해 상술하고 있다. 그는 전자의 대표적인 경우로 (구약)성서를, 후자의 대표적인 경우로 호메로스의 서사시를 들고 있다. 그의 말을 들어 보자. 그는 "(호메로스는) 현상을 충분히 구체화된 형태로 묘사하고, 모든 부분이 뚜렷하게 보이고 감촉될 수 있도록, 또 시간관계나 공간관계를 완전히 고정시켜서 묘사하려는 충동 속에 놓여 있다."고 말한다. 호메로스의 『일리아스』나 『오디세이아』를 읽어 보면 모든 게 너무 분명하게 서술되어 있다는 말이다. 아직까지 읽지 않은 독자가 있으면 한번 읽어 보기를 권한다. 장황한 이야기를 다 읽을 필요는 없다. 한두 에피소드만 읽어도 아우어바흐가 무슨 말을 하는지 알 수 있다. 말하자면 그의 글은 아리스토텔레스의 삼일치 법칙처럼 시간, 장소, 사건이 일정한 틀 안에서 움직이지, 불분명한 공간이나 시간 속에서 설정되지 않는다.

나아가 아우어바흐는 "(호메로스의 작품에서) 심리과정은 별도로 처리되지 않는다. 심리과정에서도 숨겨져 있거나 표현되지 아니한 것이 있어서는 안 되는 것이다. 아주 충실하게, 또 격정조차도 어쩔 수 없으리만큼 정연하게, 호메로스의 등장인물은 자기의 속마음을 털어놓는다. 타인에게 털어놓지 않은 것은 내레이션 같은 서술을 통하여 말하기 때문에 독자들은 그것을 알게 마련이다. 호메로스의 서사시 속에서는 끔찍한 일이 많이 일어나지만 그것이 말없이 일어나는 법은 거의 없다."●라고 말하는데 과연 그런지 한번 읽어 보자.

321 아킬레우스는 가장 적당한 곳을 찾아 그의 고운 살갗을 살폈다.

● 에리히 아우어바흐, 미메시스(고대 · 중세 편) 김우창 · 유종호 옮김, 민음사, 1997, 15쪽.

그런데 그의 살갗의 다른 부분은 그가 강력한 파트로클로스를
죽였을 때 빼앗은 아름다운 청동 무구들로 덮여 있었다.
그러나 쇄골이 어깨에서 나와 목을 감싸고 있는 부분, 즉
목구멍만은 드러나 있었으니 그곳은 치명적인 급소다.
바로 그곳으로 고귀한 아킬레우스가 덤벼들며 창을 밀어 넣자
그의 부드러운 목을 창끝이 곧장 뚫고 나갔다.
하나 청동으로 무거워진 물푸레나무가 그의 숨통을 끊지는 못해
그는 아직도 적에게 말대꾸를 할 수 있었다.
그는 먼지 속에 쓰러졌고 고귀한 아킬레우스는 환성을 올렸다.
"헥토르여, 그대는 파트로클로스의 무구들을 벗겼을 때
무사하리라고 믿고, 멀리 떨어져 있는 내 생각은 전혀 하지 않았겠지.
어리석도다, 멀리 속이 빈 함선들 옆에는 그대보다 훨씬 강한,
그의 복수자가 뒤에 남아 있었단다. 그대의 무릎을 풀어 버린
이 내가 말이다. 그대는 개 떼와 새 떼가 보기 흉하게
찢게 될 것이나, 그는 아카이아 인들이 후히 장사 지내 주리라."
[…]
그에게 투구를 번쩍이는 헥토르가 죽어 가며 말했다.
"내 그대가 어떤 사람인지 알겠고, 또 보고 있다. 그대는 결코
내 말을 들을 사람이 아니다. 그대의 가슴 속 마음은 무쇠로
만들어졌으니까. 하나 파리스와 포이보스 아폴론이
그대의 용기에도 불구하고 스카이아이 문에서 그대를 죽이는 날,
나 때문에 그대에게 신들의 노여움이 내리지 않도록 조심하라."
이렇게 말했을 때 죽음의 종말이 그를 덮쳤고,

그의 혼백은 남자의 힘과 젊음을 뒤로 하고 자신의 운명을
통곡하며 그의 사지를 떠나 하데스의 집으로 날아갔다.●

아킬레우스가 헥토르의 목을 창으로 찌르자 헥토르가 죽어 가면서 아킬레우스에게 자기의 시체를 개에게 물어 뜯기게 하지 말고 잘 장사 지내줄 것을 요구하는 장면이나, 오디세우스가 이타카로 돌아와서 자기 부인 페넬로페의 구혼자들을 죽이는 장면에서도 호메로스는 주인공들의 기분과 상황을 유장하고도 꼼꼼하게 묘사하고 있다. 하지만 긴장과 서스펜스는 진행 스토리의 중간 중간에 들어 있는 에피소드로 중단되고, 긴장될 법한 어떤 순간도 실제적 긴장으로 연결되지 않는다. 주인공들이 직접화법으로 자기네들의 감정을 세세하게 묘사하고 있는데도 말이다.

만약 오늘날 학교에서 학생들에게 호메로스의 작품을 읽게 하고 독서토론회를 갖게 한다면 그것은 아이들에게 컴퓨터 게임 대신 게임보이를 갖고 놀라는 말과 다름없다. 부모나 교사들이 이 작품을 교양서적으로 읽힐 경우, 이런 비판적인 생각 없이 읽혀서는 안 된다. "지겨워 못 읽겠어요."라는 말이 나오면 그 학생이나 그 자녀는 정직한 것이다. 필자의 아들은 초등학교 6학년인데, 읽어 보니 재미가 없다면서 토마스 불빈치의 만화만 죽어라고 보아 댄다. 그 만화는 그래도 드라마틱하고 서스펜스가 넘친다. 왜냐하면 많은 부분이 과감히 생략되어 있기 때문이다. 이때는 '적은 것이 많은 것이다.'라는 원칙이 적용된다. 아주 많은 내용이 꼼꼼하고 세세하게 묘사되어 있는 이 작품에 반해 구약성서에서 찾아볼 수 있는 서사시는 전혀 다

●호메로스, 일리아스, 천병희 옮김, 단국대학교 출판부, 2001, 490~491쪽.

른 문체를 갖고 있다. 가령 구약성서 창세기 22장을 보면 시간과 장소가 뚜렷하지 않을 뿐 아니라 하느님의 음성이 어디에서 들리고 그 음성이 무엇 때문에 들리는지, 다시 말해 하느님이 왜 그렇게 부르고 명령하는지에 대한 설명이 없다. 수사학적 방식으로 서술하자면 내면적인 자발성보다는 지적인 동의를 구하여 정서를 발동시키는 방식이어야 하지만 성서의 이 이야기는 그렇지 않다. 차근차근 서술해 나가지도, 이유를 밝히지도 않는다. 그래서 논리적인 비약이 군데군데 존재한다.

이렇게 볼 때 보이지 않는 것에 대한 믿음을 전제로 하는 이 성서의 문채文彩는 수사적인 호메로스의 문체文體와는 완전히 다르다. 이런 관계를 박성창은 그의 저서 『수사학』에서 분명히 드러낸다. "수사학의 세계란 삶, 움직임, 이동, 의사소통 그리고 사회적 가치들의 세계이다. 또한 수사학이 지향하는 사회적 실천은 인간 집단들을 결집시키고 역동화시키는 상징적 가치들을 중심으로 구성되었을 때에만 가능해진다는 점에서 문화적 차원을 지닌다."● 그렇기 때문에 많은 것을 서술해야 한다. 많은 것을 서술하는 동안 "고독의 수사학 또는 은거의 수사학이나 더 나아가 침묵이나 사색의 수사학, 사막 또는 은거의 수사학이란 존재하지 않는다."라는 그의 말이 옳을 수 있다.

그러나 말하지 않고 말하는 방법을 '내면의 수사학'이라 본다면, 그래서 수사학자들이 이해하지 못하는 차원의 마음을 나타낼 수 있게 된다면 그것은 아마 해석이 필요한 부분일 것이다. 이 성서의 이야기 또한 성당이나 교회에서 신앙으로 그냥 주입하려는 목적이라면 몰라도 학생들뿐만 아

● 박성장, 수사학, 문학과지성사, 2005, 19쪽.

니라 대학 교육을 받은 성인들이 심미적 텍스트로 읽는다면 자연스럽게 이해될 수 있는 부분은 없다. 호메로스의 『일리아스』나 『오디세이아』처럼 설명이 자세히 되어 있지 않기 때문이다. 무엇보다 문장에 논리적인 구석이라곤 전혀 없어 해석이라는 다리로 무엇인가를 설명해주지 않으면 이해할 수 없는 부분이 너무 많다. 그 구절을 보자.

1 이런 일들이 있은 뒤, 하느님께서 아브라함을 실험해 보시려고 "아브라함아!" 하고 부르자, 그가 "예, 여기 있습니다." 하고 대답하였다.
2 그분께서 말씀하셨다. "너의 아들, 네가 사랑하는 외아들 이사악을 데리고 모리야 땅으로 가거라. 그곳, 내가 너에게 일러 주는 산에서 그를 나에게 번제물로 바쳐라."
3 아브라함은 아침 일찍 일어나 나귀에 안장을 얹고 두 하인과 아들 이사악을 데리고서는, 번제물을 사를 장작을 팬 뒤 하느님께서 자기에게 말씀하신 곳으로 길을 떠났다.
4 사흘째 되는 날에 아브라함이 눈을 들자, 멀리 있는 그곳을 볼 수 있었다.
5 아브라함이 하인들에게 말하였다. "너희는 나귀와 함께 여기에 머물러 있어라. 나와 이 아이는 저리로 가서 경배하고 너희에게 돌아오겠다."
6 그러고 나서 아브라함은 번제물을 사를 장작을 가져다 아들 이사악에게 지우고, 자기는 손에 불과 칼을 들었다. 그렇게 둘은 함께 걸어갔다.
7 이사악이 아버지 아브라함에게 "아버지!" 하고 부르자, 그가 "얘야, 왜 그러느냐?" 하고 대답하였다. 이사악이 "불과 장작은 여기 있는

데, 번제물로 바칠 양은 어디 있습니까?" 하고 묻자,
8 아브라함이 "얘야, 번제물로 바칠 양은 하느님께서 손수 마련하실
거란다." 하고 대답하였다. 둘은 계속 함께 걸어갔다.●

호메로스에게 있어서 신은 너무나도 분명한 행위 원칙을 갖고 있기 때문에 까닭을 유추해 볼 아무런 이유가 없다. 그러나 위에서 인용한 창세기 22장의 문체는 왜 하느님(신)이 아브라함을 시험해 보려고 하는지 그 이유를 제시하지 않는다. 아브라함 또한 어떤 이의도 제기하지 않는다. 하느님은 형체도 없고 있는 장소도 분명치 않고 특징도 분명하지 않다. 하느님은 언제나 명시되지 않은 어떤 곳으로부터 알 수 없는 그 무엇을 말할 뿐이다.

호메로스의 문체가 전경前景에 드러난 이야기라면 성경의 문체는 알 수 없는 것이 음성으로만 들려오는 막연하고 추상적인 배경背景의 이야기이다. 호메로스의 이야기는 인간적이고 보편적인 것이지만 성서의 이야기는 독자가 알아서 해석해야 할 특수한 이야기다. 여기에는 모호하고 확실치 않은 우연한 것만이 모습을 드러내고 있다. 호메로스의 이야기는 인간은 누구나 벗어날 수 없는 비슷한 마음을 갖고 있다는 데서 출발하고, 성서는 인간의 마음에는 우리가 알 수 없는 그 무엇이 작용하고 있다는 데서 출발하고 있다. 그렇기 때문에 호메로스의 작품에서는 이야기를 분명하게 전개하고 구체화하는데, 성서의 이야기는 표현되지 않은 생각 속에서 무엇인가를 암시할 뿐이다. 성서의 하느님은 '중심을 보시기' 때문에 마음이 중요하지, 상세한 인간적인 해석이 중요하지 않다. 그러나 호메로스의 서사시

● 성서, 창세기 22장 1절~18절.

는 인간행태적인 모습을 띠기 때문에 모든 것이 도덕적 · 윤리적 절대가치에 부합하도록 상술되어 있다.

성서 속에서는 사람들 간의 대화가 중단되거나 침묵 속에 있다. 성서에는 가장 필요한 현상만이 구체화되어 있고 나머지 모두는 어둠 속에 묻혀 있다. 유추해 보건대 내면이란 어둡고 불분명하다는 것이다. 그렇기 때문에 호메로스의 이야기를 읽을 때에는 서술한 표현을 어떻게 정서적으로 즐기느냐 하는 수사학의 문제가 부상하는 데 반해, 성서를 읽을 때에는 명시되지 않고 암시된 내면에 대한 해석을 어떻게 해야 할지 하는 해석학의 문제가 등장한다. 인물들의 생각과 감정은 드러나 있지 않고 대화에서 그저 암시될 뿐이다. 그럼에도 성서의 텍스트는 긴박한 서스펜스로 가득 차 있고, 전체는 불가사의한 배경을 내포하고 있다. 읽는 이야기나 쓰는 이야기는 이런 양상들을 보여 줄 때가 많다. 마찬가지로 심리치료실이나 상담실에서 자신의 아픈 이야기를 할 때도 비슷하다. 말은 잘 하는데 다른 사람에게 어떤 느낌을 불러일으키지 못하는 경우가 있고, 말은 되지 않는데 매우 역동적으로 정서적 반응을 불러일으키는 경우가 있다. 이런 사실이 위에서 우리가 전개한 문체의 두 양상과 크게 다르지 않다.

내면이란 때로는 동굴 같기도 하고, 때로는 땅속 깊이 묻혀 있는 보석 같기도 하다. 내면이란 동공에 비치는 호수 같기도 하고 수만 년 전에 묻힌 고고학적 유물 같기도 하다. 내면이란 자연의 뒤에서 자연을 현상하게 하는 법칙 같은 것일 수도 있다. 그리고 때론 정신분석에서 말하는 알 수 없는 충동이나 욕망 같은 것이기도 하다. 어쨌든 이 내면이란 표피 뒤에 감추어진 마음의 작용일진대, 우리는 그것이 존재하고 있다는 것을 아는데 볼 수는 없다. 그래서 그것을 상상하게 하고 그런 허구를 만들어 내는 작가에게 또는 시인에게 또는 영화감독에게 기대를 건다. 우리에게 알 수 없는 마음이 어떤 그림으로 작용하는지를 보여 주는 작가가 우리를 긴장하게 하고 즐겁게 한다.

직업 때문에 어쩔 수 없이 『일리아스』와 『오디세이아』를 초등학교 1학년이 숙제하는 듯한 마음으로 읽었지만 나는 감동을 느낄 수 없었다. 이 이야기는 숙제를 너무 많이 도와주어 숙제의 긴장감을 완전히 빼앗긴 아이같이 되고 말게 만들었다. 호메로스는 말이 너무 많다. 좀 줄였더라면 좋았을 것을, 가능한 한 장면을 세밀히 묘사한다는 것이 오히려 사족이 되고 말았다는 느낌을 지울 수가 없다. 그에 반해 성서를 문학으로 읽는 필자에게 성서의 이야기는 볼 때마다 다른 해석을 불러일으키어 좋다. 어릴 때, '만약 우리 아버지가 아브라함과 같은 처지에 놓인다면 과연 나를 죽여 번제단에 바칠까? 하느님의 명령을 따를까? 그렇게 한다면 나는 어떤 공포를 가질까?'라는 생각이 꼬리에 꼬리를 물고 일어났었다. 그러므로 성서는 독자 스스로 생각하고 느끼고 상상할 수 있는 공간을 만드는 데 성공한 텍스트라 할 수 있다. 이러한 상상공간을 한 문장으로 만든 시들이 있다. 다음 시들을 보면 내면이 무엇인지, 그리고 이미지가 무엇인지 좀 더 쉽게 짐작하게 될 것이다.

> 아, 나는 가엾게도 꿈에서 깨어나고 말았구나. – 원구식, 「싹」●
> 너의 추억을 나는 이렇게 쓸고 있다. – 유치환, 「낙엽」●●
> 당신 생각을 켜놓은 채 잠이 들었습니다. – 함민복, 「가을」●●●

● 원구식, 마돈나를 위하여, 한국문연, 2007.
●● 유치환, 생명의 서, 미래사, 2002.
●●● 함민복, 모든 경계에는 꽃이 핀다, 창비, 1999.

싹이 올라온 모습을 보고 '너의 어린 순이 희망차게 올라왔다'라고 표현할 수 있다. '너는 희망'이라고 할 수도 있다. 하지만 그런 말은 일상적인 말이기 때문에 마음을 표현한 것이 아니다. 싹이 올라와서 희망적이라고 생각했는데 "꿈을 깼다"니, 첫 번째 시는 싹의 의미를 다르게 본 것이다. 싹의 실망을 통해 내면의 존재가 확연히 드러난다. 두 번째 시에서 "추억을 쓰는" 것은 '낙엽을 쓰는' 것보다 적합한 말은 아니지만 이런 은유를 통해 이미지는 훨씬 더 분명해진다. 세 번째 시에서는 등불이나 탁상등이 아니라 당신 생각을 켜 놓은 채 잠들었다니, 얼마나 깊이 각인해서 당신을 생각하는지 그 마음이 눈에 보인다. 이 시들은 엉뚱한 말을 하는데도 시의 제목과 유사한 이미지들을 만들어 낸다. 마치 말 맞추기를 하는 TV 프로그램 출연자처럼 시인은 대상을 말하지 않고 특성을 말한다. 스토리에서도 시에서도 이처럼 말이 죽고 이미지가 만들어지는 스타일이 필요한데, 나는 그것을 알려주고 싶다. 만약 독자들이 그것을 원한다면 계속 따라오길 바란다.

chapter 02

아동문학의 수사학적 유형과 내면성

◎ 문학은 삶의 모사 또는 모방이다. 그러나 삶의 외양을 베낀 것은 문학이 아니다. 우리는 그것을 일상어라고 부른다. 문학이나 문학어는 외양을 기술하거나 베끼는 것이 아니라 그 내적인 관련성을 유추나 은유로 말한다. 특히 아동기나 유년기는 상상력이 풍부한 시기이기 때문에 사물이나 사상事象을 유추나 은유로 말하는 경향이 많다. 가령, 어떤 아이가 '소가 밥달래.'라고 하거나 '분수가 팔을 펴고 공중에서 뛰어내린다.'고 한다면 그것은 실제의 현상을 그린다는 의미의 수사학적 표현을 넘어서는 그 무엇을 담고 있다. 그러나 일상어에 문학적 표현만 곁들였다고 해서 유추가 되는 것은 아니다. 두 사물간의 내적인 통일성을 파악하여 유추로 말하지 않는다면 그것은 큰 의미의 파장을 가지지 못한다.

우리가 관심을 두고 있는 내면의 수사학은 아동문학

이나 청소년 문학에서도 잘 발휘되고 있다. 하지만 아동문학이 성인들의 시각에서 합리성이나 도덕성에 따라 만들어지고 그것이 일상어로 서술되면 그것은 원칙적으로 문학이라 할 수 없다. 나아가 뛰어난 표현의 도움을 받아 쓰는 것도 유추로 말하는 것은 아니다. 아래에 제시하는 글에서 왜 문학성을 탓하는지 살펴보자. 김우경의 「우리 아파트」란 동화다.

"언니야, 이 놀이터 정말 우리 거 맞아?"

"그래. 우리 아파트 놀이터야."

유미가 미끄럼을 타면서 몇 번이나 물었다.

우리 놀이터! 우리 아파트! 사실은 유선이도 잘 믿어지지 않았다.

"하나, 둘, 셋, 넷, 다서……."

유미가 아파트 층수를 세기 시작했다.

'세 보나마나 열여덟 층일 거다.'

유선이는 벌써 두 번이나 세어 보았다. 그 가운데 11층 난간 창문으로 일꾼들이 이삿짐을 끌어올리고 있었다. 엄마도 언뜻 보였다.

"엄마!"

유미가 괜히 엄마를 한번 불러 보았다.

"그래. 언니랑 놀고 있어!"

엄마가 까마득히 높은 곳에서 내려다보며 말했다.

'보람이가 이걸 봐야 하는데.'

유선이는 얇은 눈웃음을 흘리며 보람이를 떠올렸다.

어제까지 유선이는 보람이와 한 동네에서 살았다. 보람이네는 5층짜리 시영 아파트 나동 506호에서 살고, 유선이네는 그 아파트 뒤편 2층집 두 칸 전셋방에서 살았다. 유선이는 보람이한테 놀러 갈 때마다 보람이네 아파트가 부러웠다. 그걸 알기라도 하는 듯이 보람이는 말할 때마다 꼭꼭 자기네 아파트를 앞에 내세웠다. 우리 아파트 놀이터, 우리 아파트 슈퍼마켓, 우리 아파트 빵집, 우리 아파트 세탁소…….

작은방엔 책상과 책꽂이, 작은 옷장이 모두 제자리를 잡고 있었다. 유선이는 짐을 풀어서 책을 책꽂이에 꽂았다. 옷 보따리를 풀어서 옷을 옷장에 걸었다. 유미는 같이 방을 꾸밀 생각은 않고 붕어빵이 먹고 싶다며 엄마를 졸랐다.

"너 붕어빵 너무 많이 먹으면 나중에 금붕어처럼 몸이 납작해진다."

옆에서 막내이모가 말했다.

"거짓말!"

"정말이야. 이 이모는 어릴 때 국화빵을 아주 좋아했거든. 그래서 국화처럼 이렇게 예쁘지 않니?"

"이모가 예뻐? 엄마가 예쁘지."

"얘 좀 보게? 내가 훨씬 예쁘지."

"아니야, 엄마가 더 예뻐!"

"이 이모가 더 예뻐!"

"엄마가 더 예뻐!"

유미가 곧 울어버릴 듯이 말했다.

"그래 그래, 엄마가 더 예쁘다. 사실은 너희 엄마가 나보다 국화빵을 훨씬 많이 먹었어. 호호."

그러면서 막내이모는 엄마를 슬쩍 한번 보았다.

"지금 애를 달래는 거니, 부추기는 거니?"

엄마가 웃으며 말했다. 유미는 인제 국화빵을 사 내라고 엄마를 졸랐다.

글을 아무 생각 없이 읽으면 모르겠지만 어떤 사건을 기대하는 사람에게는 답답한 느낌이 든다. 이런 글은 엄밀한 의미에서 문학이라고 할 수 없을 것 같다. 그냥 이야기로 읽으려 해도 무슨 말을 하려는지가 너무 분명하여 일기를 읽는 듯하다. 이런 책이 버젓이 아동문학으로 인정받는 현실이 안타까울 뿐이다. 하지만 책을 사 본 사람에게 잘못을 돌릴 수는 없는 일이다. 그러니 이제 이쯤해서 문학이 무엇인지 알고는 지나가야 되지 않을까. 주인공인 유선이는 18층 아파트의 11층으로 이사를 갔다. 이것이 자랑스럽다. 왜냐하면 그동안 유선이네가 2층 주택 전셋집에 살 때 친구인 보람이가 자기는 5층짜리 아파트에 산다며 적잖이 뻐겼기 때문이다. 이렇게 문제를 제시했으면 그것을 끝까지 문제화하고 해결하는 프레임을 이끌고 가야 독자가 책을 읽을 재미를 느낄 것 아닌가. 그러나 이 이야기는 시시콜콜한 사건의 나열로 일관하고 있지, 의미를 드러내기 위한 어떤 노력도 기울이지 않는다. '혹시나' 하는 마음은 '역시나'로 끝나고 만다. 이야기가 되려면 사건에 대한 이유가 유추와 인과로 말해져야 한다.

「개구리 왕자」를 읽든지 「신데렐라」를 읽든지 「영리한 한스」를 읽든지, 우리는 이 모든 이야기에 플롯이 있다는 것을 안다. 이야기가 사건에 집중하지 않고 사건을 나열하는 데 만족하고 있다면 그것은 이야기에 문제성이 제시되지 않은 것이고, 결국 그것은 일상어로 전락하고 만다. 「개구리 왕자」에서 공주가 우물에 빠진 황금공을 다시 찾기 위해 개구리에게 약속을 했는데 나중에 개구리가 약속을 지킬 것을 요구하자 이를 거절한다. 여기에는 약속을 지켜야 할 것인가, 자기 편한 대로 살 것인가 하는 갈

● 김우경, 우리 아파트, 지식산업사, 2004, 7~14쪽.

등구조가 따른다. 「영리한 한스」에서는 엄마의 말을 항상 한발 늦게 실천하는 우매한 한스로부터 우리가 어떤 지혜를 얻을 것인지가 암시되어 있다. 거기에는 무조건 암기한 지식이 삶에 도움이 되질 않는다는 교훈이나 의미가 담겨 있다.

그러나 이 글에서 다음과 같은 구절들, "옆에서 막내이모가 말했다. '거짓말!' '정말이야. 이 이모는 어릴 때 국화빵을 아주 좋아했거든. 그래서 국화처럼 이렇게 예쁘지 않니?' '이모가 예뻐? 엄마가 예쁘지.' '얘 좀 보게? 내가 훨씬 예쁘지.' '아니야, 엄마가 더 예뻐!' '이 이모가 더 예뻐!' '엄마가 더 예뻐!' 유미가 곧 울어버릴 듯이 말했다. '그래 그래, 엄마가 더 예쁘다. 사실은 너희 엄마가 나보다 국화빵을 훨씬 많이 먹었어. 호호.' 그러면서 막내이모는 엄마를 슬쩍 한번 보았다. '지금 애를 달래는 거니, 부추기는 거니?'"에서는 그런 갈등의 구조나 플롯보다는, 누가 더 예쁘냐를 두고 싸우는 과정 등의 대화에서 무의미한 서술과정들을 나열하는 데 힘을 다 쏟아 붓고 있다.

이야기는 한 이야기에 집중하지 않으며 곧장 다른 이야기로 넘어가고 만다. 이렇게 되면 스토리는 있을지 모르지만 플롯이 있는 의미는 만들어지지 않는다. 주제도 없고, 상상력도 빈곤하며 내면의 체험은 더더욱 없다. 글이 외부적 사건에 만족하는 동안, 독자는 자기의 내면을 비춰 줄 거울을 찾지 못한다. 항간에 유행하는 이야기인 요리 못 하는 사람의 다섯 가지 특징이 이 경우에도 적용될 듯해서 적어 본다. 첫째, 그릇이라는 그릇은 있는 대로 다 꺼내 놓는다. 둘째, 재료를 아주 다양하게 쓴다. 셋째, 여러 가지 양념을 한다. 넷째, 순서를 빠뜨리거나 거꾸로 한다. 다섯째, 누가 뭐라 해도 그 음식이 자기 입에는 딱 맞다. 대체로 다른 네 가지는 다 견뎌도 마지막 것은 견딜 수가 없다. 이를 이야기 만드는 데 적용해 보면 먼저 이야기의 재료, 문제성, 수사적 표현을 아주 다양하게 사용함으로써 이야기가 오히려 진부하게 된 경우를 생각해 볼 수 있다. 나아가 이야기의 순서를 거꾸로 하여 이야기의 구조화에 실패하고, 급기야 작가가 이 이야기의 문제가 무엇인지를 모르게 된다면 이는 요리 못 하는 사람과 다를 바 없다.

사람은 이질적인 데서 동질적인 것을 찾는다. 우리의 눈을 번쩍 뜨이게 할 그 무엇이 없다면 그것은 일상적 잡담에 지나지 않는다. 우리는 대개 글을 읽으면서 우리가 알지 못하는 신지神知를 구한다. 위의 이야기에서는 당연한 대화가 오가므로 궁금증이 유발되지 않는다. 묻는 사람과 대답하는 사람이 같은 기대지평 위에 있다. 그래서 이 이야기에는 서스펜스가 없다. 그러나 아래에 인용한 작품 『모모』는 그 대화가 위의 이야기와 다르다.

> 모모는 어쩔 줄 모르고 그 남자와 다른 사람들을 물끄러미 바라보다가 어깨를 약간 으쓱했다. 마을 사람들은 서로 눈짓을 주고받으며 한숨을 쉬었다.
>
> 남자는 말을 이었다.
>
> "겁낼 것 없다. 널 쫓아내려는 게 아니니까. 우리는 널 돕고 싶단다."
>
> 모모는 말없이 고개를 끄떡였지만, 완전히 믿을 수는 없다는 눈치였다.
>
> "네 이름이 모모라던데, 맞니?"
>
> "예."
>
> "아주 예쁜 이름이구나. 하지만 처음 들어 보는 이름이야. 누가 지어 주셨지?"
>
> "저요."
>
> "네가 네 이름을 지었다고?"
>
> "예."

"그럼 생일이 언젠데?"

모모는 한참 생각하더니 대답했다.

"제가 기억하기론 저는 언제나 있었던 것 같아요."

"친척 아주머니나 아저씨나 할머니도 없니? 도대체 네가 찾아갈 만한 가족이 하나도 없단 말이야?"

모모는 남자를 말끄러미 바라보기만 하고 한동안 아무 말도 하지 않았다. 그러더니 다 기어들어 가는 목소리로 말했다.

"여기가 제 집이에요."

남자는 말했다.

"그래. 하지만 넌 아직 어린애잖니. 대체 몇 살이지?"

모모는 머뭇거리며 대답했다.

"백 살요."

마을 사람들은 모모가 장난을 치고 있다고 생각하고 웃음을 터뜨렸다.

"자, 장난하지 말고. 몇 살이지?"

모모는 조금 더 자신 없는 목소리로 대답했다.

"백두 살요."

한참 후에야 사람들은 모모가 어쩌다 주워들은 숫자가 몇 개 되지 않는 데다가 셈하기를 배운 적도 없어서 숫자가 무엇을 뜻하는지 모른다는 것을 알게 되었다.●

『모모』는 전 세계적으로 널리 알려진 훌륭한 작품이다. 그 이유는 무

● 미하엘 엔데, 모모, 한미희 옮김, 비룡소, 2006, 16~17쪽.

엇일까? 작품의 한 부분인 이 에피소드만 보더라도 그 이유를 쉽게 알 수 있다. 이야기가 현실적인 공간이 아니라 비현실적인 환상 공간에서 벌어지는데도 그 핍진성을 충분히 엿볼 수 있다. 이 이야기의 공간은 "극장터"이지만 앞서의 이야기처럼 현실의 아파트나 학교 같은 공간이 아니다. 극장터라고 해도 현대적 극장이 아니라 고대 그리스 식 극장터, 콜로세움 같은 폐허의 극장터이다. 그것은 시 · 공간적으로 지금-여기가 아니다. 그곳은 신화적 공간이다. 그러므로 거기에는 숨을 공간이 많다. 아파트의 일상 공간과는 다르다. 그 결과 신화적 공간에서 만난 모모는 우리가 당연하게 생각할 수 있는 인물이 아니다.

모모와 사람들의 대화를 보자. "여기가 마음에 드니?" 하고 묻자 모모는 "예" 하고 대답한다. 어느 곳에도 꾸밈이라곤 없는 소박한 대화다. 어떤 윤리적 의무감이나 당위성도 그를 사로잡지 못한다. '자발적이고 자유롭게 이곳에 산다면 어떨까?', '그러면 어떻게 살게 될까?' 하는 상상을 독자들에게 제공한다. "넌 어디서 온 거니?" 하고 물으면 모모는 어딘가 저 먼 곳을 가리키는 막연한 흉내를 내 보인다. 모모가 어디서 왔는지는 모른다. 그것은 아마 모모가 우리의 마음 깊은 곳에서 왔을지도 모른다는 암시일 수도 있다. 확실치 않은 곳, 원시적인 곳, 그 어디라도 좋다. 다만 독자와 모모가 솔직히 만날 수 있는 공간이면 된다.

모모는 이름도 생일도 가족도 모른다. 다만 이렇게 대답한다. "저는 언제나 있었던 것 같아요." 이것이 문학에 호기심과 상상력을 제공한다. 앞서 읽었던 성경의 묘사처럼 무엇인가를 추론하게 한다. 확실한 장소와 모습을 제공하지 않음으로써 더 많은 상상력을 제공한다는 것은 참으로 아름다운 문학의 비밀이다. 그런 만큼 어른들도 아이들에게 적대적이지 않다. 나중에 나오는 청소부 베포 영감도 그저 친구라고 말할 수 있는 사이가 된다. 어른들의 물음에 모모는 상황에 맞지 않는 대답을 한다. 몇 살이냐고 묻는 물음에 "백 살" 또는 "백두 살"이라고 대답하는 것은 모모가 나이가 뭘 의미하는지 모르는 아이임을 내포하고 있다. 그야말로 말하는 것 자체가 의미를 띠는 '기표의 절대 우위'를 보여 준다고나 할까? 그렇게 함으로써 아파트 층수를 정직하게 대답하는 앞의 경우와는 달리 모모가 처한 상황과 모모의 삶이 더욱 분명하게 드러난다.

이 이야기가 앞의 한국 동화와 또 다른 점은 이름을 허구적 인물로 대체했다는 점이다. 만약 어떤 아이가 오줌을 쌌다고 가정할 때, 그리고 이야기를 통해 그 아이의 문제를 해결하려고 할 때, 우리는 그 아이의 이름이나 오줌 싸는 것과 관련된 일체의 이야기를 하지 말아야 한다. 그래야 아이가 이야기를 수용한다. 마찬가지로 어느 누가 잘 아는 동네의 길거리나 학교 교실에서 일어난 일을 다시 읽으려고 하겠는가. 우리는 그러한 이야기에서 아무것도 배울 것이 없다. 배움에는 인지적인 것과 예지적인 것이 있는데, 앞의 것은 지식의 차원에 머무르지만 행동의 변화나 마음의 변화가 일어나려면 낯설고 새로운 것 없이는 절대적으로 불가능하다. 내면공간은 이렇게 만들어진다. 그러나 일어나는 현실에 집중하는 한국의 아동문학은 이런 상상의 세계를 만들기가 어렵다. 『나쁜 어린이표』라는 책의 일부분을 읽어 보자.

> "엄마가 빨리 갖고 와. 내가 나쁜 어린이 표 받아도 좋아?"
> 경식이가 전화에 대고 신경질 부리는 소리가 복도까지 들렸어요. 숙제한 것을 놓고 왔나 봐요.
> 우리 반 애들은 모두 교실 벽에 걸린 종이판에 신경을 많이 쓰게 됐어요. 자기 이름 옆에 나쁜 어린이 표인 노란색 스티커가 붙을까 봐서요.

[…]

"이건우! 화장실에서 욕했다면서?"

"안 했는데요."

"거짓말까지 하면 더 나빠. 너, 한 장!"

나는 선생님이 주신 노란색 스티커를 이름 옆에 붙이면서 침을 꿀꺽 삼켰어요. 일기를 꼬박꼬박 내서 간신히 얻은 초록색 스티커 하나가 안돼 보였어요.

공부 시간에 칠판도 보고 싶지 않았어요. 그래서 수첩을 꺼내 놓고 종이가 뚫어져라 낙서만 했지요.

'선생님이 틀렸어! 고자질도 욕만큼 나쁘다는 걸 모르시나!'

찡그린 선생님을 그려 보았어요. 노란색 스티커만 있다면 머리에 다닥다닥 붙여 주고 싶었지요. 머릿속이 노래지는 기분을 선생님도 아시게 말예요.

'지연이랑 민철이가 싸웠을 때도 민철이한테만 나쁜 어린이 표를 주셨지. 지연이를 울렸다고. 시비는 지연이가 먼저 걸었는데 말야!'

그러자 선생님이 공평하지 않았던 일이 하나 둘 떠오르는 게 아니겠어요. 그래서 나는 짝이 못 보게 가린 다음 수첩에 이렇게 썼어요.

나쁜 선생님 표 하나!

고자질한 애한테도 나쁜 어린이 표를 줘야지요.

나쁜 선생님 표 둘!

싸움은 지연이가 먼저 시작했어요.

나쁜 선생님 표 셋!

저도 발표 좀 시켜 주세요.

나쁜 선생님 표 넷!

창기는 떠든 게 아니라 수학 문제를 물었을 뿐이에요.●

『모모』와 달리 이 이야기는 경험세계가 확실한 자리를 점하고 있다. 그리고 모두가 실제로 일어날 수 있는 일들이다. 허구적 작품을 '실제로 일어날 수 있는 일'이라고 정의한다고 하여 이 경우와 혼동하면 안 된다. 스토리가 경험세계의 의무감, 책임감, 사회성 등을 겨냥하는 작품은 엄밀한 의미에서 문학이라고 할 수 없다. 그렇게 되면 문학으로서의 이야기가 아니라 어떤 생존전략 내지는 실사구시의 이야기로 전락하고 말 것이기 때문이다. 이 이야기에서는 '좋은/나쁜'이라는 가치관이 분명하다. 하지만 『모모』에서는 이런 가치 구분이 없다. 상상공간에서는 가치가 중립적이거나 새로운 가치가 만들어진다. 동화에는 보통 동물이 주인공으로 많이 등장하는데 이는 읽는 이로 하여금 인간적 도덕 조건을 감안하지 않고 읽을 수 있는 여유를 만들어 주기 위해서이다.

하지만 이 이야기에서는 그런 장치보다는 구체적 상황을 선호하기 때문에 상상을 불러일으킬 여지가 없다. 보고 있는 사물을 상상하는 사람은 없기 때문이다. 그런 요인들 중 하나가 예를 들면 이런 표현이다. "우리 반 애들은 모두 교실 벽에 걸린 종이판에 신경을 많이 쓰게 됐어요." 이렇게 서술하면 상상이 막힌다. 문학은 자신의 문제성을 드러내는 데서 출발하기 때문에 반의 어떤 친구도 선생님도 나를 이해하지 못한다는 듯 써야 내면공간이 만들어지고 상상공간이 만들어진다. 그런 부정성이 이 글엔 없

● 황선미, 나쁜 어린이표, 웅진닷컴, 2004, 27~34쪽.

다. 끊임없이 누군가 검열하고 조사하고 비판하고 꾸지람하는 듯한 느낌을 지울 수 없다. 내면적 세계에서는 위의 인용문에서처럼 글자를 '볼드'로 드러나게 쓸 필요도 없다. 이런 것은 수사학적 외피의 본보기다. 이와 대조되는 작품인 구드룬 멥스의 『작별인사』 첫 부분을 보자.

> 처음에는 이 일이 재미있게 시작되었다. 어느 날 아침이었다. 아마 3주 전이었을 것이다. 비르기트 언니가 잠에서 깨어났는데, 사팔눈이 되어 있었다. 그 모습이 어찌나 우스꽝스러워 보이는지 나는 한바탕 큰 소리로 웃었다. 내가 언니에게 거울을 갖다 주자, 언니도 자기 모습을 보더니 나를 따라 웃었다. 그런데 엄마는 웃지 않았다. 엄마는 언니의 모습을 보더니 얼굴이 새파랗게 질려서 이미 출근한 아빠와, 의사에게 차례차례 전화했다.●

화자(등장인물)는 아무것도 모르는 사람처럼 실제 일어난 정황과는 정 반대의 행동을 하고 있다. 작가는 그렇게 인물들이 상황에 맞지 않는 말과 행동을 하도록 만든다. 실제로 "비르기트 언니"는 뇌종양에 걸려 그와 같이 되었다. 그런데 이 부분은 그 병을 아는 것처럼 묘사되어 있지 않다. 이 인물들의 행위는 독자들에게 상상력을 불러일으킨다. 그러나 앞에서 인용한 한국의 글들은 글을 쓰는 사람이 개입하여 실제적으로 내포독자의 상상을 방해한다. 이것이 일반적으로 한국의 아동문학을 폐허화시키고 있다. 외부적 문제를 내면화시켜 가치를 뒤집는 것이 문학의 진정한 의미구

●구드룬 멥스, 작별인사, 문성원 옮김, 시공주니어, 2004, 7쪽.

상이다. 상황을 있는 그대로 모방해서는 어떠한 상상공간도 만들어지지 않는다. 상상공간이 만들어지지 않으면 그 작품은 문학으로서의 생명력이 없다. 좀 더 구체적으로 『성난 로비』라는 이야기를 통해, 적절치 않은 상황을 너무나도 핍진한 진정성으로 묘사한 경우를 보자.

로비는 오늘 하루 종일 기분이 나빴어요.
"야! 야! 신발 벗고 들어가야지!" 하고 아빠가 그를 보고 소리쳤어요.
"자요!" 로비가 소리치며 신발을 벗어던졌어요.
저녁 식탁에는 시금치가 올라왔네요.
"이게 음식이에요?" 하고 로비가 물었어요.
"먹기 싫으면 네 방에 들어가." 하고 아빠가 말했어요.
"성이 풀리면 다시 내려와." "됐거든요." 하고 성이 난 로비가 투덜거렸어요.
윗층에 있는 자기 방에 들어오자마자 로비는 뭔가 무서운 것이 자기 속에서 올라오는 것을 느꼈습니다.
이것이 자꾸 기어 올라와 결국 로비는 우아아아아 하고 소리쳤어요.
그러자 로비의 입에서 괴물이 밖으로 나왔어요.
그 괴물은 "자, 우리 이제 뭘 하지?" 하고 말했어요.
"아..아..아무 거라도 네..네가 워..원하는 대로 해." 하고 로비가 말했습니다.
"좋아." 하고 괴물이 말했습니다.●

● Mireille d´Allancé, Robbi regt sich auf(원제 Grosse colère, Moritz Verlag, Frankfurt a. M., 2000).

만약 이 글을 수사학적 표현 방식으로 옮긴다면 "로비는 오늘 하루 종일 기분이 나빴어요."라는 문장 대신에 무엇 때문에 로비가 기분이 나빴는지 어떤 과정을 통해 '기분 나쁨'이 실현되었는지, 즉 기분 나쁜 것이 얼굴 표정부터 행동까지 어떻게 실현되고 있는지를 '봉상스(좋은 감정)'를 동원해 서술할 것이다. 가령 〈로비는 테니스를 쳤는데 테니스 줄이 끊어져 기분이 잔뜩 나빴어요. 그런데 그때 토비가 "너네 아빠가 돈이 없나 보구나. 새로 하나 사 주지."라고 말했어요. 그 말에 기분이 나빠 테니스 라켓을 집어 던졌어요. 그리고 토비랑 싸움을 했지요.〉와 같이 쓸 것이다. 그러면 내면은 죽고 수사가 득세를 하게 된다. 모든 일이 주체에서가 아니라 타율적 지시나 규정에 의해 만들어지는 세계에서는 그게 가능했을지 모른다. 그러나 근대적 의미에서의 주체가 발견되고, 그것이 문제성을 띠고 난 이후에는 그런 언어가 진정성을 잃고 말았다.

아빠의 말을 따르지 않으면 벌을 받을 것임을 아는 아이는 이런 과정을 드러내지 못한 채 내면을 억압할 것이다. 그리고 억압의 결과는 사회적 공격성으로 표출될 것이다. 이런 발견에는 작가들의 유년 체험도 중요한 역할을 하지만 독자, 즉 소비자들의 관심 또한 중요한 역할을 한다. 아이들도 이제 문학에서 자신의 소망을 표현한다는 식의 새로운 언어를 발견한 것이다. 이런 양심이나 충동이 표출될 수 있는 문화는 나라마다 다르다. 독일에서 아동문학이 이런 충동을 표현할 수 있었던 것은 적어도 1968년 이후이다.

유년의 세계는 원래 성인의 세계와 적대적 관계에 있다. 그리고 그런 적대적 관계를 표출함으로써 성인으로 진입하는 교양의 과정을 수행할 수 있다는 것을 근대의 문학은 이해했던 것이다. 그런 내면을 한국의 아동문학도 차츰 인식하기 시작한다. '뉴욕 타임스 2003 최우수 그림책'이라는 광고 문구가 적힌 이호백의 『도대체 그동안 무슨 일이 일어났을까?』라는 책의 한 부분을 읽어 보자.

어머, 아파트 베란다에 누가 조용히 앉아 있네요. 맞아요. 토끼입니다. 집 안엔 아무도 없고 토끼만 혼자 남아 집을 보고 있어요. 아, 그런데 베란다 문이 잠겨 있질 않군요. 토끼는 슬그머니 문을 열고… 아무도 없는 집 안으로 들어왔어요.

배가 고픈가 봐요. 냉장고 문을 열고 뭐 먹을 게 없나 살펴보네요. 토끼는 베란다에서 사람들이 밥 먹는 모습을 많이 보았기 때문에 식사하는 법을 잘 알고 있답니다. 지금 토끼는 맛있는 밤참을 먹고 있어요. 오늘 밤에는 식구들이 돌아오지 않을 거예요. 늘 재미있는 비디오가 보고 싶었는데 마침 기회가 좋네요. 뭘 볼까 망설이다가 '눈사람'이 나오는 비디오를 골랐어요. 과자를 먹으며 보는 만화영화, 정말 최고죠. 토끼는 이 집 아주머니 화장대에 올라가 재미있게 생긴 화장품을 이것저것 만져 봅니다.●

토끼 그림은 누구나 다 그릴 수 있고, 토끼 이야기 역시 누구나 다 할 수 있다. 하지만 이런 이야기를 만드는 데는 대단한 창의성이 요구된다. 만약 여기서 '집 잘 봐.'라고 엄마와 아빠가 말하고 나간다면, 그리고 그 말을 착하게 지키는 아이가 등장한다면 이런 작품의 상상력은 기대할 수 없다. 이 그림책에서 우리는 이 토끼가 금지당한 아이의 내면을 표현해 주는 은유임을 금방 알 수 있다. 하고 싶은 것을 꾹 참고 있던 아이는 엄마가 없을

● 이호백, 도대체 그동안 무슨 일이 일어났을까, 재미마주, 2000.

때 뭔가를 하고 싶다. 이것이 내면이다. 알베르토 망구엘은 어린 시절 아버지가 외출할 때면 아버지의 서재에 있는 대백과사전을 꺼내 금지된 성性과 관련된 말들을 찾아 읽다가 아버지가 돌아오면 당황해했던 기억이 있다고 어느 책에서 고백한 바 있다.● 이것이 그와 유사한 상황이 아닌가.

내면은 볼 수도, 만질 수도, 냄새 맡을 수도, 맛볼 수도 없는 공간이다. 그런데 그 내면을 외부적 공간으로 옮겨, 메타포로 구조화하는 것이 내면의 수사학이다. 이렇게 볼 때 여기서 토끼는 내면적 인간이다. 혼자 있는 아동이다. 집에 아무도 없다면 꼭 아동이 아니더라도 누구나 한번은 자신이 하고 싶은 일을 할 것이다. 문학은 그런 공간을 위해 적격이다. 냉장고 문을 열어 먹고 싶은 것을 마음대로 먹고, 자기가 보고 싶은 비디오를 본다. 엄마에게 '절대, 안 돼!'라는 소리만 들었던 화장도 해보고 싶다. 동생의 옷도 입어보고 싶다. 롤러 블레이드도 타 보고 책도 읽는다. 하지만 모두 남의 것이기 때문에 아름답다.

내면성(다시 말해 유년의 발견)은 신적 세계(그것이 샤먼이든 기독교든 불교든), 즉 계시에서 출발한다. 만약 신이 없다면 계시는 없고, 그것을 따라야 할 양심도 주체도 상상도 성찰도 내면도 없기 마련이다. 이것이 최초로 세속화되면서 편지나 일기, 에세이로 발전하게 된다. 『로빈슨 크루소』나 『젊은 베르테르의 슬픔』처럼 초기의 소설에 서간체나 일기체가 많은 것은 그와 같은 이유에서이다. 이 토끼 이야기도 자신의 내면을 마치 고백하듯이 쓰고 있고, 또 토끼라는 주체를 사용하여 내면의 공간을 이야기로 만듦으로써 독자들에게 남의 일기장을 훔쳐보는 듯한 느낌을 부여한다.

●알베르토 망구엘, 독서의 역사, 정명진 옮김, 세종서적, 2002, 23쪽.

여기서 보면 내면의 수사학이란 이질성에서 출발한다는 것을 알 수 있다. 토끼는 나, 즉 자아ego가 아니기 때문에 내면, 즉 자기self라고 할 수 있다. 이것은 독일 낭만주의 시인 노발리스가 말한 것과 맥을 같이한다. "자아Ich, ego는 오로지 비아Nicht-Ich, self를 통해서만 생각될 수 있다. 자아란 그것이 비아인 점에서만 하나의 자아일 뿐이다."● 여기서 비아란 외적 세계, 자연, 대상, 무의식 등 다양한 타자 전체를 가리키는데 이런 비아를 통해서 자아가 구체화된다. 노발리스에 따르면, 그래서 문학은 부재의 언어Sprache der Abwesenheit이다. '비아'로서의 토끼가 실제적으로는 존재하지 않는다. 로비의 입에서 나온 "괴물"도 실재하지 않는다. 이렇게 비아를 통해 자아를 그리는 방법과 수사적 요인을 비교하기 위해 권정생의 『강아지똥』을 읽어 보자.

> 돌이네 흰둥이가 똥을 눴어요. 골목길 담 밑 구석 쪽이에요. 흰둥이는 조그만 강아지니까 강아지똥이에요.
> 날아가던 참새 한 마리가 보더니 강아지똥 곁에 내려앉아 콕콕 쪼면서 "똥! 똥! 에그, 더러워……." 하면서 날아가 버렸어요. "뭐야! 내가 똥이라고? 더럽다고?" 강아지똥은 화도 나고 서러워서 눈물이 나왔어요. 바로 저만치 소달구지 바퀴 자국에서 뒹굴고 있던 흙덩이가 곁눈질로 흘끔 쳐다보고 빙긋 웃었어요. "뭣 땜에 웃니, 넌?" 강아지똥이 화가 나서 대들 듯이 물었어요. "똥을 똥이라 않고 그럼 뭐라 부르니? 넌 똥 중에서도 가장 더러운 개똥이야!" 강아지똥은 그만 "으앙!" 울음을 터뜨려

● Novalis, Schriften, hrsg. v. Richard Samuel in Zusammenarbeit mit Hans-Joachim Mähl u. Gerhard Schulz, Darmstadt, 1960 ff., Bd. II, p. 268.

버렸어요.

한 달이 지났어요. "강아지똥아, 내가 잘못했어. 그만, 울지 마." 흙덩이가 정답게 강아지똥을 달래었어요. "……." "정말은 내가 너보다 더 흉측하고 더러울지 몰라……." 흙덩이가 얘기를 시작하자, 강아지똥도 어느새 울음을 그치고 귀를 기울였어요.

"…… 본래 나는 저어쪽 산비탈 밭에서 곡식도 가꾸고 채소도 키웠지. 여름엔 보랏빛 하얀빛 감자꽃도 피우고……." "그런데 왜 여기 와서 뒹굴고 있니?" 강아지똥이 물었어요. "내가 아주 나쁜 짓을 했거든. 지난 여름, 비가 내리지 않고 가뭄이 무척 심했지. 그때 내가 키우던 아기 고추를 끝까지 살리지 못하고 죽게 해 버렸단다." "어머나! 가여워라." "그래서 이렇게 벌을 받아 달구지에 실려오다가 떨어진 거야. 난 이제 끝장이야."

그때 저쪽에서 소달구지가 덜컹거리며 오더니 갑자기 멈추었어요. "아니, 이건 우리 밭 흙이잖아? 어제 싣고 오다가 떨어뜨린 모양이군. 도로 밭에다 갖다 놓아야지." 소달구지 아저씨는 흙덩이를 소중하게 주워 담았어요.

소달구지가 흙덩이를 싣고 가 버리자 강아지똥 혼자 남았어요. "난 더러운 똥인데, 어떻게 착하게 살 수 있을까? 아무짝에도 쓸 수 없을 텐데……." 강아지똥은 쓸쓸하게 혼자서 중얼거렸어요.●

보다시피 이 이야기 또한 외부적 묘사가 주를 이루고 있다. 이를테면

● 권정생, 강아지똥, 길벗어린이, 2004.

똥이 은유적 가치를 가지는 것이 아니라 실제의 똥으로 서술되고 있기 때문이다. 작가는 강아지똥에 한 번도 심리적인 투사를 하지 않고 그것을 객관적으로 차분하게 서술하고 있다. 이야기를 다 읽고 나더라도 아이들은 절대 '강아지똥'이 되고 싶어 하지 않을 것이다. 말하자면 이 문학/동화는 강아지똥의 일대기이지 내면의 은유를 담은 나의 이야기는 아니다. 문장은 전체적으로 "훌륭한(곧 효과적인, 아름다운) 말에 관한 재주"를 보여 주듯 넘치는 기지와 외부적 감정표현으로 가득 차 있다.

로비처럼 괴물이 속에서 올라오는 것이 아니라, "화도 나고 서러워서 눈물"도 나오듯이 직접적인 감정이 그대로 노출되고 있다. 흙덩이가 강아지똥을 마치 친구나 엄마가 달래듯 달래고 있으나 그런다고 해서 어떤 이미지가 만들어지지는 않는다. 그래서 작자의 의도, 즉 강아지똥이 의미 있다고 한 말은 영탄과 수사로 인해 훌륭한 연설은 되었을지 모르나 독자의 경험공간에서 이미지를 만들지는 않는다. 이 이야기를 읽는 아이나 어른들은 도덕을 강요당하거나 아니면 종교적 영겁을 체험할 수 있을지 모르겠으나 직접적이고 간결한 이미지의 체험을 얻지는 못한다. 읽고 나면 강요당한다는 느낌을 지울 수 없다. 왜냐하면 작품이 독자의 내면공간을 만드는 데 실패했기 때문이다.

차츰 독자들은 이 책이 한국문화에 대한 비판이라고 생각할지도 모르겠다. 문화적 차이에 대한 인식이 그렇게 비춰지지 않기를 바란다. 그보다는 우리의 문학이 얼마나 서구의 것과 다른지에 대한 느낌을 보여 주는 것으로 여기길 바란다. 내면의 수사학을 구체적으로 보여 주는 이야기 중 하나는 『짖어봐 조지야』라는 그림책이다. 이 작품은 마음속에 들어 있는 것을 구체적 · 시각적 이미지로 표현한다.

엄마개가 말했어요. "강아지야, 짖어 봐." 강아지가 짖었어요. "야옹."
"아니야, 강아지." 엄마가 말했어요. "고양이는 야옹, 강아지는 멍멍. 자, 강아지야, 짖어 봐."
강아지가 짖었어요. "꽥꽥."
"아니야, 강아지." 엄마가 말했어요. "오리는 꽥꽥, 강아지는 멍멍. 자, 강아지야, 짖어 봐."
강아지가 짖었어요. "꿀꿀."
"아니야, 강아지." 엄마가 말했어요. "돼지는 꿀꿀, 강아지는 멍멍. 자, 강아지야, 짖어 봐."
강아지가 짖었어요. "음매."
엄마는 강아지를 데리고 의사 선생님에게 갔어요.
"왜 그러는지 금방 알아낼게요." 의사 선생님이 말했어요. "강아지야, 한번 짖어 봐."
강아지가 짖었어요. "야옹."
의사 선생님은 강아지 입 속으로 깊이 손을 넣었어요. 그리고는 고양이를 꺼냈어요.
"강아지야, 다시 짖어 봐." 강아지가 짖었어요. "꽥꽥." 의사 선생님은 강아지 입 속으로 깊이, 깊이 손을 넣었어요. 그리고는 오리를 꺼냈어요.●

『강아지똥』과 비교하면 말도 안 되는 비현실적 발상이지만 현실보다 더욱 진실하다. 우리 내면에 '보이지 않는 그 무엇'이 있다는 가정을 하지 않

●줄스 파이퍼, 짖어봐 조지야, 조숙은 옮김, 보림, 2003. '조지'를 '강아지'로 바꾸었다.

으면 이런 상상을 하기 어렵다. 우리는 마음을 온전하게 표현할 수 없다. 노발리스가 말했듯이 그것을 비아, 즉 대상이나 자연으로(어린아이들은 특히 동물로) 표현할 수밖에 없다. 말이 없는 내적 동요를 언어로 옮긴다는 것은 어려운 일이다. 특히 아이가 말을 듣지 않고 '가방' 하라고 하면 '방가' 한다든가, '해'라고 하면 '안 해'라고 대답한다든가, 개 소리 대신 고양이 소리를 낸다든가 하는 것은 아이의 욕망을 말해 준다. 그것을 구체적으로 보여주는 데는 실제로 마음에(아이에게는 목구멍에, 그래서 배에) 손을 넣어 꺼내 보이는 방법이 좋을 수 있다. 가끔씩 아이들은 물고기를 먹으면 실제로 배에 물고기를 그린다. 그것은 이미지가 인간에게 얼마나 구체적인지를 말해 준다.

한국 문학이 내면을 표현하기란 여간 힘든 일이 아니다. 왜냐하면 이런 내면을 꺼낸다는 것은 이 사회에서 도덕적으로 비난받을 일이며, 우리 문학사를 살펴봐도 그런 문학이 사회적 기능을 수행했던 적은 한 번도 없었기 때문이다. 설령 그런 작가가 – 가령 작가 이상李箱의 경우 – 있고 그런 작품이 있다고 주장하더라도 그것은 범상치 않은 특이한 사람의 것으로 치부되었다. 환상이나 공상은 쓸데없는 짓으로 매도되었기 때문에 아동문학이든 성인문학이든 이런 내면의 현상이 사회적 기능을 수행하지는 못했다. 유교적 가르침은 내면을 중시하지 않는다. 내면은 그저 아름다운 행위를 통해 사라져야 할 그 무엇으로 간주되었다. 기독교에서 신앙을 고백하듯이 자신의 마음을 쏟아 붓는 일이 무당이나 부처님 앞에서만은 가능했지만, 그것을 문학의 범주에 포함시키지는 않았다. 그래서 한국 아동문학에서도 마음을 드러내고 나타내는 것이 가능하지 않았다. 어른들은 나름대로 그런 일을 소설이라는 이름으로 실현했지만 아이들에게는 아직도 착하고 아름다운 것만 강요되고 있다.

『지각대장 존』에서는 존이 선생님에게 악어가 나타나서 학교에 늦었다고 말하는 장면이 나오는데, 이는 우리의 시각으로는 도저히 믿을 수 없는 이야기 구성이다. 말은 되지 않지만 이야기는 너무나도 핍진하다.

존 패트릭 노먼 맥헤너시는 학교에 가려고 집을 나섰습니다.
한참을 가는데 하수구에서 악어 한 마리가 불쑥 나와 책가방을 덥석 물었습니다.
존은 책가방을 있는 힘껏 잡아당겼지만
악어는 놓아주지 않았습니다.

존은 할 수 없이 장갑 하나를 휙 던졌습니다.
악어는 책가방을 놓고 장갑을 물었습니다.
존 패트릭 노먼 맥헤너시는 허겁지겁 학교로 달려갔습니다.
하지만 악어 때문에 늦고 말았지요.
"존 패트릭 노먼 맥헤너시, 지각이로군.
그리고 장갑 하나는 어디다 두고 왔지?"

"학교에 오는데 하수구에서 악어 한 마리가 나와서
제 책가방을 물었어요. 제가 장갑을 던져 주니까
그제서야 놓아 주었어요. 장갑은 악어가 먹어버렸고요.
그래서 지각했어요, 선생님."

"이 동네 하수구엔 악어 따위는 살지 않아! 넌 나중에 학교에
남아서 '악어가 나온다는 거짓말을 하지 않겠습니다. 또, 다시는
장갑을 잃어버리지 않겠습니다.'를 300번 써야 한다. 알겠지?"

그래서 존은 늦게까지 학교에 남아서 300번 썼습니다.

"악어가 나온다는 거짓말을 하지 않겠습니다.

또, 다시는 장갑을 잃어버리지 않겠습니다."●

존은 그 다음에는 '사자'가 나타나고, '산더미 같은 파도'가 덮쳐 늦었다고 (선생님이 보기에) 거짓말을 한다. 결국은 선생님이 존과 같은 상황이 된다는 이야기를 하면서 보상의 원리로(또는 시적 정의로) 이야기는 끝을 맺는다. 저자인 존 버닝햄은 스스로 다섯 살배기 생각을 가진 사람이라고 겸손해 하는데, 내 생각으로는 그 정도 지능이면 누구라도 설득시킬 수 있을 것 같다. 조금 빗나간 이야기인지 모르겠다. 지금 인문학이 위기이고 많은 사람들이 위기라고 한다. 하지만 그것을 타개할 아무런 대책이 없다. 그러지 말고 이런 동화를 쓰는 것이 어떨까? 이런 이미지를 만드는 사업이 인문학을 살려주지 않을까? 『해리포터』를 쓴 영국인처럼 말이다. 버닝햄도 그런 영국 사람 중 하나이다. 이런 이미지 산업이나 스토리텔링 산업을 발전시키기 위해 우리는 내면에 대한 탐구를 게을리하지 말아야 한다. 이미지의 이론에 대해 얼마나 많은 이야기를 해야 할지 모르기 때문에 이에 대해서는 다음 장으로 미루고 여기서는 이 동화와 연관 지어 간략하게 논의해 보고자 한다.

문학도 미술품처럼 하나의 대상물이다. 아니 대상물이라고 보아야 한다. 왜냐하면 문학 속의 언어에도 일상어나 대상을 나타내는 소통을 위한 언어가 있고, 이미지를 나타내는 언어가 있기 때문이다. 미술품을 대상물

● 존 버닝햄, 지각대장 존, 박상희 옮김, 비룡소, 1996.

로 보는 것이 아니라 이미지를 갖고 이야기하듯이 문학작품도 이미지를 갖고 이야기해야 한다. 문학작품의 체험에는 오브제objet 또는 타블로 tableau가 있고, 이미지image가 있다. 위에서 제시한 작품을 예로 들면 「우리 아파트」와 「나쁜 어린이표」의 경우 오브제는 있지만 이미지는 결여되어 있다. 그에 반해 「지각대장 존」이나 「성난 로비」의 경우는 이미지가 지배적이다. 앞의 두 작품에서는 경험이 오브제 중심으로 되어 있지만, 뒤의 작품에서는 강렬한 이미지를 중심으로 부각되어 있다. 앞의 작품에서는 속상함이 현실적으로 눈앞에서 지각할 수 있는 대상들로 표현되어 있지만 뒤의 작품에 등장하는 "악어"나 "사자" 또는 "파도"는 적어도 도회의 거리에서 체험하거나 볼 수 있는 것이 아니다. 그것들은 그곳에서 눈으로 볼 수 있는 것들이 아니라 마음의 눈으로 그릴 수 있는 것들이다.

가령 어떤 사람이 아버지를 두고 "괴물 같다", 엄마를 두고 "악어 같다", 아이를 보고 "토끼 같다"고 말한다면 그것은 이미지를 두고 말한 것이 된다. 영풍 부석사를 두고 "지루한 장마 끝에 홀연히 먹구름이 가시면서 햇살이 쨍쨍 내리쬐는 듯한 절"이라고 하고 청도 운문사를 두고 "한겨울 폭설이 내린 산골의 한 아낙네가 솔밭에서 바람이 부는 대로 굴러가는 솔방울을 줍고 있는 듯한 절"● 이라고 한다면 대상으로서의 절의 모습(그림)과는 동떨어진 이미지가 될 것이고 모든 사람이 공유할 수 있는 이미지는 아닐 것이다. 가령 존이 학교에 가려는데 시비 거는 엄마를 두고 '악어'라고 표현한다면 그것은 누구나 그런 경우에 같은 이미지를 가진다는 뜻은 아닐 것이다. 서로 다른 상황일지라도 그것을 '악어'라는 대표적 심상

● 유홍준의 『나의 문화유산답사기』에서 재인용. 2권 75쪽.

으로 표현한 것이 자신의 문제를 상상하는 데 방해가 되지는 않을 것이다.

내 경우를 말하자면 그 '악어'는 바로 우리 엄마였다. 어릴 때 학교 가려면 항상 늦게 밥을 해 주어 밥을 못 먹든가 학교에 늦든가 둘 중의 하나였기에 학교에 늦게 가게 만드는 것, 즉 악어는 나에게 '엄마'를 의미했다. 요즘 아이들에게 그 악어가 무엇이냐고 물어보면 '늦잠'이라고 말한다. 이렇게 악어라는 것은 그 대상물 자체로서는 악어일 뿐이지만 내면의 공간에서는 엄마가 될 수도 있고 늦잠이 될 수도 있고, 혼잡한 교통상황일 수도 있다. 궁극적으로 말하자면 자신의 마음이다. 같은 말을 되풀이하여 유감이지만 대부분의 한국 동화는 이런 일에 익숙하질 않다. 한정아의 『우리 동네 비둘기』라는 그림책을 보면 그것을 잘 알 수 있다.

이상한 일입니다.
신호등이 파란색인데 차들이 모두 멈춰 섰습니다.
"무슨 일이지?"
찬이는 엄마와 버스 창 밖을 내다보았습니다.
"비둘기 때문이라고 하는구나."
저만치 비둘기 한 마리가 길 가운데서 여기 기웃, 저기 기웃하고 있었습니다.
차들은 비둘기가 날아오를 때까지 기다릴 수밖에 없었습니다.
엄마는 비둘기 걱정을 하셨습니다.
"어쩌다 비둘기가 찻길에 들어왔을까."
"엄마, 비둘기에게도 찻길에서 놀면 위험하다고 가르쳐 주어야겠어요."●

● 한정아 글, 윤문영 그림, 우리 동네 비둘기, 마루벌, 2004.

일견 착한 엄마와 아들의 내면적 대화인 것 같지만 대화의 진정성이나 개연성은 느낄 수가 없다. 그뿐만 아니라 비둘기 때문에 차가 멈춘 것을 버스 안에 있는 엄마와 아들이 어떻게 알았는지 도무지 이해가 되지 않는다. 또한 차들이 그렇게 한가하게 비둘기 때문에 서 있는 것도 현실적이지 않다. 비둘기에게 찻길에서 놀면 위험하다고 가르친다는 것 또한 웃기는 일이다. 그 외에는 모든 것이 있는 그대로 진술되기 때문에 상상의 공간이나 이미지가 형상화되는 일은 극히 드물다. 그냥 한 아이의 체험이었다고 말할 수밖에 없다. 삽화 또한 현실 어디에서나 볼 수 있는 그런 것들로 가득하다.

우리는 『어린 왕자』의 사례에서 이미지 만드는 법을 배우지 않을 수 없다. 저자일지 아니면 단순한 화자일지 모르는 '나'는 비행기가 고장이 나 사막에 불시착했는데, 이곳에서 나중에 어린 왕자라 불리는 소년을 만난다. 그런데 그 소년은 '나'에게 양 한 마리를 그려 달라고 조른다. 양을 그려 줬더니 그 소년은 "안 돼요! 이 양은 병이 들었어요. 다른 걸로 그려 주세요."라고 불평한다. 그래서 '나'는 다시 양을 그려 주었지만 뿔이 달린 양이라고, 또는 너무 늙은 양이라고 거절을 당한다. 결국 '나'는 상자를 그려 주면서, 상자 안에 그 소년이 원하는 양이 있다고 말해 주니 소년은 만족하면서 활짝 웃었다. 이 상자 안에 있는 양은 상상을 통해 그릴 수 있다. 이에 반해 앞의 인용 글에 나오는 비둘기는 현실 속에 있으므로 상상할 수 있는 그림이 아니다.●

이미지에 관한 이런 관점은 비단 우리나라에서뿐만이 아니었다. 서양

● 생텍쥐페리, 어린 왕자, 김경찬 옮김, 동해출판, 2005, 10~14쪽.

에서도 19세기까지는 외부세계의 대상물이 우리 정신에 비치는 정도로 이미지를 이해한 듯하다. 사르트르에 의하면, 베르그송까지는 형상이 "기억이라는 그릇에 담긴 내용물로 통용되었고, 정신활동의 생생한 순간은 아니었다."● 이미지의 고유한 특성은 오브제, 즉 대상물의 직접적 지각에서는 생성될 수 없는 느낌과 생각들이 나타난다는 데 있다. 이미지에서는 구체화되는 것이 현실에는 부재한다. 여기에서 우리는 지각과 표상을 세계로 향한 두 개의 상이한 길로 보아야 한다. 지각에는 항상 오브제가 존재해야 한다. 하지만 이미지 구축의 조건은 현존하지 않는 기억이나 체험이다. 다시 말해 "악어를 만났다"고 하는 표현을 읽으면 책에서 이미지가 제공되거나 독자가 자신의 지식 또는 경험을 소환하거나 그런 이미지가 환기된다. 그래서 라일Gilbert Ryle은 독자가 책을 읽는 순간에 객체물로 주어지지 않는 것을 이미지 속에서 현재화한다고 말하였다. 그것이 바로 「지각대장 존」에서 말하는 '악어'요, 「성난 로비」에 있어서의 '괴물'이다. 「파울의 미술시간」 또한 내면의 영상이 어떻게 만들어지는지 그 과정을 소상하게 말해 준다.

오늘 1교시는 미술시간이다.
너희들 모두에게 도화지를 나눠 주마.
이제 밖을 내다보거라.
아침 풍경이 참 아름답지?
지금부터 너희들이 본 것을 그림으로 그려라.
하늘, 구름, 햇빛, 집, 지붕, 교회 탑…….

● 장 폴 사르트르, 사르트르의 자아의 초월, 라인벡 출판사, 1964, 82쪽.

뭘 그려도 괜찮다.

파울은 종이를 말끄러미 바라봅니다.

종이도 파울을 말끄러미 바라봅니다.

커다랗고 하얀 종이입니다.

파울은 하늘을 쳐다보며 생각합니다.

난 그림 그리기 싫어. 하늘을 날고 싶어.

하얀 종이가 날아갑니다.

[…]

점점 밑으로 내려옵니다.

난 동물의 왕이다. 사자가 외칩니다. 웬 놈이냐!

이런 한심한 놈! 선생님이 소리칩니다.

파울, 아직도 뭘 그릴지 생각 못한 거냐!

선생님은 화가 나서 텅 빈 종이를 바라봅니다.

파울 앞에 있는 종이는 여전히 하얗습니다.

아주 아주 하얗습니다.●

잘 보자. 단순한 사건 하나를 이렇게 훌륭한 문학으로 만들려면 수사학적 방법에서는 우주를 동원해야 할지도 모를 일이다. 선생님이 '너희가 본 것을 그려라.'고 하면 '하늘에는 솜털 같은 구름이 걸려 있고, 지붕에 있는 담쟁이는 손바닥을 벌리고 있지요.'라고 표현할 것이다. 하지만 그렇게 표현하면 이미지가 국부적인 표현 '솜털 같은', '손바닥'에 머물러 있지, 그

● 엘리자베트 보르헤르스, 파울의 미술시간, 김경연 옮김, 풀빛, 2004.

림 그리는 상황에 대한 이미지로 확대되지는 않는다. 오브제에 대한 이미지는 있어도 그림 그리는 시간에 대한 이미지는 없다. 파울도 "하늘, 구름, 햇빛, 집, 지붕, 교회 탑"을 보았을 것이다. 하지만 아무런 감흥도 떠오르지 않는다. 하늘을 보고 있는 동안 하늘에 대해 상상하지 않는 만큼, 도화지를 보고 있는 동안 그림 그릴 생각이 없고 이미지 또한 떠오르지 않는다. 그 대신 그는 그 종이로 비행기를 접어 타고 다니면서 세상을 구경하는 상상을 한다. 그리고 마지막으로 사자 앞에 내릴 때 사자와 선생님의 얼굴이 오버랩되게 함으로써 상상에서 벗어나 현실로 돌아오는 것을 묘사하였다. 미술 시간에 그림을 그리지 않고 공상하는 것, 도화지를 접어 비행기를 만들어 타고 다니며 세상을 구경하는 것은 도저히 우리의 상상으로는 만들어지지 않는다. 우리의 문화는 그런 상상에 큰 가치를 두지 않기 때문이다. 그러나 그렇다고 하여 내면에서 아무런 일이 일어나지 않는 것은 아니다.

윤구병의 「심심해서 그랬어」, 이억배의 「솔이의 추석이야기」, 위에서 언급한 윤문영의 「우리 동네 비둘기」 등과 같은 그림책은 일상에서 체험하고 볼 수 있는 것을 그려 놓고 말을 했지만 그 어떤 새로운 이미지도 만들지 못한다. 아이들이 문화와 자연과 동식물들을 만나서 어떻게 행동해야 할까 하는 생활 수칙 정도를 알려 주려는 듯하다. 이미지를 만들기 위해서는 「파울의 미술시간」처럼 상상을 유발하는 소재를 택하여 부정의 길을 걷는 것이 한 방법일 수 있다. 그렇게 한다면 우리는 눈으로는 볼 수가 없는 대상의 이미지를 '볼' 수 있을 것이기 때문이다. 『괴물 예절 배우기』라는 책 역시 그와 유사한 방법으로 내면에 대한 기획을 하고 있다.

로지는 작지만
흠잡을 데 없는 괴물이었습니다.

멋진 뾰족 이빨에,
작지만 날카로운 갈퀴 모양의 발톱에,
캄캄한 밤에도 번쩍번쩍 빛나는 초록색 눈까지
갖추고 있었지요.

그런데 로지한테는 문제가 딱 한 가지 있었습니다.
괴물들이 지켜야 하는 예절을
언제나 잊어버리는 거였어요.

괴물들은
친구들과 싸우며
장난감을 망가뜨린다고들 합니다.
하지만 로지는 누구하고나 사이좋게 지냈어요.
그래서 로지의 엄마는 무척 근심스러웠습니다.
[…]
로지의 엄마와 아빠는 고개를 절레절레 흔들었어요.
"걱정이야, 걱정. 저러다 괴물들의 예절을 못 배우면 어쩌지."
"이 험한 세상을 어떻게 살려고……."●

빌헬름 폰 훔볼트는 상상은 감각자료에서 영향을 받은 것이 아니라 오히려 무에서 솟아난다고 보았다. 즉 상상이 실제적인 무엇에서 얻어지

●괴물 예절 배우기(원제: Monster Manners), 조안나 코울 글, 재러드 더글라스 리 그림, 이복희 옮김, 시공주니어, 2006, 7~9쪽, 14쪽.

는 것이 아니라 정신의 에너지에서 솟아나는 것이라고 보았다. 그러니까 이 이야기의 괴물도 실제의 괴물이 아니라 내면세계의 비유다. 예컨대 동요에서 "가을이라 가을바람 솔솔 불어오니, 푸른 잎은 붉은 치마 갈아입고서"라고 노래한다면 단풍이 드는 것을 두고 붉은 치마를 입는다고 상상하기도 힘들 뿐 아니라 실제로 그런 일이 일어나는 경우도 없을 것이다. 그보다는 화자가 그런 은유적 현상을 마음에 가지고 있는 것이다. 가령 붉은 치마를 입은 엄마, 누나, 친구를 상상할 수 있다. 이것이 바로 릴케가 말한 "세계 내 공간"이란 것이다.

이런 관점에서 보면 미하엘 엔데의 『마법의 설탕 두 조각』도 마찬가지다.● "렝켄은 말할 나위 없이 착한 아이입니다."(5쪽)로 시작하는 이 책은 그 다음에 이어지는 문장을 통해 내면의 공간을 만든다. "엄마 아빠가 다정하게 대해 주고, 렝켄이 원하는 걸 들어주기만 한다면 말입니다. 다만 엄마 아빠가 그렇게 해 주는 일이 거의 없다는 게 문제였지요." 만약 한국의 아동문학이 이 이야기를 전개한다면 어떻게 되었을까? 두 번째 문장이 앞에 오고 앞의 문장이 두 번째 문장이 될 것이다. 아니면 도덕적인 문제, 가령 '엄마가 심부름을 시키면 컴퓨터를 하다가도 멈추고 기쁜 마음으로 심부름을 갑니다.'와 같은 방향으로 전개될 것이다. 부모의 일방적인 관점이나 사회 통념으로 이야기를 끌고 가면 이야기가 아동의 내면에 접근할 수 없다. 『마법의 설탕 두 조각』 같은 내면성을 담보하는 이야기는 반드시 자기 내면으로 접근하는 도구를 마련한다. 자기의 말을 들어주지 않는 부모에 대해 렝켄은 "이렇게 계속 참고 지낼 수만은 없다고 생각"한다. 그리

● 미하엘 엔데 글, 진드라 차페크 그림, 유혜자 옮김, 마법의 설탕 두 조각, 한길사, 2005.

고는 "요정을 찾아가기로" 마음먹는다. 이것이 위의 로비 이야기에서 보았던 환상공간의 창출과 같다. 내면적 세계란 결국 환상세계에 지나지 않는다. 이건 말이 되지 않지만 내면을 더욱 절실히 보여주고 있다. 왜냐하면 그것이 마음을 읽고 그리기 때문이다.

산문적 이야기만 그런 것은 아니다. 동시도 그런 측면을 다분히 보여준다. 임길택의 『탄광마을 아이들』은 그 체험의 순수성에도 불구하고 이미지를 만드는 데 부분적으로 실패하고 있어 이 책의 논의 대상으로 끌어넣어 본다.

부엌에서
아버지가
망치질을 하고 있었다

탄 묻은 판자쪽을
주워다 놓고
온 집안 울리도록
바람구멍을 막고 있었다

산 너머 어디쯤에
겨울이 오고 있었다
— 「아버지의 겨울」●

● 임길택, 탄광마을 아이들, 실천문학사, 2004, 10쪽.

이야기의 사실성과 서정성에 대해서는 이의가 없다. 그러나 제2연을 두고 우리는 내면의 표현에 대해 좀 더 진지하게 생각해 볼 필요가 있다. 우리가 만약 이 제2연에 있는 "바람구멍"을 대신할 이미지 언어를 써 본다면 시가 더 품위 있게 될 것이다. 가령 "탄 묻은 판자쪽을/ 주워다 놓고/ 온 집안 울리도록/ 우리들의 가난을 막고 있었다"라고 바꾸든지, 아니면 "탄 묻은 판자쪽을/ 주워다 놓고/ 온 집안 울리도록/ 아픔을 망치질하고 있었다"라고 쓴다면, "가난을 막는다"든가 "아픔을 망치질한다"는 것이 문법적으로 가능하지 않은 만큼 은유적으로 읽을 수 있는 공간이 만들어지는 것이다. 이런 제의를 하면 혹 독자들은 "어린아이들이 과연 그런 경험과 고통을 은유적으로 쓸 수 있을까요?"라고 이의를 제기할 수도 있겠지만 적어도 초등학교 5학년 이상이면 얼마든지 상상할 수 있는 심상이다.

문화적 · 문학적 전통에 의해 가급적이면 자연을 있는 그대로 묘사하려는 태도는 마음을 읽고 이미지를 만드는 태도와 사뭇 다르다. 판자쪽과 가난(또는 아픔)의 관계와, 판자쪽과 바람구멍을 비교하면, 전자의 관계가 A : B = C : D인 데 반해 후자는 A : B = A′ : B′가 된다. 바람구멍은 현실이기 때문에 그 언어가 무엇을 연상시키거나 새로운 의미를 부여할 힘이 없다. 그러나 전자의 경우는 다르다. 가난(또는 아픔)이라는 것은 추상적인 삶의 상태이기 때문에 많은 느낌을 부여할 수 있다. 이런 언어적 태도는 아동들과 청소년들에게 상상력을 불어넣어 줄 수 있는 새로운 문학적 자극이라고 할 수 있다. 같은 동시집에서 다른 예를 살펴보자.

아버지 하시는 일을
외가 마을 아저씨가 물었을 때
나는 모른다고 했다

기차 안에서
앞자리의 아저씨가
물어왔을 때도
나는 낯만 붉히었다

바보 같으니라구
바보 같으니라구

집에 돌아와
거울 앞에 서서야
나는 큰 소리로 말을 했다

우리 아버지는 탄을 캐십니다
일한 만큼 돈을 타고
남 속이지 못하는
우리 아버지 광부이십니다 —「거울 앞에 서서」●

자기 아버지가 무슨 일을 하는지 떳떳하게 말하지 못하는 화자의 속내를 그린 이 시는 정말 일품이다. 하지만 중간에 "바보 같으니라구/ 바보 같으니라구"를 넣음으로써 시의 감동은 줄어들고 말았다. 스스로 그렇게 느끼고 아는 것을 말함으로써 식상하게 되었다는 뜻이다. 내면이라는 것

● 임길택, 같은 책, 9쪽.

은 몇 번이고 강조했지만 '산을 보고 있는 동안 산에 대해 상상하지 않는다.'는 원칙으로 만들어져 있다.● 바보를 보고 바보라 하는 것만큼 불필요한 언어가 어디 있는가? 그것은 광고에 예쁜 탤런트가 나와서 "저 보세요. 저 참 예쁘죠?"라고 말하는 것과 다름없다. 시는 긴장이 있어야 하는데 다 말해 버림으로써 긴장은 사라진다. 마지막 연에서도 "남 속이지 못하는…"이란 말은 도덕적인 말로서, 한 번 더 시를 식상하게 만든다. 그보다는 "얼굴이 새카만…" 등과 같은 존재적인 언어가 더 나을 것이다. 수사학에서 빠져 나오는 것이 곧 이미지를 강화하는 길이다.

● 길버트 라일, 마음의 개념, 이한우 옮김, 문예출판사, 1994, 326쪽을 참조하라.

chapter 03

수사학과 이미지

◎ 우리 함께 초등학교의 현실에서 종종 접하는 아래와 같은 시험 답안지와 초등학생들의 반응을 보자. 그러면서 내면과 이미지에 대해 살펴보자. 이런 시험문제가 있다. '샌드위치를 만들 때, 식빵 한 면에 버터를 바르는 이유는 무엇인지 쓰시오.' 선생님이 썼을 듯한 정답은 '속 재료의 수분이 빵 속에 배어들지 않게 하기 위해'이다. 그러나 아이는 '두 면에 바르면 너무 느끼해서'란 대답을 했다. 폭소가 나오지 않는가? 왜 폭소가 나오는가? 아이답게 대답했기 때문이다. 앞의 소위 말하는 정답은 현실과 실제를 그대로 말했기 때문에 웃을 상황이 아니지만, '두 면에 바르면…'이라는 답은 상상력에 의존해 썼지만 아이의 진솔한 생각을 그대로 반영하고 있기에 폭소를 유발한다. 그것이 폭소이든 진지한 유희이든 아이의 대답은 우리를 유희로 끌고 간다. 그러나 현실원칙과 도덕률은 문학

적/예술적 즐거움의 대상이 아니다. 그리고 그것은 현실의 부정에서 발생하는 예술적 긍정도 만들지 못한다. 이렇게 볼 경우 우리는 아이의 대답이 우선 틀린 대답이자 동시에 기대지평을 까는 대답이므로 아이가 처해 있고 동시에 그걸 바라보는 독자가 처해 있었던 상황을 정답보다 더 잘 떠올릴 수 있는 이미지를 만들 수 있다.

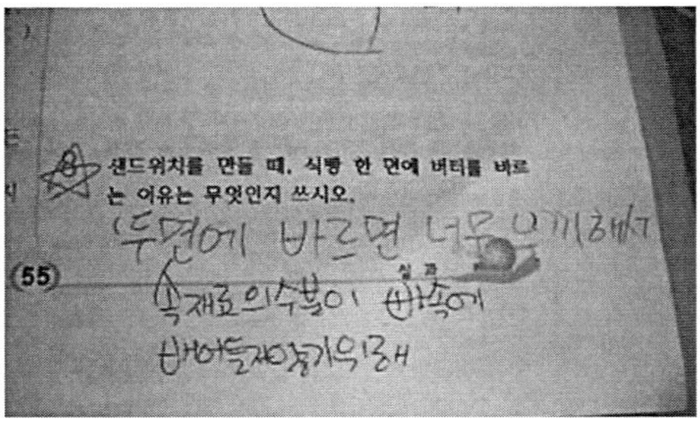

다른 문제를 보자. '다음 도형이 사각형이 아닌 이유를 써 보시오.' 정답은 아마 사각형에 대한 정의를 요구한 것 같다. '네 개의 선분으로 둘러싸인 평면도형이 아니기 때문에' 등으로 대답을 하여야 할 것이다. 그러나 이 아이는 '원래는 사각형인데 찢어져서'라는 기발한 대답을 하고 있다. 그것이 곧 충동을 말하지 객관적 이성을 말하지 않으려는 어린아이의 내면공간을 드러내기 때문에 우리는 재미를 느낀다.

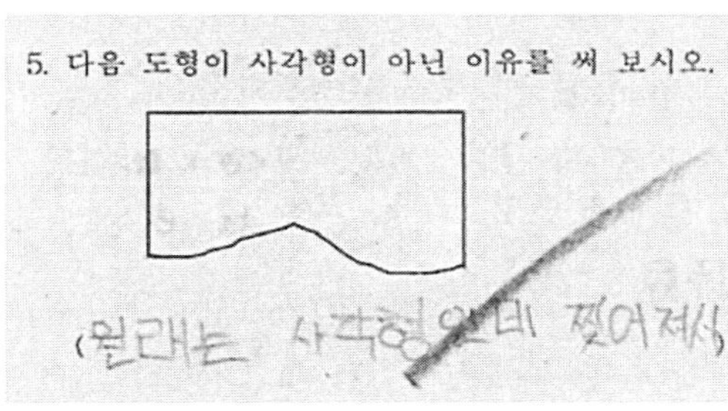

마지막 문제도 마찬가지다. 아이는 그 그림에 대해 자신이 본 대로 느낀 대로 대답하고 있다. 필자도 정답이 무엇인지 모르겠으나 최소한 최면을 걸고 있는 장면은 아닌 것 같다. 뭔가 그럴듯한 도덕적인 대답을 요구하는 이와 같은 상황은 상당 부분 정답과 도덕을 요구하는 문화로 이어져 상상력의 빈곤을 만들어 내는 원인이 된다. 그런 의미에서 창의력 계발에 가장 위험하고도 쓸모없는 문제가 바로 바른생활 문제일 것이다. 그리고 이런 현상을 문학에 대입하면 그것은 곧 수사학적인 과제와 같아진다.

우선 이런 시험 답안지에 대해 떠오르는 이미지를 생각해 보자. 만약 정답을 썼다면 오답을 썼을 때와 같은 강렬한 이미지는 얻을 수 없을 것이다. 어떤 부정이라는 것이 없다면 말이다. 어떠한 사물이나 대상에서 얻을 수 있는 대표적이고도 인상적인 표상을 이미지라 한다면 이 그림들은 그것을 얻고 있다.

우리는 어떤 사물을 바라보면서 그것 혹은 그것과 유사한 경험을 떠올리기도 하고, 역으로 언어로 표현된 이미지를 통해서 구체적인 사물을 떠올리기도 한다. 보통 이러한 방식으로 이미지와 대상은 밀접한 관련을 갖게 된다. 즉 이 그림에서 얻는 이미지는 아이에 대한 경험과 인식을 떠오르게 할 수 있다. 그리고 어른의 시각과 아이의 시각이 다르다는 것, 일방적인 답을 요구하는 시험과 아이의 상상력과의 대비 등이 이미지로 떠오른다. 물론 독자나 관찰자는 이런 상황 또는 이와 유사한 상황을 생각하며 웃을 것이다. 그것도 아니면 이렇게 대답하여 상처를 받았을 때의 기억을 떠올릴 수도 있으며, 유년 시절 전체가 떠오를 수도 있다. 어쨌든 독자의 기억이나 내면에 있는 아이가 이런 매체를 통하여 구체적이고 명징하게 재현된다는 것은 분명하다. 이미지는 이렇게 부정적인 지각을 통해 우리의 정신 속에서 발생하는 감각의 재생산이라고 볼 수 있다.

이미지는 마음에 형성되는 객체의 복사나 재현이다. 그러므로 이미지는 경험에 따라 차츰 변한다. 최초의 이미지는 이런 경험의 과정에서 다른 것으로 변한다. 최초의 지각은 그 과정에서 점차 상실되어 가고 새롭게 형성되기 시작한다. 같은 상황이나 같은 강도로 지각을 반복할 수 없다는 사실을 염두에 둔다면 이미지는 애초에 부재의식이나 상실의식 속에서 생성되는 것이라 할 수 있다. 최초의 지각이 형성되면서 그 물질성(구체성)은 상실되어 가는 것이다. 하나의 이미지는 역동적인 기억 속에 있는 한 이러한 운명을 벗어날 수 없게 된다.

이미지는 다시 보여 주는 것re-presentation, 즉 재생이다. 그러므로 관념적인 것과 체험된 것이 상호 작용을 통해 이미지를 만들어 낸다고 할 수 있다. 하지만 이미지에 대한 정의는 쉽게 내릴 수 없을 듯하다. 이미지를 바라보고 인식하는 주체가 이미지에 대해 어떤 가치를 부여하느냐에 따라 이미지의 정의가 달라질 수밖에 없기 때문이다. 또한 이미지의 발생과 형성의 관점에서만 보더라도 이미지는 시시각각 변하며, 심리적 관점에서 이미지를 이해하느냐, 우리의 눈앞에 하나의 객관적 실체로 드러난 대상을 이미지로 간주하느냐에 따라서도 이미지는 각기 다른 방식으로 이해된다.

이처럼 이미지에 대한 관심의 고조는 우선 복제기술의 발달과 조형예술의 발전에 기인한다. 그러나 그것은 동시에 이미지 개념이 와해될 수 있는 계기를 마련하기도 한다. 홍수가 나면 마실 물이 없다고 하듯이, 어쩌면 이미지가 너무 많기 때문에 없다고까지 말할 수 있을 것이다. 뵈메는 극단적으로, "이미지란 묘사하지 않고 말하지 않으며 의미하지 않는다."[●]라고 했다. 그러나 여기서 이런 극단적인 표현을 하는 것은 이미지, 나아가 예술의 종말을 말하려는 의도가 아니다. 그보다는 이미지가 묘사하고 서술하고 의미하는 것 이상이라는 것을 강조하기 위함이다. 어떤 예술은 아예 보여 주어 상상하게 하는 동기나 분위기 그 자체로 존재하는 것을 볼 수 있다. 필자는 여기서 이미지에 관한 한 빼놓을 수 없는 미술사가 곰브리치가 『서양미술사』에서 서술한 내용을 가져와 구체적으로 예시하면서 설명하고자 한다.

우리가 귀도 레니의 그림 「가시 면류관을 쓴 그리스도」를 수사학에 비유한다면 토스카나의 한 미술가가 그린 그림 「그리스도의 얼굴」은 내면의 수사학에 더 가깝게 파악할 수 있다.[●●] 어느 그림을 두고 더 잘 그렸다고 할 수는 없다. 그러나 우리가 바라는 내면의 어떤 것을 이미지로 담는 방법을 말하기 위해서는 토스카나의 한 미술가가 그린 그림이 한 수 위인 것은 분명하다. 가시 면류관을 쓰고 피를 흘리며 채찍질을 당하면서도 순진무구한 얼굴로 하늘의 아버지를 바라보는 예수의 모습을 어떻게 저렇게 화폭에 담을 수 있었을까 하는 생각이 많은 사람들로 하여금 귀도 레니의

● Gernot Böhme, Atmosphäre. Essays zur neuen Ästhetik, 2. Aufl., Frankfurt a. M., 1997, zit. nach dems., Theorie des Bildes, München, 1999, p. 7.

●● E. H. 곰브리치, 서양미술사, 백승길 · 이종숭 옮김, 2003, 22~23쪽에 있는 두 그림을 참조하라.

작품을 사모하게 만들었을 수 있다.

누구나 쉽게 이해할 수 있는 표현으로 되어 있으며 작품 속의 인물이 입을 열고 아마도 '엘리 엘리 라마 사박다니. 주여, 주여, 왜 나를 버리셨나이까?'라고 말하는 것 같은 사실감이 있다. 가시 면류관으로 인해 피가 떨어지고 신성을 나타내는 배광은 상징적 아이콘이 아니라 노을이 지는 듯한 현실적인 모습을 취한다. 이 작품을 두고, 우리는 실제의 성서를 있는 그대로 옮겨 놓은 것처럼 보이기 때문에 수사학적이라고 말할 수 있다. 이런 미술품은 그야말로 외부에 보이는 형상을 화폭으로 옮겨 놓은 듯하지만 토스카나의 미술가가 그린 그리스도는 입을 굳게 다물었으며 말하지 않는데도 말하는 것 같은 느낌을 준다. 얼굴 모습도 실제적인 모습이 아니라 이미지를 그림으로써 현실을 왜곡했다. 현실을 왜곡했음에도 불구하고 실제 느낌은 더욱 적나라하게 드러난다. 우리가 사랑에 실패했을 때 사랑의 이미지가 더욱 분명한 것처럼, 눈을 감고 입을 굳게 다물고 있는 모습이 오히려 그가 말하고자 하는 바를 우리의 내면에서 더욱 명징하게 비춰준다.

곰브리치는 편안한 목소리로 이렇게 말한다. "말과 몸짓을 적게 사용하면서 많은 것을 상대방이 추측하도록 남겨 두는 것을 좋아하는 사람이 있듯이, 작품을 감상하는 사람들에게 추측하고 곰곰이 생각할 여지를 주는 그런 회화나 조각 작품을 좋아하는 사람들도 있다."● 그런 설명만으로는 부족하다. 문예부흥기 이전 사람들이 벌써 마음을 나타내는 이런 경향성을 가졌다는 것은 놀라운 일이다. 가시적인 세계를 있는 그대로 화폭에

● E. H. 곰브리치, 같은 책, 24쪽.

옮긴다는 것도 물론 힘든 일이고 어려운 일이다. 하지만 보이지 않는 내면을 화폭에 옮기는 것이나 그렇게 옮겨 관객들이 그런 상상을 할 수 있게 하는 것은 더욱 어려운 일이다.

이처럼 이미지는 우선 독자에게 또는 관찰자에게 직접적으로 수사하거나 표현하지 않는 특성을 지니고 있다. 그리고 실제와는 다른 상황을 보여 주거나 서술하는데도 실제를 핍진하게 그려낼 수 있는 힘을 지니고 있다. 왜 그럴까? 그것은 우리 마음에 보상의 기제가 작용하고 있기 때문이다. 생물학자들은 호미오스타시스 이론으로 이것을 설명하고 정신분석가들은 보상의 원리에 대해 말한다. 하지만 이들의 공통된 견해는, 인간이라면 완결되지 못한 부분을 반드시 채우려는 내면의 에너지를 가지고 있다는 것이다. 이처럼 다 말하지 못한 부분은 다 말하도록 하고 화해되지 못한 부분은 화해되게 하며 완성되지 못한 부분은 완성되게 하는 것이 우리의 내면이자 무의식이다. 가령 밥을 먹다가 갑자기 일이 생겨 그 밥을 다 먹지 못했을 경우, 반드시 나중에 그 먹지 못한 부분을 채우려는 충동에 휩싸인다고 보면 이해하기 쉬울 것이다.

문학이나 예술에 대한 편견은 인습적인 데서 출발한다. 동양화를 보면 어느 것이나 비슷하다. 그리고 실제로 우리는 삶에 있어서도 비슷한 것을 경험한다. 어떤 이야기가 내면적으로 솔직하다 하더라도 그 내용이 비도덕적이라고 판단되면 그 솔직함은 사라지고 만다. 이야기도 마찬가지다. 작가가 솔직하게 말할 수 있는 분위기를 만들지 않거나 그 작품을 솔직하게 대하지 않는다면 그 어떤 진정성도 얻을 수 없을 것이다. 별을 그릴 때 단지 별표 모양의 별이 진실하다고 믿고, 강아지 짖는 소리가 '멍멍'이라고 한다면 더 이상 진정성은 없어지고 만다. 하늘은 푸르고 풀은 초록이고 살은 살색이고 바다는 바다색이고, 그렇게만 이야기한다면 아무런 내면도 아무런 이미지도 발견할 수 없게 된다.

호메로스는 지중해를 검다고 표현했다. 물이 검을 수도 있다는 것은 그것이 이미지이기 때문이다. 연암 박지원은 까마귀가 우윳빛일 수도 있다고 했다. 실제로 그렇게 보일 수도 있지만 그것도 이미지다. 하지만 내가 여기서 말하고자 하는 바는 우리 마음에 표상되는 것과 실제로 보이는 것에 차이가 있다는 말이 아니다. 차이에 의해 내적 이미지가 만들어지고, 또 이런 방법은 항상 작가들이 고민한 결과라는 점을 말하고자 한다. 이런 기존의 관념과 편견을 예시적으로 증명한 이가 많은데, 그중 대표적인 사람이 바로 세잔느다. 세잔느의 그림을 보자.

나는 그림에 대해 문외한이다. 하지만 이 그림에서 원근법이 무시되었다는 것과 색채감 또한 제멋대로라는 것 정도는 안다. 입체감 역시 원근법이나 다른 기술에 의해 완성된 것이 아니라 색다른 방향에서 결정되었다. 과일을 담은 그릇은 한쪽이 늘어나 있고 식탁은 앞으로 기울어져 있으며, 있지도 않은 과일나무의 이파리 같은 것들이 배경에 그려져 있다. 아마 르네상스 화가들이나 인상주의 화가들이 이 그림을 보았다면 세잔느를 미술의 애송이 정도로 여겼을 것이다. 그러나 세잔느는 입체감이 색감에서 온다는 사실을 알아냈고 질서란 오히려 깨진 질서에 의해 만들어진다는 것, 다시 말해 마음이 질서를 만들어 낸다는 사실을 알아냈다. 그렇다면 표현에서 거두는 것이 적다 하더라도 재현에서 거두는 효과 때문에 이 그림은 현대 미술의 시작을 알리는 영향력 있는 작품이 되었을 것이다. 나는 여기서 미술사적으로 뭔가를 이야기하려는 것은 아니다. 그보다는 내면의 그림, 즉 이미지를 그리기 위해 현대의 화가들이 어떤 피나는 노력을 했는지를 강조하고 싶을 뿐이다.

이미지는 죽음이고 존재의 균열이다. 대상이 죽어야 이미지가 발생하고, 존재에 균열이 있어야 인간은 자신의 고유한 존재방식을 감지할 수 있다. 이러한 존재방식을 두고 사르트르는 "인간은 그가 아닌 그 무엇이고 그 무엇인 그가 아니다."●라고 말했는데 이는 곧 세잔의 그림에도 적용되는 말이다. 현실을 가급적 있는 그대로 모사하는 그림을 그림이라고 하고 내가 보는 대로 그린 그림을 이미지라고 하자. 그러면 타블로tableau와 이미지image가 구별될 것이다. 물론 이 둘은 어떤 대상(이미지)에 동시에 존재한다. 그러나 실제로 그림과 이미지는 전혀 다른 두 개의 것이다. 어떤 사람이 다른 사람을 두고 '개 같은 사람'이라고 했을 때 그의 이미지인 '개'와 '사람'은 너무나 다른 것이다. '개'로 보이는 것은 내면의 작용이고 '사람'으로 보이는 것은 실제가 담당하는 일이다. 세잔느는 이런 수사학적 전통에 의문을 제기함으로써 회화의 진정한 의미를 추구하고 있다. 세잔느는 현상에 충실함으로써 오늘날 심리학이나 정신분석학에서 연구된 사실

●Böhme, ibid., pp. 7~8에서 재인용.

을 입증하였다. 즉 그는 우리의 지각이 결코 기하학적인 원근법이나 있는 그대로의 색깔에 따라 작동하지 않는다는 사실을 알았다. 그는 가령 회색 종이 위의 분홍색은 바탕이 초록빛을 띠게 한다는 사실을 알았다. 나아가 그는 하나의 윤곽선이나 하나의 색채 같은 현실만 좇는다면 이미지의 세계에서 펼쳐지는 무궁무진한 리얼리티를 잃고 만다는 것을 알았다.●

이미지는 자신만의 고유한 존재방식을 가지고 있다. 그것은 사물의 존재방식이 아니다. 그것을 사실과 실제로 구별할 수 있다. 전자는 경험한 사물의 재현 가능성이고 후자는 현상하는 모습 그 자체이다. 우리는 이미지란 말을 이 두 가지 모두에 사용하고 있다. "이미지 좀 가져와", 그러면 후자를 말하고 "그 사람, 이미지가 좀 촌스럽지 않니?", 그러면 전자를 말한다. 그림에서 모든 사물은 사실로서 나타나지만 분명한 구체를 가지고 있고, 모든 사물의 구체는 일정한 사실성을 가지고 있다. 구체와 사실의 차이에서 이미지가 존재하는데 이것은 관찰자의 내면에 의존하는 바가 크다. 그것을 우리는 여권 사진과 구혼 사진이 다르다는 데서 찾아볼 수 있다. 그림은 사용되는 사회적 문맥에 따라 다른데 사회적 문맥에 반응하는 것이 곧 마음이다. 여권 사진은 정보를 위해 만들어졌지만 구혼 사진은 이미지를 위해 만들어졌다. 여권 사진은 보이는 것만 전하는 데 비해 구혼 사진은 다른 콘텍스트에서 그림을 이해하도록 한다. 그러자면 우리는 자연히 이미지의 현상학에 대해 관심을 가지지 않을 수 없다.

플라톤은 어떤 사물의 본질이 외양에 보이게 된다고 말하고 있다. 그것이 에이도스다. 에이도스란 이데인(idein : '보다'는 뜻)에서 파생된 말로,

● 메를로-퐁티, 의미와 무의미, 권혁면 옮김, 서광사, 2003, 23쪽.

원래는 '보여진 모양 또는 모습'을 의미하였다. 플라톤 철학에서는 이데아와 같은 뜻으로 쓰이나, 아리스토텔레스 철학에서는 사물에 내재하는 본질을 말한다. 이것이 사물은 '무엇인가'를 규정하고 사물을 현재 있는 그대로의 것으로서 존재케 하는 근원이다. 그러므로 그림의 이미지와 그림 사이에 기호학적 차이가 존재하는데 이 성격을 미하엘 폴라니는 초자연적이라 보았다. 이런 맥락에서 그는 "화가가 처음부터 자연과는 근본적으로 다른 그림을 그려야 한다."●라고 주장하였다. 우리 마음속의 이미지는 원인자에 따라 움직이지 자연에 따라 움직이지 않기 때문이다. 이 말은 글을 쓰는 데도 적용된다. 우리는 처음부터 자연과는 근본적으로 다른 이야기를 해야 한다.

이제 심리역동적인 측면에서 이미지를 관찰해 보자. 우선 거식증이 있는 한 여자를 생각해 보자. 이 사람은 1년 전 사랑하는 엄마가 암으로 죽었다. 그 후 음식만 보면 구토를 하고 하루하루 말라가고 있다. 이것을 어떻게 볼 것인가? 그냥 엄마가 죽어서 슬프고, 슬퍼서 밥을 못 먹는다고 설명하면 될까? 아니면 엄마가 병원에 있을 때 먹던 음식이 기억나고 그것이 구토를 유발했다고 말할까? 어쨌든 이런 서술방식은 새로운 차원에서의, 즉 존재론적 차원에서의 서술은 아니다. 그보다 만약 그녀가 엄마를 너무 사랑한 나머지 죽고 싶어서 (무의식이) 음식을 먹지 않는다고 심리학자가 해석을 한다면 알쏭달쏭하지만 의미가 발생한다. 전자의 두 가지 서술들은 우리가 지각할 수 있는 세계를 말하지만 마지막 해석은 무의식이라는 심층을 해석한 경우로서 마음과 관련된 영역이다.

● Michel Polanyi, Was ist ein Bild? in : G. Boehm(Hg.), Was ist ein Bild?, München, 1997, p. 155.

언젠가 어린 아들과 치과엘 갔다. 아들은 치과에 온 것이 두렵고 불편한지 말이 없었다. 치과의 직원도 말이 없긴 마찬가지였다. 그런데 거기에 치료를 받으러 온 한 대여섯 살쯤 돼 보이는 아이가 강아지 인형을 가지고 유쾌하고 즐겁게 재잘대고 있었다. 그래서 나는 짐짓 "네 호랑이 참 멋있다", 그랬더니 그 아이가 "이거 호랑이 아닌데요, 강아진데요."라며 호기심 어린 눈으로 대답했다. 그런 대답과는 상관없이 나는 "와, 그 호랑이 정말 귀엽게 생겼다. 몸에 검은 줄도 없고"라며 한 걸음 더 나갔다. 그러자 아이는 "이것 좀 보세요. 큰 이빨도 없잖아요." "어머나, 이 호랑이도 치과에 와서 이빨을 뽑았나?" 그러자 그 아이는 재미있다는 듯 헤헤 거리며 웃어댔다. 그 장면을 물끄러미 보던 간호사가 "혹시 선생님이세요? 아이를 참 잘 다루시네요." 나는 "예, 제가 유치원 선생님이에요."라며 웃었다. 모든 것을 알아차린 듯 간호사도 즐겁게 웃었다.

내면의 수사학을 가능하게 하기 위해 우리는 반드시 이미지를 연구해야 하고 그 이미지를 연구하기 위해서는 정신분석학과 심층심리학의 도움을 얻어야 한다. 만약 내가 강아지를 보고 강아지라고 했다면 아이는 나와 대화하고 상상하는 일을 하지 않았을 것이다. 내가 만약 대학 교수라고 했다면 간호사와의 대화도 어색하게 끝났을 것이다. 있는 것을 있는 그대로 말하지 않는 표현법이 곧 내면의 수사학의 이미지 전략이다. 이미지는 오늘날 매체 문화(문학, 그림, 음악, 영화 등)에서 매우 중요한 역할을 하고 있다. 나라마다 다른 기호를 갖고 있는 것은 나라마다 서로 다른 경험과 문화를 갖고 있기 때문일 것이다. 하지만 중요한 것은 어느 문화에서건 이런 기본 전략이 통한다는 점이다.

chapter 04

마음을 재현하기

◎ 마음이라는 것은 불확실한 것이다. 그리고 마음은 독자나 관찰자의 기억과 관련이 있다. 이 장에서는 과연 말로 표현하지 않은 것들이 말로 표현한 것보다 더욱 많은 상상력을 불러일으키는지, 그래서 이 책에서 제시하는 이론이 지지받을 수 있는지 확인해 보아야 할 것이다. 그러면 모두 함께 마음이 어떤 모습으로 보일 수 있는지 특별한 대상물을 가지고 살펴보자. 대상물, 색채, 이름 바꾸기, 부정의미를 통하여 내면의 세계가 어떻게 구조화되어 있는지, 그리고 구조화될 수 있는지를 살펴보자.

독일의 작가 힐데 하이둑-후트Hilde Heyduck-Huth는 『돌들도 춤을 출 수 있다』라는 책에서 아름다운 돌들을 배열하여 보여주고 있다. 돌들의 배열이 어떤 내면을 형상화할 수 있는 가능성을 보여 주는지 알아보자. 그림에 따라 내 나름대로 해석을 붙여 보았다.

1. 돌들도 사람처럼 다른 돌들과 더불어 살고, 웃고 울며 지냅니다. 달팽이돌도 그 안에 있군요. 하지만 달팽이 돌은 무지무지 갑갑했어요. 세상이 그리웠어요.

2. 그래서 달팽이돌은 홀로 세상에 나왔습니다. 하지만 생각해 보니 누군가가 있어야 할 것 같습니다.

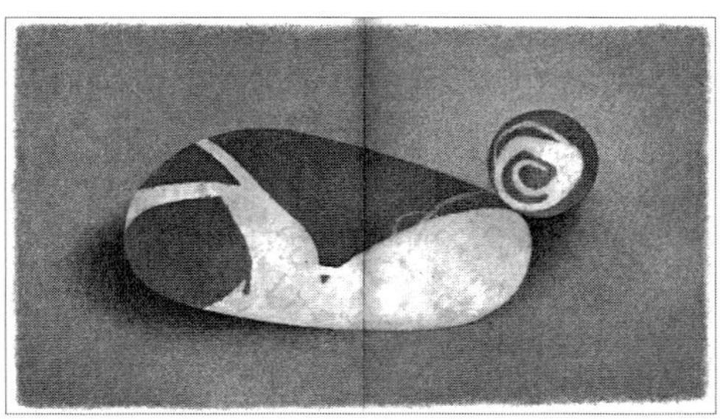

3. 달팽이돌은 오늘 유난히 큰 돌과 함께 있고 싶어요. 비록 한 사람이지만 그와 같이 있다면 마음이 든든하지요.

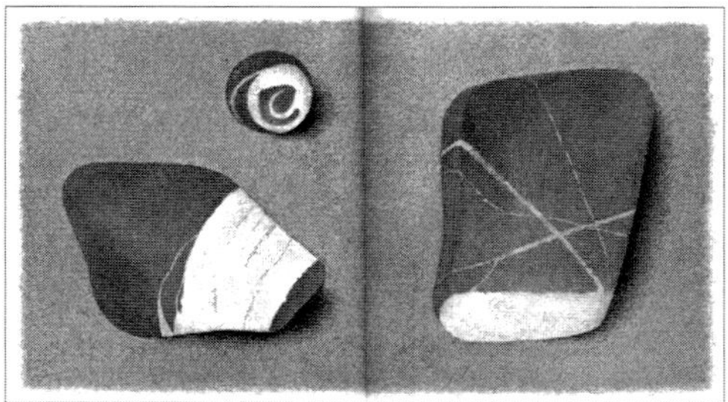

4. 해가 뜨고 바람이 불면 아빠와 엄마, 달팽이돌이 함께 외출할 때도 있어요. 조금씩 떨어져서요.

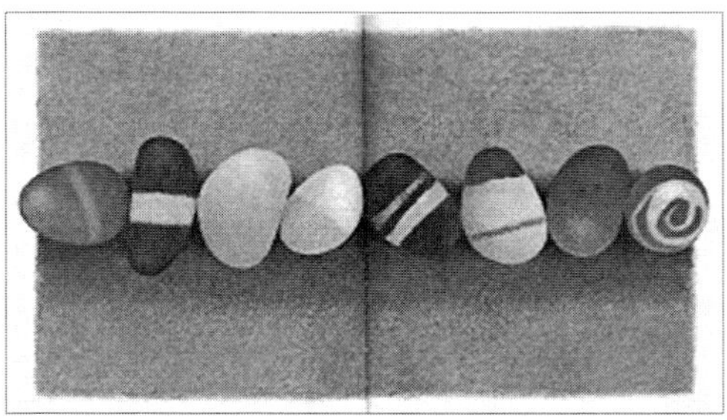

5. 친구 돌들과 함께 어깨동무를 하고 있네요. 무엇같이 보이나요? 무슨 꼬치 같아 보인다구요? 아니면 징검다리 같아 보이나요?

이런 그림이나 사진들에 대해 수사학적 관점에서 글을 쓴다면 아름다운 돌들의 모습에서 환기되는 정서적인 표현 자체에 초점이 맞춰질 것이다. 지금부터는 거꾸로 돌의 형상이 없는 아래의 메시지를 토대로 어떻게 돌들을 배열할지 상상해 보자.

6. 돌담 안에 갇힌 달팽이돌은 집을 빠져나오기가 쉽지 않네요. 바깥에서 아이들이 기다리고 있는데요. 엄마 아빠가 보고 있기 때문일까요?
7. 돌들도 춤을 출 수가 있어요. 둘씩… 둘씩… 둘씩… 달팽이돌도 짝을 만났습니다. 아니면 둘씩 둘씩 속삭이고 있는지도 모르겠네요.
8. 그러나 때론 달팽이돌도 외로울 때가 있어요. 다른 친구들은 함께 있는데 그는 외톨인가 봐요.
9. 그러나 그것도 잠시, 언젠가는 그들과 함께 둘러앉아 손에 손을 잡고 환하게 웃는 날이 있겠지요.
10. 날이 저물면 하나둘씩 친구들은 집으로 가고 놀이터는 비고…. 달팽이돌도 집으로 가야 할 거예요.
11. 이윽고 달빛이 은은하게 비치면 단풍으로 물든 산은 은은한 그림자를 드리워 달팽이돌에게 손을 내밉니다.

각 상황에 대해 이야기를 써 보았지만 왠지 이미지를 축소했다는 기분이 든다. 왜냐하면 비언어적 시각 이미지보다 언어적 이미지가 무엇인가를 축소하기 때문이다. 그러므로 누구에게나 이런 이미지를 통해 떠오르는 상상력이 무엇인지 물어볼 수 있다. 가령 다섯 번째 그림이 어떻게 보이는가 물어볼 수 있다. 친구들이 나란히 어깨동무를 하고 있나요, 아니면 사람들이 줄다리기를 하고 있나요, 아니면 아이들이 기차놀이를 하고 있나요, 초등학교 때 입학식 하던 모습이 보이나요, 달팽이돌은 맨 앞에 있나요, 맨 뒤에 있나요, 그러면서 우리는 모두가 자신의 마음의 이미지를 떠올릴 수 있다. 그러면 훌륭한 얘기가 탄생한다. 이런 것이 내면의 수사학이다. 내면의 수사학은 규정적이지 않다. 다른 독자들은 필자가 위에서 제시한 것과는 전혀 다른 이야기를 만들어 낼 수 있다.

색채도 이런 의미구상을 동기화할 수 있는 좋은 매체다. 류재수의 『노란 우산』●이라는 작품은 여느 그림책과는 달리 우산 그림이 대부분을 차지한다. 우리는 이 그림을 통해 마음이 어떻게 기억하고 상상하는지 살펴볼 수 있다. 색에 대한 기본 이미지는 모두 비슷하나 저마다 자기의 특수한 경험을 색채에 투사할 수도 있다. 첫 면에 나오는 그림부터 차례로 해석을 써 보자.

1. 노란 우산이 집을 나오나요, 들어가나요? 아니면 집 옆을 지나나요? 그것도 아니면 누구를 집 앞에서 기다리나요? 궁금증이 더해 간다. 노란 우산을 쓴 사람은 아이인가요, 어른인가요? 만약 아이라면 어떤 마음을 가진 아이인가요? 그리고 어떤 모습을 하고 있을까요?
2. 드디어 파란 우산이 나오네요. 노란 우산은 그냥 스쳐 지나갔을까요, 아니면 파란 우산을 기다리고 있었을까요? 노란 우산은 이제 혼자가 아니네요. 노란색만 있을 때보다 파란색이 있으니까 더 아름답게 보이네요. (기다리다 지쳐 떠나려는데 파란색이 나왔어요, 이런 느낌을 말할 수도 있다.)
3. 이제 빨간 우산이 나왔어요. 빨간 우산의 마음을 우리가 알까요? 앵두처럼 붉은 마음을 갖고 있을까요? 자기의 마음과 기억을 되짚어 보세요. 어떤 때가 떠오르나요?

●류재수, 노란 우산, 보림, 2007.

괴테는 빨간색을 두고 "눈에 침투한다."라고 말했다. 색채를 연구한 골드슈타인은 어떤 사람은 빨강은 "찢는 듯하고" 노랑은 "찌르는 듯하다."는 말을 했다고 한다. 괴테는 청색을 두고 "우리의 시선에 굴복하는 것 같다."고 말했다. 어떤 사람은 "나는 이를 악물었는데 바로 여기서 그것이 노란색이라는 것을 안다."고 말했다.● 녹색은 흔히 '피로를 덜어 주는' 색으로 간주된다. 어떤 사람은 이렇게 말한다. "그것은 나를 내 속에 가두고 나를 평화롭게 한다." 칸딘스키는 "(이 색은) 우리에게 아무것도 요구하지 않으며 아무것도 청하지 않는다."라고 말했다.

이렇게 색채에 대한 나의 기억, 생각, 상상을 써 보는 것도 내면을 드러내는 기술 중 하나다. 색채는 우리에게 강요하지 않는다. 그저 우리 마음속에 심상을 떠오르게 하고 무엇인가 이야기를 쓰게 한다. 이런 그림들을 통해 작가는 이야기나 정서를 떠오르게 하고 그것을 포착하여 자기 마음을 그릴 수 있게 한다. 그러나 다음 글을 읽고 어떻게 마음이 재단되는지 생각해 보자. 이 글은 페터 빅셀의 「책상은 책상이다」라는 단편이다. 이 글을 통해 우리는 언어가 부정이라는 경로를 통해 새로운 인식을 만든다는 것을 알 수 있다.

> 그러나 방안에는 모든 것이 여전했다. 책상 한 개, 의자 두 개, 침대 하나, 그리고 그가 앉자마자 다시 괘종시계가 똑딱거리는 소리가 들려왔다. 하나도 달라진 것이 없었으므로 모든 기쁨은 사라지고 말았다. 이 남자는 커다란 분노에 사로잡혔다. 그는 거울 속에서 자기의 얼굴이 빨

● 메를로-퐁티, 지각의 현상학, 류의근 옮김, 문학과지성사, 2005, 322~323쪽에서 인용 혹은 재인용.

개지는 것을 보았고, 자기의 눈이 가늘게 깜빡이는 모습을 보았다. 그러자 그는 주먹을 쥔 두 손을 높이 올렸다가 책상 바닥을 꽝 쳤다. 처음에는 한 번만 쳤고 좀 있다가 또 한 번, 다음에는 북 치듯 책상을 두드리며 자꾸만 소리 질렀다.

"달라져야만 한다, 달라져야만 해!"

그에게는 괘종시계의 소리가 들리지 않았다. 그러는 동안 그의 손은 아파지기 시작했고 목소리는 쉬어 버렸다. 그러자 다시 괘종시계의 소리가 들려왔고, 달라진 것은 아무것도 없었다.

"언제나 똑같은 책상." 하고 그 남자는 말했다. "똑같은 의자, 침대, 사진. 나는 언제나 책상을 책상이라 말하고, 그림을 그림이라 말하고, 침대를 침대라 부르고, 의자를 의자라고 부른다. 도대체 왜 그렇게 불러야만 한단 말인가?" 불란서인들은 침대를 〈리〉, 책상을 〈타블〉이라 말하고 그림은 〈타블로〉, 의자는 〈셰에즈〉라 부르며 서로들 이해한다. 중국인들은 그들끼리 역시 이런 식으로 의사를 통한다.

"무엇 때문에 침대를 사진이라고 부르면 안 된단 말인가." 이렇게 생각하고 그 남자는 미소를 지었다. 그리고 나서 그는 껄껄 웃었다. 이웃 방 사람들이 벽을 두드리며 "조용하시오." 하고 소리 지를 때까지 그는 웃어댔다. "이제는 달라지는 거다." 하고 그는 외쳤다. 그리고 지금부터 침대를 '사진'이라고 말하기로 했다.

"나는 피곤해. 사진 속으로 들어갈 테야."라고 그는 말했다. 그래서 그는 아침마다 흔히 오랫동안 사진 속에 누워 있었다. 그럼 의자는 무엇이라고 말할까, 곰곰이 생각해 보고 그는 의자를 '괘종시계'라고 부르기로 했다. 즉 그는 일어나면 옷을 입고 괘종시계 위에 앉아 책상 위에 팔을 짚었다. 그러나 책상은 이미 책상이라고 불리지 않았다. 책상은 이제 양탄자라고 불리게 되었던 것이다. 그러니까 아침에 이 남자는 사진을 떠나 옷을 입고 양탄자 앞의 괘종시계 위에 앉아 무엇이라 부를 수 있을까 곰곰이 생각하게 된 셈이었다.

침대를 그는 사진이라고 말했다.
책상을 그는 양탄자라고 말했다.
의자를 그는 괘종시계라고 말했다.
신문을 그는 침대라고 말했다.
거울을 그는 의자라고 말했다.
괘종시계를 그는 사진첩이라고 말했다.
옷장을 그는 신문이라고 말했다.
양탄자를 그는 옷장이라고 말했다.
사진을 그는 책상이라고 말했다.
그리고 사진첩을 그는 거울이라고 말했다.●

앞에서 이미지란 마음에 형성되는 객체의 복사나 재현이라고 말하였다. 그렇다면 이미지는 최초의 지각에서 각인되었던 것을 변화시킬 때 생긴다. 예를 들어 이 늙은 남자는 만물이 여느 때와 같다고 생각할 때 따분함을 느낀다. 그러나 그런 따분함은 이름을 바꿈으로써 점차 없어지고 삶에 대한 새로운 이미지가 형성되기 시작한다. 지각은 반복되지 않기 때문에 이미지는 시간의 경과에 따른 부재나 상실 속에서 생성되는 것이다. 쉽

● 페터 빅셀, 책상은 책상이다, 김창주 옮김, 하늘연못, 1996, 40~42쪽.

게 말하면 '책상'을 '양탄자'라 하고 '침대'를 '사진'이라 하고, '언다'를 '바라본다'라고 했을 때 최초의 지각인 첫 단어의 이미지가 형성되면서 그 물질성(구체성)은 상실되어 간다. 하나의 이미지는 역동적인 기억 속에 있는 한, 이러한 운명을 벗어날 수 없게 된다. 이런 방식으로 책상은 더 이상 처음의 책상이 될 수 없다. 어제 다녔던 학교는 오늘 회상함으로써 더 이상 어제의 학교가 아닌 것이다. 그래서 회상은 망각이라는 기제를 통해 이미지를 만들고 물질성을 상실한다고 보아야 한다. 이 늙은 남자의 일상이 따분하다는 것은 그가 이런 언어놀이를 하는 것만 봐도 알 수 있다. 이런 언어놀이를 통한 유희는 일반적으로 '그 남자가 할 일이 없었고 성격이 괴팍했고…' 등과 같은 수사학이 다다를 수 없는 경지에서, 말할 수 없는 상황을 말하지 않고 묘사하고 있다. 이것이 재미있는 일 아닌가?

마지막으로 의미의 전환을 통해 발생하는 이미지 전략을 살펴보자. 그 대표적인 예가 『악마의 사전』인데, 『악마의 사전』은 미국의 한 신문기자 앰브로스 비어스가 독설과 냉소, 비틀린 유머로 묶은 사전이다. 증보판이 나오는 과정에서 제목이 바뀌었는데, 1906년 첫 출간 당시 붙었던 '냉소자의 사전'이라는 원제가 책의 성격을 훨씬 간명하게 드러내 준다. 이 책에는 2,000여 개의 단어를 가나다 순으로 실었으되 어느 하나 그의 삐딱한 시선으로부터 비켜간 것이 없다.

> 갑옷Armor 대장장이한테 디자인을 맡기는 사람들이 입는 옷
> 신부Bride 행복한 미래를 등 뒤에 두고 온 여자
> 겁쟁이Coward 파국이 닥치는 순간에 다리로 생각하는 사람
> 치과의사Dentist 환자의 입에다 쇠를 집어넣은 후 환자의 주머니에서 동전을 빼내 보이는 요술쟁이

일기Diary 자신의 인생에서 남에게 얼굴을 붉히지 않고 이야기할 수 있는 부분만을 매일 기록한 것

외교Diplomacy 조국을 위해 거짓말을 하는 애국적인 기술

비평가Critic 누구도 그를 만족시키려 들지 않기 때문에 자신을 만족시키기가 힘들다는 점을 자랑하는 사람

삶Life 육신을 부패로부터 보호해 주는 영혼의 소금

애처가Uxoriousness 자신의 아내 쪽으로 탈선한 변태적인 애정●

『악마의 사전』에서는 이미지가 어떻게 만들어지는가? 그것은 외부적인 세계에서 일어나는 것과 정반대이다. 또 그런 전도된 생각을 하지 않으면 이미지가 만들어지지 않는다. 낯선 것을 통해 자신의 것이 더욱 뚜렷이 드러난다. 세상과 대상을 뒤집어서 보는 훈련은 말로 표현할 수 없는 내면 공간을 더욱 뚜렷이 표현할 수 있게 한다. 어떠한 이야기도, 어떠한 영화도 이런 일탈이 없으면 이루어지지 않는다. 오비디우스의 변신이야기, 그리스 신화의 프쉬케와 에로스 이야기, 천일야화, 돈키호테 모두 일탈을 통해 얻은 이미지로 작품이 구체화되고 있다.

이렇게 이미지를 활성화하기 위해서는 「책상은 책상이다」에서의 전략과는 다른 '나머지 반쪽'이라는 전략을 펴야 한다. 우리가 일상적으로 가치 있고 도덕적인 측면을 방법적으로 뒤집어 보는 것이 좋은 전략이다. 쉽게 말해서 '촌지는 나쁘다' 그러면 '촌지는 매우 유익하다'로 보고, '영어는 훌륭하다' 그러면 '영어야말로 저질이다'로 보면 된다. 그리고 그 이

● 앰브로스 비어스, 악마의 사전, 유소영 옮김, 정민미디어, 2006에서 발췌.

유를 밝히는 방법으로 우리는 우리 마음의 반쪽과 또 다른 반쪽을 인식할 수 있다. 실제로 『악마의 사전』 같은 내적인 부정의 체험이 없다면 아무도 이 글을 보고 고개를 끄덕이거나 웃지 않을 것이다.

chapter 05

프로레슬링인가 권투인가

◎ 2003년 『현대시학』이 야심 찬 새해 기획을 한 적이 있다. '2003년 우리 시를 생각한다', '지금 우리 시 무엇이 문제인가'라는 코너를 통해서이다. 편집진은 '작품 안의 문제'와 '작품 밖의 문제'로 대별하여 그 세목을 명망 있는 여러 문학평론가, 시인, 교수들에게 맡겨 의견을 듣고 있었다. 하지만 '우리 시'가 무엇인지를 알아보고자 하는 과정에서 이 문제는 내면의 수사학과 표현의 수사학의 문제로 연결되었다.

'우리 시'란 말을 들으면 롤랑 바르트가 『현대의 신화』에서 이야기한 프로레슬링에 대한 글이 생각난다. "프로레슬링이 천한 스포츠라고 생각하는 사람들이 있다. 그러나 프로레슬링은 스포츠가 아니라 구경거리이다."라고 바르트는 분명하게 말했다.● 그렇기 때문에 그는 어떤 프로레슬링이 '재미없다'고 비난할 수 있을지는 모르지만 '조작되었다'(물론 그것이 사실이기 때문에)고 비난할 수는 없다고 잘라 말한다. 그것이 바르트가 말한 요점이다. 권투는 결과를 예측할 수 없지만, 프로레슬링의 결과에 대해 논의하는 것은 무의미한 일이다. 그러므로 권투가 머리를 써서 미래에 대한 통찰을 요구한다면 프로레슬링은 "이기는 것이 아니라, 사람들이 그에게 기대하는 동작들을 정확하게 수행하는 것"으로서 매 순간을 즐길 것을 요구한다. 내면의 수사학이 외부적 사건 묘사에 가치를 두는 일반 수사학과 다른 것이, 흡사 권투와 프로레슬링의 차이와 같다.

프로레슬링 같은 '우리 시'를 읽으면 우선 재미는 있다. 그러나 그 시를 왜 쓰는지 알 수 없는 경우가 허다하다. 언어가 아름다우면 그 진실에 대해서는 아무런 문제를 제기하지 않는다는 말이 있다. 이것은 게임이 조작되었다고 프로레슬링을 탓하지 않는 것과 유사하다. 그러므로 '우리 시'는 시에서 자주 사용하는 어법인 은유보다는 – 시는 내면적인 상황을 나타내므로 본질상 은유적이다 – 원시인들이 쓰던 수사법인 환유적 어법에 더 가깝다. 이제 그런 과정을 탐구하기 위해 아래 세 편의 류시화 시를 감상해 보자.

[시 1]

물 속에는
물만 있는 것이 아니다
하늘에는
그 하늘만 있는 것이 아니다
그리고 내 안에는

●롤랑 바르트, 현대의 신화(롤랑 바르트 전집3), 이화여자대학교 기호학연구소 옮김, 동문선, 1997, 11쪽.

나만이 있는 것이 아니다●

— 그대가 곁에 있어도 나는 그대가 그립다

[시 2]

여기 바람 한 점 없는 산 속에 서면
나무들은 움직임 없이 고요한데
어떤 나뭇가지 하나만 흔들린다
그것은 새가
그 위에 날아와 앉았기 때문이다
별일 없이 살아가는 뭇사람들 속에서
오직 나만 홀로 흔들리는 것은
당신이
내 안에 날아와 앉았기 때문이다
새는 그 나뭇가지에 집을 짓고
나무는 더 이상 흔들리지 않지만
나만 홀로 끝없이 흔들리는 것은
당신이 내 안에 집을 짓지 않은 까닭이다●●

— 새와 나무

[시 3]

나무 뒤에 숨는 것과 안개 속에 숨는 것은 다르다

●류시화, 그대가 곁에 있어도 나는 그대가 그립다, 푸른숲, 2001.
●●류시화, 같은 책.

나무 뒤에선
인기척과 함께 곧 들키고 말지만
안개 속에서는
가까이 있으나 그 가까움은 안개에 가려지고
멀리 있어도 그 거리는 안개에 채워진다
산다는 것은 그러한 것
때로 우리는 서로 가까이 있음을 견디지 못하고
때로는 멀어져 감을 두려워한다●

— 안개 속에 숨다

위의 시를 독자들이 암기한다고 하면 [시 1]이 [시 2]보다는 암기하기 쉽고 [시 2]가 [시 3]보다 암기하기가 쉽다. 그 이유는 무엇일까? 시를 내면성의 소산이라고 볼 때 [시 1]은 은유적인 특성을 가지고 있어 연상, 즉 이미지를 불러일으키는 데 반해 [시 3]은 산문, 더 정확히 말하면 훈계적 산문이기 때문에 환유적 양식의 일상어라고 볼 수 있다. [시 2]는 그 중간쯤에 있다. 이런 것을 우리는 은환유적(은유+환유)이라고 말할 수 있을까? 다른 말로 표현해서 [시 1]을 상징적이라 본다면 그에 비해 [시 2]는 알레고리적이다. 그리고 [시 3]은 아무리 봐도 시가 아닌 듯하다. 아마 두보杜甫가 적벽부에서 쓰던 부賦 정도로 생각하면 좋고 서양의 몽테뉴가 처음으로 말한 에세이essai 정도로 생각하면 더욱 좋을 것이다. 그러나 이런 것도 우리나라에서는 시로 대접받는다(아니 '우리 시'라는 것이 거의 이런 모습이다). 다른 말

●류시화, 같은 책.

로 하면 프로레슬링이다. 이런 프로레슬링의 문학에 대해 연암은 일찍이 비판을 가한 적이 있다. 그의 말을 들어 보자.

> 나는 외롭다. 나는 슬프다. 나는 기쁘다. 그러나 나는 그것을 기쁘다고 쓰지 않고, 지저귀는 새들의 노랫소리로 들려 준다. 나는 외롭다고 말하는 대신 가을 하늘을 나는 외기러기의 울음에 얹을 뿐이다. 돌아오지 않는 님이 그리워 가슴이 아플 제면 나는 그 님과 헤어지던 그 버드나무 아래서 멋모르고 우는 꾀꼬리 소리를 듣고 서 있다. 아아! 그렇구나. 내가 내 감정을 말하지 않아도 사물이 대신 이야기해 준다.●

연암 박지원이 종북소선자서鍾北小選自序 「문심文心과 문정文情」에서 한 말이다. 외기러기의 울음은 내면의 공간을 수사한 것이다. 하지만 수사학에 의존한다면 그것은 하나의 은유에 그치지 않을 것이다. 만약 이런 시적 전통에 서 있는 시를 쓴다면, 그리고 그것을 '우리 시'라고 정의한다면 이는 국악만을 '우리 음악'이라고 정의하는 것과 다를 바 없다. 우리는 전통을 모조리 부정할 수는 없다. '해가 뜬다.'라는 말도 알고 보면 '지구가 돈다.'라는 진리를 왜곡한 것으로, 우리는 그것이 진실이 아님을 알지만 여전히 '해가 뜬다.'라고 말한다. 이렇듯 우리는 전통의 질곡으로부터 완전히 자유로울 수는 없다. 하지만 연암의 소원과는 달리 수사적 전통, 환유적 글쓰기가 아직도 그대로 유지되는 것이 '우리 시'의 현장이다. 아래에서 보게 될 정현종의 시는 연암과 가까이 있는 것 같지만 큰 차이가 있다. 이

● 정민의 『비슷한 것은 가짜다』(87쪽)에서 재인용.

시 역시 내면성을 전적으로 부정하지는 않지만 일정한 외형의 수사적 법칙에 종속되어 있다.

> 지난 봄 또 지지난 봄
> 목련이 피어 달 떠오르게 하고
> 달빛은 또 목련을 실신케 하여
> 그렇게 서로 목을 조이는 봄밤
> 한 사내가 이 또한 실신한 손
> 그 손의 가운뎃손가락을
> 반쯤 벙근 목련 속으로 슬그머니 넣었습니다.
> 아무도 없었으나 달빛이 스스로 눈부셨습니다.
>
> — 정현종, 「꽃 深淵」●

리비도의 충족과정을 자연의 현상에 빗대어 화려한 수사로 꾸민 시다. 하지만 이 시에서 독자는 그 언어의 화려함보다는 언어가 상상케 하는 상황의 수사적 경향에 아연하고 만다. 이는 프로레슬링을 볼 때 '서로 목을 조이지만' 죽지 않는다는 사실을 아는 것과 매우 흡사하다. 시가 현실적이고 내면적인 동요에 큰 뿌리를 내리고 있지 않기 때문에 "실신케 하여"나 "서로 목을 조이는 봄밤"은 핍진성이나 큰 페이소스를 얻을 수 없다. 왜냐하면 달이 뜬 밤을 그렇게 격정적인 이미지로 보는 사람은 없기 때문이다. 실신하고 목을 조이고 해도 그 뜻이 전달되지 않는다. 그렇기 때

● 정현종, 갈증이며 샘물인, 문학과지성사, 1999.

문에 그런 느낌을 상징하는 "죽음"은 프로레슬링 같은 죽음에 대한 오락의 기호이지, 진지한 죽음을 의미하는 것이 아닌 듯하다.

그러면 '우리 시'와는 다른 시, 즉 서양의 시는 어떠한가? 내가 독일문학을 전공했으니 독일 시에서 그 예를 가져오자(왜냐하면 독일은 문학 전체가 시라 할 만큼 시 분야의 발전이 절정을 이루고 있기 때문이다). 독일 시인 뫼리케의 시 「이른 아침 마차에서」(1846)의 제4연은 단순한 심상을 그려놓고 있다.

너의 파란 눈은,
깊은 호수처럼, 내 앞에 있고●

뫼리케가 표현하는 "검은 호수"는 "물 속에는/ 물만 있는 것이 아니다"라는 표현에서 보이는 부정을 통한 강변强辯도, "나만 홀로 끝없이 흔들리는 것은/ 당신이 내 안에 집을 짓지 않은 까닭이다"라는 수사적 표현도, "산다는 것은 그러한 것"에서 보이는 교훈敎訓도 아니다. "깊은 호수"는 눈에 대한 환유적 어법도, 머리를 짜내서 만든 치렁치렁한 수사도 아니다. 사랑하는 사람의 눈에 가까이 다가가 그(녀)의 눈을 들여다보면 그 눈의 푸른(한국 사람에게는 검은) 홍채가 호수만큼 넓어지는데, 그것의 은유가 가지는 어떤 마음의 동요를 표현하고 있다. 뫼리케 은유의 본질적 토대는 몸과 정신의 은유적 유사성을 경험케 하는 데 있으며, 따라서 권투처럼 실제의 상황이고 진지하다. 그러나 한국 시의 수사적 표현은 윤리적 사회의 귀족들에게서 전수받은 엄숙하고도 훈계적인 초월을 야기하여 내면적인

● Echtermeyer, Deutsche Gedichte. Vonden Anfängen bis zur Gegenwart, Neu gestaltet von Benno von Wiese, Düsseldorf, 1981, p. 406.

개인의 비밀을 노래함에도 그것과는 관련이 적은 품위에 대해 말하는 것 같아 보인다. 이런 시적 경향성은 예나 지금이나 동일하다. 제9회 현대시 동인상을 수상한 손택수 시인의 시를 보자.

> 옛시인들에 의하면 시를 떠올리기 가장 좋은 때는 당나귀 잔등에 있을 때이다 느릿느릿한 당나귀 잔등을 올라타고 당나귀가 주는 리듬에 송두리째 자신을 떠맡기고 있을 때이다 醉翁 구양수가 『歸田錄』에서 한 얘기, 시와 당나귀의 잔등에 관한 한 동서고금은 이렇다할 뚜렷한 차이가 없다 어쩌다 당나귀 잔등이 조랑말 잔등으로 살짝 바뀌어 있다는 정도 […] 그러니 시인들이 당나귀를 편애하는 걸 너무 나무라지 말자 지금이 어떤 세상인데 세상물정 몰라도 너무 모른다고.
>
> — 손택수, 「당나귀는 詩를 쓴다」 부분●

시인의 시적 관습을 탓할 생각은 조금도 없다. 다만 현대의 독자들이 이 시를 읽을 때 여러 가지 부담을 느낄 수밖에 없다는 점만 말하고 싶다. 그것은 이 시를 읽기 위해 사전지식이 필요하다는 것인데, 시를 읽기 위해 공부를 하는 사람은 없을 것이고 시를 쓰기 위해 이런 지식이 필요한 것도 아닐 것이기 때문이다. 그리고 이 시가 어떤 교훈적인 이야기를 쓰고 있는 만큼 '프로레슬링' 같고, 독자에게는 '정말 그럴까?' 하는 의구심을 자아낼 수 있다. 조작된 현실(여기서는 시의 내용)이라는 것을 인정하면 그런 대로 읽을 수 있다. 이런 것을 종합적으로 판단해 보면 이 시가 에세이 또는 부

●손택수, 호랑이 발자국, 창비, 2003.

賦와 비슷한 자장 내에서 움직이고 있다는 것을 알 수 있다. 이 시는 위에서 제시한 류시화의 [시 3]과 유사한 구조를 갖고 있고 그러므로 엄밀한 의미에서 시가 아니다. 요즘 같이 잘난 사람들이 모여 사는 세상에 – 이런 시대적 변화를 루카치는 '선험적 고향상실'이라고 설명했다 – 누가 시인의 훈계를 듣겠는가? 시인 스스로 훈계라고 보는 "지금이 어떤 세상인데 세상물정 몰라도 너무 모른다."라는 말이 시인에게 부메랑처럼 되돌아와 다시 훈계가 되고 있는 듯하다. 훈계나 교훈은 이미 서양의 중세에서도 수사학의 중심에 서 있었다. 다만 그들은 근대에 이 문제를 해결하기 위해 온갖 노력을 다했다.

독일의 근대문학이 성립되는 시기에 신비주의자 에크하르트 수사修士는 아우구스티누스의 가르침에 따라 인식을 세 단계, 즉 감성적, 정신적 그리고 정신 속에 내재한 내면적인 단계로 구분하였다.● 그는 첫 번째 인식은 육체적인 것으로서, 무엇을 보고 그것을 그림으로 옮기는 눈처럼 심상을 만들어 내는 것이라고 했다. 인식의 다음 단계는 정신적인 것으로, 육체적 심상들의 심상들을 받아들인다. 세 번째 인식은 정신 속에 내재한 바와 같이 심상과 비유 없이 인식하고, 이러한 인식은 천사의 인식과 같다고 말한다. 미루어 보건대 기독교에서 중요하게 여기는(아니 불교에서도 중요하게 여긴다. 성철 스님은 "산은 산, 물은 물"이라 했는데 그것은 필경 이런 경지를 말하는 것이리라) 마지막 단계는 문학의 가능성을 넘어서는 것 같다. 왜냐하면 그 마지막 단계는 정신적인 것 자체를 위해 초월적 심상을 필요로 하는데, 문학에서는 에크하르트의 두 번째 인식 단계로 충분하기 때문이다. 여기서 우

●하인츠 슐라퍼, 독일 문학은 없다, 열린책들, 2004, 46쪽.

리는 첫 번째 단계가 환유적이며, 두 번째 단계가 은유적이라는 사실을 알 수 있다.

서양 중세 시학과 수사학은 이런 것을 문학의 과제이면서 동시에 한계로 규정한 바 있다. 수사학의 문제를 극복하기 위한 방법에는 여러 가지가 있다. 먼저 아이러니를 통해 이미지를 파괴함으로써 극복할 수 있는 방법이 있다. 돈키호테가 대표적이다. 대단한 기사가 아이러니를 통해 정신병자 비슷하게 변하면 이미지가 만들어진다. 그 다음으로는 예술수단에 대한 심미적 성찰을 통해 가능한데 『젊은 베르테르의 슬픔』이 대표적인 경우다. 이 작품에서 베르테르는 화가이지만 실패한 화가이다. 베르테르는 자신의 느낌대로 표현해 봐야 그것이 예술이 아니라는 생각을 가지는데, 그런 상황을 괴테가 서술하면 그것이 수사학을 극복한 하나의 글쓰기 방안이 된다. 그리고 그 다음으로는 생각을 비언어적 개념으로 표현함으로써 수사학을 극복할 수 있는데, 뒤에서 보겠지만 개방형의 드라마 같은 데서 그 예를 찾아 볼 수 있다. 그들은 비언어적(상황)으로 말하지 언어적(대사)으로 말하지는 않는다.

그리고 그 다음으로는 신조어의 창조를 통해서 수사학을 극복할 수 있다. 가령 '산소 같은 여자'란 개념인데 이는 전통적으로 말해 온 '장미 같은 여자'와는 다르다. 이런 방법 이외에도 말하지 않은 것과 말할 수 없는 것의 암시를 통해서 우리는 수사학을 극복할 수 있으며 충동이나 불안 같은 것을 드러냄으로써도 가능하다. 내면 경험의 직접적 환기를 통해서도 수사학을 극복할 수 있는데 「성난 로비」나 「짖어봐 조지야」란 아동 그림책에서 그 방법을 볼 수 있었다. 그리고 마지막으로 음악적 정조의 모방을 통해 사고가 심상에 수사적으로 구속되는 것을 지양하면 된다. 가령 쥐스킨트의 『콘트라베이스』에서는 엉뚱하게 콘트라베이스 소리를 들으라고

하면서 어떤 느낌을 갖도록 하여 수사학을 극복하고 있다.●

그러나 '우리 시'를 보면 마치 동양화에 아직 완전히 상실되지 않고 남아 있는 고대문화의 유산이 그대로 전승되고 있다는 느낌을 지울 수 없다. 그것은 우리 사회에 계급의식, 소유의식, 부(씨)족의식 등의 잔재가 그대로 남아 있기 때문일 것이다. 그러면 자꾸 어떤 위대한 시인이 어떤 말로 독자를 어떤 인식의 단계로 올려놓을 수 있다는 믿음을 환기한다. 보르헤스는 「끝없는 갈림길이 있는 정원」이라는 글에서 이렇게 말한다. "장기라는 말을 대답하게 할 수수께끼에서 유일하게 사용해서는 안 되는 말이 무엇인가? 나는 한참 생각하고 난 뒤에 대답했다. '장기'란 말이라고." 그렇다. 류시화의 [시 3]과 정현종의 시, 손택수의 시에서는 자꾸 장기의 모습을 그리려고 노력하고 있다. 이런 '우리 시'의 특성을 좀 더 구체적으로 비교해 보기 위해 독일 시 하나를 더 꺼내들어 본다.

너는 낮에는 그림자
밤에는 빛
너는 나의 비탄 속에 살아 있고
마음속에서 죽지 않는다.●●

1902년 구스타프 말러에 의해 곡이 붙은 뤼케르트의 이 시는 작곡이 되었다는 것만으로도 그 내면성을 짐작할 수 있다. 왜냐하면 음악에서는

●음악과 관련한 내면성을 이 책에서 서술할 수 없었다. 음원을 사례로 제시할 수 없기 때문에 오디오 북 같은 매체가 있을 때 가능할 것이다.
●●Echtermeyer, a.a.O., p. 415.

수사가 필요 없고 – 있다 해도 그것은 음악적 요소(시김새, 꾸밈음 등)로 전이되지, 내용을 수사修辭할 수는 없다 – 정서와 내면만이 살아 있기 때문이다. 현대의 '우리 시'를 음악으로 옮기기에 부적절하다면 그것은 시가 너무 서술적이거나 수사(학)적이기 때문이다. 그 이유가 그저 산문이기 때문이라고 생각하면 그것은 오해다. 이것은 대중가요도 마찬가지다. 같은 대중가요지만 "아냐 이게 아닌데 왜 난 자꾸만 친구의 여자가 좋을까…"(홍경민)는 "그대여, 지금껏 그 흔한 옷 한 벌 못 해 주고…"(김건모)와 비교해서 더 은유적이며 내면적이다. 그래서 같은 산문이지만 노래로 만들 때 전자가 훨씬 더 음악성(내면성)을 갖춘 텍스트가 된다. 후자는 환유적이자 감정적이며 수사적이다. 이 둘의 공통점은 전자나 후자 모두 서양의 텍스트보다는 말이 많다는 점이다.

이런 점은 서양의 문학 텍스트나 영화의 대사, 시놉시스를 우리말로 번역할 때 뚜렷이 드러나는 현상이기도 하다. 그러니 19세기에 쓴 뫼리케의 시, 뤼케르트의 시, 20세기에 쓴 릴케의 시, 보들레르의 시는 시대와 상관없이 행과 행 사이를 연결하는 접속사가 적다. 그에 반해 우리의 시들은 친절하게도(비록 직접적인 접속사는 사용하지 않을 수 있으나) 거의 산문 수준에 필적하는 인접성의 원리로 만들어져 있다. 그렇게 되면 독자의 상상공간은 좁아질 수밖에 없다. 이것은 모두 환유적 글쓰기로 인하여 파생된 문제이다.

목련이 도착했다
한전 부산지사 전차 기지터 앞
꽃들이 조금 일찍 봄나들이를 나왔다
나도 꽃 따라 나들이나 나갈까

심하게 앓고 난 뒤의 머릿속처럼

맑게 개인 하늘 아래

— 손택수, 「목련전차」 부분●

이런 시의 어투(특히 시의 3행 같은 것)는 어린아이에게나 적합한 것이다. 이 시는 전체적으로, 정물靜物 같은 눈으로 어떤 마음의 동요나 정서를 추상적으로 담아내는 것이 아니라, 끊임없이 움직이는 현실적 동요와 느낌으로 사물을 수사하는 데 치중하고 있다는 느낌을 준다. 한마디로 이런 수사적 이미지는 읽기 민망스럽다. 마치 이창동의 〈오아시스〉라는 영화를 보는 느낌이다. 슬픈 상황을 만들어 내 남을 울리는 것이 아니라 초상집 앞에서 영문도 모르고 같이 울어, 보는 이로 하여금 슬픔을 자아내려는 태도는 나이브하기까지 하다. 이런 현상들은 서정주 시인의 「국화 옆에서」, 김영랑의 「모란이 피기까지는」 등에도 마찬가지로 나타난다.

시가 내면적 이미지를 따르고 내면적 욕망을 담보할 수 있으면 산문이라도 시라 할 수 있다. 말로 표현할 수 없는 마음의 동요나 내면의 정서를 표현으로 옮기는 것이 어려운 만큼 수사와 환유적 구조의 시를 곡으로 바꾸는 것도 어렵다. 수사적 기교를 포기하고 말한다는 것은 사람이 개에게 말을 거는 것만큼이나 어려운 일이다. 개는 표정에 있는 감정이나 정서만 읽을 수 있기 때문이다. 이 점에서 우리는 개에게 배울 것이 많고 또 경우에 따라서는 우리가 개만도 못하다는 말을 들을 수도 있다.

"너는 낮에는 그림자/ 밤에는 빛이다"란 말은 친절하지 않다. 근대의

● 손택수, 목련전차(창비시선264), 창비, 2006.

문제성 있는 개인은 이런 당연하지 않음, 어두움에서 출발한다. 명료한 수사만큼 그 실체를 찾는 데 어려움을 겪는다. 그렇기 때문에 수사학이 명징함을 목표로 하는 대신, 내면성은 이해를 요구한다. 동시에 이해라는 것은 표현이 출발한 조건에서 개인을 해석하는 것이다. 이해는 표현의 너머epi, beyond, jenseits까지 거슬러 올라가 말 표현으로 매개되어 존재하는 것의 실체를 찾는 일이다. 그러한 이해가 표층에서 심층으로 이전하는 동안, 그것은 마음의 심층에서 말의 표층으로 떠오르는 문학 생산의 과정과 정반대의 길을 걷고 있다. 다시 말하면 시인이 만든 이미지와 시의 의미구상은 독자의 마음속에서 독자의 것(!)이 되어 내면화되고 동시에 독자는 그것을 자기의 삶으로 환원하여 해석한다.

그래서 시는 해석을 필요로 한다. 하지만 '우리 시'는 해석을 필요로 하지 않는 경우가 많다. 시인이 너무 친절하여 수사학적으로 다 표현할 때가 많기 때문이다. 정현종의 시에서 보듯이 '핀 목련'을 환유적으로 그리는 것이 통념화되어 있다면 여기에는 해석이 필요하지 않고, 필요하다 해도 상징적이지 않다. 그저 프로레슬링처럼 즐기면 된다. 시조나 부賦나 전통적인 자연시에서 일어나는 이런 프로레슬링적(?) 기호記號 또는 嗜好에 젊은 시인들이 익숙해지는 한 비평가가 할 일은 없게 된다. 왜냐하면 비평가는 독자의 입장에서 시를 번역하고 해석해 주어야 하는데, 행과 행 사이에, 이미지의 모순 어법 사이에 큰 심연이 없다는 것을 발견한 독자를 구출할 비평가가 필요 없기 때문이다.

이런 현상은 다른 작품들에서도 뚜렷이 드러난다. 하지만 그들에게는 이런 환유적 현상을 넘어설 만한 대책이 있다. 유홍준의 「안경」에서도 "얼마나 허우적거렸기에 너는/ 눈에서 귀로 발을 걸치는 법을 배웠을까"와 같은 환유적 표현이 있지만 "안경"의 메타포를 잘 관리하고 있고, 「아스팔트 속의 거북이」에서는 "아니다 저 균열, 거북의 등을 보라"는 표현에서 보듯이 프로레슬링적인 관습이 보이지만 분명 "거북"이라는 심상을 아이러니라는 수단으로 파괴하고 있다. 조정인은 「엄마의 꽃들」에서 직접적인 내면경험을 통해 심상이 수사에 종속되는 것을 방지하고 있다.

사순절 자주색 휘장 내려진 聖금요일
예수는 어디서 밤을 지샜을까
그는 나뭇가지를 주워 흙바닥에 물고기를 그리는 동안
여인들은 애통한다 게릴라성 호우가 퍼붓고
간신히 얼개를 짓던 봄날이 덫에 치인다●

이 시에서는 우리의 기층문화적 특성으로서의 인접성의 원리가 보이지만 지배적이지는 않다. 왜냐하면 "그는 나뭇가지를 주워 흙바닥에 물고기를 그리는 동안"이라는 형식상의 인접성 원리가 이미 내용상의 유사성 원리를 획득하고 있기 때문에 시는 긴장감을 얻게 된다. 부정성의 원리로 시적 기대지평을 파괴하는 데서 밀도 있는 의미를 얻고 있다. 환유적이라는 표식을 떼기 어려운 것은 김행숙의 시 「미완성 교향악」에서도 마찬가지다. 시가 청소년들이 말하는 언어로 이루어져 있으며 자칫 식상할 수 있는 일상어로 이루어져 있기 때문이다.

소풍 가서 보여줄게

● 현대시학, 2003년 6월호, 117쪽.

그냥 건들거려도 좋아
네가 좋아

[…]
미친 듯이 창문들이 열려 있는 건물이야
계단이 공중에서 끊어지지
[…]
2층이 없지
자의식이 없지
홀에 우리는 보자기를 깔고 —「미완성 교향악」 부분●

피카소나 좋아했을까, 현대시 동인들이 보기에 그리 좋은 시는 아닐 듯하다. 하지만 이 시는 기표로서의 언어가 아닌 자기 지시로서의 언어를 택함으로써 사실상 새로운 예술수단을 사용하고 있다고 할 수 있다. 내가 말한 것이 아니라 내가 말하는 것이 지니는 외부 관찰자의 느낌을 가지라는 식이다. 다시 말하면 '달을 가리키는 손가락'을 보라는 식이다. 이런 시를 읽을 때 독자는 화자를 따라가서는 안 된다. 제3의 화자가 있기 때문이다. 시의 통사적 화자를 따라가다 보면 필경 화장실까지 따라갈 것이고 거기서 그 화자는 뒤돌아서서 "왜 따라와?" 하고 물을 것이다. 그러므로 이런 시는 환유적 언어형식을 갖고 있지만 그것을 정신분석학이라는 수단으로 해석함직한 내면성을 보증하고 있다. 그러나 이 시인이 이런 철학적 성

●현대시학, 2003년 6월호, 120~121쪽.

찰에서 시를 구성하고 있는지 아니면 트릭을 쓰고 있는지는 시인의 다른 시들을 통해서 검증되어야 할 문제이다. 아직 '우리 시'의 시단은 이 문제에 대해 유보적인 상태에 있다. 부분적으로 최승호, 박상배, 이승훈이, 그리고 전적으로는 오규원, 박상순, 이수명이 이런 경향성을 견지하고 있다. 오규원의 시를 보자.

— MENU —

샤를르 보들레르 800원
칼 샌드버그 800원
프란츠 카프카 800원

이브 본느프와 1,000원
에리카 종 1,000원

가스통 바쉴라르 1,200원
이하브 핫산 1,200원
제레미 리프킨 1,200원
위르겐 하버마스 1,200원

시를 공부하겠다는
미친 제자와 앉아
커피를 마신다
제일 값싼
프란츠 카프카

— 오규원, 「프란츠 카프카」●

이 시에서 오규원은 수사학을 극복하는 법을 직접적으로 가르쳐주고 있다. 비록 언어적으로 일정 부분 서술하고 있지만 그 서술이 서술 자체로는 의미가 없다는 것을 알면 시의 함축을 가히 짐작하고도 남는다. 그보다 이 시는 예술 수단에 대한 심미적 성찰을 통해 생각을 비언어적 개념으로 표현함으로써, 신조어의 창조를 통해서, 말하지 않은 것과 말할 수 없는 것의 암시를 통해서 무엇을 말하고 있다. 그러므로 이 시는 내면 공간을 얻고, 그 의미는 확산적이다. 이미 다른 지면에서 밝혔듯이 "시를 공부하겠다는 미친 제자"란 의미가 시를 '공부'하겠다는 제자의 생각이 미쳤다는 것인지, 시를 공부하겠다는 '미친' 제자를 말하는지 모호하다. "프란츠 카프카" 또한 실제 작가의 모호성에 비추어 볼 때 그 기의가 만만치 않다. 시는 이 이미지 하나로 시적 정서의 독특한 아우라를 얻는다.

이처럼 시가 내면성을 얻을 때 독자는 긴장하게 되고 거듭 시를 읽게 된다. 이 시에서 언어적 표현은 시적 '내면'을 추론하게 하고, 그 언어적 표현의 문법적 · 논리적 이질성은 무의식적이거나 침묵한 체험내용의 결과로 해석될 수 있게 한다. 이런 기법은 프로이트의 정신분석학과 매우 닮아 있다. 그는 꿈의 해석에서 잠재몽과 현재몽의 구별을 통해 이 점을 강조한 바 있다. 어떤 아이가 방에서 성냥으로 장난을 할 때 엄마가 들어와서 "너 뭐해?" 하고 물으면 아이는 "아무것도 아니야."라고 부정하지만, 아이가 부정할수록 엄마는 아이가 위험한 장난을 했을지도 모른다는 생각을 하게 된다. 이런 실감이 나지 않는 문학적 모험은 우리 젊은 시인들의 시 도처에서 묻어난다.

● 오규원, 가끔은 주목받는 생이고 싶다, 문학과지성사, 2000.

김행숙의 「미완성 교향악」이나 조정인의 「엄마의 꽃들」, 오규원의 「프란츠 카프카」에서 진술하는 바는 너무나 앞뒤가 안 맞고 상황에도 적절치 못하지만 내적 표현으로서는 아주 자연스럽게 그려진다. 그래서 그런 말이나 행동들은 외부현상의 뒤, 즉 내면에 있는 행복과 근심, 분노가 동시에 엄습한 내적 동요를 환기하고 있다. 이들의 언어는 시의 화자가 체험을 완벽하게 표현할 수 없음을 우회로를 통하여 잘 표현해내고 있다. 보통 문학에서 쓰는 은유와 환유를 비교해 보면 후자는 전자보다 인간의 구체적 경험과 깊이 연관되어 있으므로 동적임을 알 수 있다. 그에 반해 은유는 추상적이고 정적이다. 그래서 어떤 학자들은 원시사회에서 환유적인 표현들이 논리성을 얻는 과정에서 은유로 탈바꿈했다고 주장한다.

은유와 환유는 상대적인 개념들이다. 다만 시에서 은유가 몽타주성이 강하다면 환유는 클로즈업 스타일이다(그렇기 때문에 한국 영화는 서양의 것에 비해 몽타주보다는 클로즈업에 더 강하다). 은유가 꿈의 응축(압축)이라면 환유는 꿈의 치환(전위)이다. 그리고 모더니즘이 은유라면 전근대는 환유이다. 어떤 맥락에서 보면 앞에서 다룬 수사적 시인들이 마치 포스트 모더니즘을 겨냥한 것처럼 보일 수도 있다. 그러나 나는 이것이 우리 전통의 수사적 경향성에서 유래한 것이라고 본다. '우리 시'의 이런 수사적 전통은 앞 시대 소위 한국 현대시의 초석을 다진 시인들에게서도 찾아볼 수 있기 때문이다. 서정주, 김수영, 김춘수의 시가 비슷한 방식을 취하고 있는 것은 우연한 일이 아니다.

신령님….

처음 내 마음은

수천만 마리
노고지리 우는 날의 아지랑이 같었습니다.

번쩍이는 비눌을 단 고기들이 헤염치는
초록의 강 물결
어우러져 날르는 애기구름 같었습니다.

— 서정주, 「다시 밝는 날에: 春香의 말 貳」 부분●

이 시의 제목을 보지 않으면 보조관념이 무엇인지를 알 수 없다. 이 시에서 흔히들 원관념을 보조관념인 '춘향'의 동요라고 말한다. 아마 제목에 그렇게 되었을 것이기 때문이다. 그러나 독자가 이 시를 읽기 위하여 그런 전제조건을 취하지 않을 때, 시는 허사가 되고 만다. 시가 내적 동요를 긴장 관계하에 두지 않았기 때문에 전체적으로 시가 수사학에 의존하고 있음을 알 수 있다. 물론 수사법상의 은유를 사용하고 있기는 하지만(내 마음=아지랑이, 애기구름) 시가 은유적이지는 않다. 결국 이 시는 연암이 「문심文心과 문정文情」에서 이야기한 대로 알레고리적 구조를 갖고 있고 그 완결성이 확실해지는 만큼 수사적이고 환유적이다. 같은 은유를 처리하는데도 그런 수사학적 전통에서 환유적 구조를 갖고 있는 것은 김수영도 마찬가지다.

너의 앞에서는 우둔한 얼굴을 하고 있어도 좋았다
백년이나 천년이 결코 긴 세월이 아니라는 것은

●서정주, 미당 시전집 1, 민음사, 1994.

내가 사랑의 테두리 속에 끼여 있기 때문이 아니리라
추한 나의 발밑에서 풍뎅이처럼 너는 하늘을 보고 운다

— 김수영, 「풍뎅이」 부분●

전적으로 서술적인 것은 아니지만 이 시는 매우 서술적이다. 왜냐하면 "~ 때문이 아니리라"는 접속사적 의미로 해석된 것이라 볼 수 있기 때문이다. 「풍뎅이」라는 시 제목은 은유적 특성을 갖고 있어 그 표현이 내면적이라 할지라도 이 시가 수사성에서 해방된 것은 아니다. 그야말로 객관적이고 분석적인 은유적 구조에 비해 주관적이고 융합적인 환유적 구조를 그대로 대변한다고 볼 수 있다. 그러나 이런 환유적 현상은 김춘수의 시에서는 분명 다르게 나타난다.

쏘냐에게

가도 가도 2월은
2월이다.
제 철인가 하여
풀꽃 하나 봉오리를 맺다가
움찔한다.
한 번 굼틀하다가도
제물에 까무러치는

● 김수영, 김수영 전집 1 詩, 민음사, 2001, 28쪽.

민스크는 그런 도시다.

— 김춘수, 「들림, 도스토예프스키」 부분●

이 시가 비록 다른 나라를 소재로 하고 있어도 '우리 시'이고 우리가 그 환유성을 특성으로 본다면, 이 시 또한 이미지가 '2월 → 봉오리 → 민스크'로 이동하고 있는 환유로 읽어야 할 것이다. 하지만 그렇게 되면 독자는 이 시를 읽는 데 실패하고 말 것이다. 왜냐하면 이 시는 어떤 면에서든 앞의 서정주와 김수영의 시와는 다른 독법을 요구하기 때문이다. "가도 가도 2월은", "풀꽃 하나 봉오리를 맺다가", "제물에 까무러치는" 같은 데서는 여전히 김수영이나 서정주의 시에서와 같은 수사와 환유적 어법의 흔적을 볼 수 있다. 그러나 시가 전체적으로 어떤 '사건'을 설명함으로써 서정을 창조해 내는 것이 아니라 '존재론적 정황'을 통해 의미를 창출해 내고 있다는 점에서 이 시는 앞의 두 시인의 시와는 다른 특성을 지니고 있다. 왜냐하면 환유로 읽을 경우 앞뒤 에피소드가 아무런 인접성으로 연결되어 있지 않기 때문이다.

이 시를 이해하기 위해서는 내면의 언어에 충실하지 않으면 안 된다. "2월이다"는 어떤 외부적 사건이 아니라 내면적 사건이다. "2월", "(움찔하는) 봉오리", "민스크"는 은유로서 다른 층위이기는 하지만 시의 후반부에 나올 "쓰디쓰다"의 다른 은유일 수 있다. 그러므로 이 시는 서정주 시와는 달리 서양의 전통(라이너 마리아 릴케)을 따르고 있다고 할 수 있다. 그리고 이런 의미에서 시인이 이런 그의 시를 "무의미 시"라고 하는 것은 당연

●김춘수, 들림, 도스트예프스키, 민음사, 1997.

한 일이다. 이런 은유적인 요소가 상징으로 읽힐 때, 시는 의미를 띠지 않는 것이다.●

그렇다면 왜 '우리 시'는 이런 서술과 수사, 환유의 구조를 택하게 되는 것일까? 이 문제는 바로 예의 바른 표현을 중요시하는 유교문화, 정착문화에서 비롯된 것일 게다. 같은 정서를 발생시키더라도 교훈을 전달하려는 유교전통의 시문학에서는 그 의미가 좀 더 분명했어야 했고, 또 그 정서가 발생한 과정이 구체적으로 암시되어야 했을 것이다. 더군다나 유교적 질서에 있어서는 공통의 정서기호가 가장 익숙한 자연의 모습과 닮아 있어야 했을지 모른다. 그렇지 않으면 종교적 보편상징을 담보해 줄 형이상학이 만들어질 토대가 없기 때문이다. 하지만 우리는 이제 그런 전통적 의미의 시가 쓰일 수 없는 상황에 살고 있다. 삶의 형식에서 전통적인 세계관이 해체되었기 때문이다. 이 전통적 세계관의 해체는 첫째, 영웅과 귀족의 고귀한 지배세계가, 둘째, 선험적 고향이라는 절대적 세계가, 셋째, 인간의 자연지배로 인한 자연에 대한 아우라가 사라진 데 기인한다.

기댈 만한 그 무엇이 사라진 현대에, 전통에 의지한 '프로레슬링' 같은 시를 쓰면 시조처럼 보이게 되고 그것을 즐기는 독자는 없을 것이다. 그에 반해 언어로 파악할 수 없는 정서, 낯선 심상들, 모험적인 생각들, 예상치 못한 실험들이 언제 쓰러질지 모를 '권투'의 언어로 표현되는 것만이 이들 독자를 끌어들일 수 있다. 현대의 남미문학이나 서구문학에서 찾아볼 수 있는 문학적 도전을 '우리 시'에서는 찾아볼 수 없다. 시적 아우라는

●한번은 텔레비전 대화에서 김춘수 시인이 강은교 시인과 다투는 것을 보았다. 강은교 시인이 김춘수 시인을 모신 자리에서 사회를 보며 자꾸 시의 의미를 말하자 노시인은 짜증 나는 투로 '무의미'를 강조하였다. '우리 시'는 너무 알려고 하지 않는가!

죽음에서 출발한다. 죽음이 전제되지 않은 문학에서는 도전과 새로운 아우라의 발생을 기대할 수는 없다. 시인 터부를 죽이고, 평자 터부를 죽이고, 동인 터부를 죽이고, 전통 터부를 죽일 때 비로소 한국 시는 새로운 전통이라는 토템을 세울 수 있을 것이다. 릴케의 「나는 사람들의 말이 매우 두렵다」란 시를 보자. 외부적 수사를 하지 않는다. 이 시는 시어라고 보기에는 적절치 않은 말들을 사용한다.

나는 사람들의 말이 매우 두렵다.
그들은 모든 것을 아주 분명히 말한다.
이것은 개고 저것은 집이며,
여기가 시작이고 저기가 끝이라고.

그들의 생각, 그들의 말장난이 나를 두렵게 한다.
그들은 미래와 과거를 다 안다.
그들은 어떤 산을 보고도 감동하지 않는데
그것은 그들의 정원과 땅이 곧 신의 나라에 가깝기 때문이다.

나는 언제나 멀리 떨어져 있으라고 경고하고 저항하고 싶다.
나는 사물들이 노래하는 소리가 좋다.
너희들이 사물을 건드리면 사물들은 놀라 벙어리가 된다.
너희들이 나의 모든 사물들을 죽이고 있다.●

●라이너 마리아 릴케, 초기 시와 서정적 희곡(릴케 전집 5권), 장영은 옮김, 책세상, 2000, 305쪽.

그러나 내면이 만들어 내는 이미지 공간은 만만치 않다. 식상한 현실에 대한 뒤집기를 이처럼 명확히 할 수 있을까? 시는 가르치기를 포기하고 가르치는 말의 훌륭함을 아이러니로 무화시켜 버린다. "나는 사물들이 노래하는 소리가 좋다."에서 우리는 그야말로 '노래한다'는 말에 의존하지 않는다. '노래한다'는 다른 어떤 말로 표현하기 힘든 마음의 상태를 묘사하는 것이기 때문이다.

chapter 06

부정성

◎ 수사학이 긍정의 경향을 띠고 있다면 내면의 수사학은 부정의 경향을 띠고 있다. 보이는 것을 묘사하고 서술하는 것이 수사학의 기본 과제라면, 보이지 않고 말할 수 없고 규정할 수 없는 그 무엇을 나타내는 것이 내면의 수사학이다. 개연성이라 해 봐야 기껏 이미지학이나 심층심리학인데 그조차도 부정하면 그만이다. 하지만 마음의 이미지는 대체로 부정의 모습을 띠고 있고, 확실하게 있다고 말할 수도 없지만 그렇다고 부정할 수만도 없는 실체이다. 다만 어떤 방법이 내면의 이미지를 표현하는 데 더 적합한지는 역사적으로 변화를 거듭했다.

우리의 사회적 · 문화적 생활은 충동이나 본능을 제어하고 통제하기 때문에 인간은 이를 상징으로 해소하려고 한다. 인간은 할 수 없는 무언가를 보상받기 위해 환상을 통해 내면의 것을 추구하게 된다. 즉 본능적 열세가 "미정의 의무감"을 가지게 하고 급기야 "태도의 당혹감"을 불러일으킨다.● 이런 인간학적 구조가 바로 예술적 이미지가 인간의 내면에서 기인한 것이 아닌가 하는 추측을 낳게 한다. 그렇기 때문에 인간은 인간이 되면서 벌써 부정에서 출발하고 있고 인간이기에 자신을 충족하지 못하는 부정을 내포하고 있다. 이와 관련하여 우리는 먼저 헬렌 켈러의 「볼 수 있는 3일」이라는 에세이에서 출발해 보고자 한다. 그녀는 눈이 멀고 귀가 멀고 말을 하지 못했기 때문에 더 많은 상상을 하게 되었다고 고백한다. 그녀의 이러한 체험이야말로 우리에게 내면이 무엇인지 절실하게 가르쳐 준다.

> 나는, 사람들이 젊은 날의 어느 한때 며칠 동안 눈이 멀거나 귀가 멀게 된다면 그것은 어쩌면 은총일 수 있을 것이라고 생각해 왔다. 어둠은 그로 하여금 시력視力에 대해서 보다 감사할 수 있게 할 것이고, 침묵은 그에게 소리의 기쁨을 가르쳐 줄 것이다.
>
> 나는 가끔 나의 볼 수 있는 친구들을 놓고 그들이 보는 것을 스스로 알아채는가 하는 시험을 하곤 한다. 최근에 나는 지금 막 오랫동안 숲 속을 산책하고 돌아온 한 친구에게, 그들이 관찰한 것에 대해서 물은 적이 있었다. "특별한 것은 없었는데…" 그녀는 대답했다.
>
> 나는 내 자신에게 물었다. 한 시간 동안이나 숲 속을 걸으면서 기록할 만한 가치가 있는 그 아무것도 보지 못했다니, 그것이 어떻게 가능할 수 있는가 하고. 볼 수 없는 나는 단지 촉감을 통해서도 내 자신을 흥미

● Arnold Gehlen, Urmensch und Spätkultur, 5. Aufl., Wiesbaden, 1986, pp. 132~139.

롭게 하는 무수한 것들을 발견한다. 나는 나뭇잎의 그 정교한 대칭을 느낀다. 나는 은빛 자작나무의 부드러운 피부나, 울퉁불퉁하고 거친 털이 많이 난 소나무의 껍질을 사랑스럽게 쓰다듬는다. 봄에는, 겨울의 잠 다음에 자연을 깨우는 첫 번째 신호인 바로 그 싹을 찾으려 희망의 마음으로 그 나무의 가지들을 어루만진다. 가끔, 운이 좋으면, 나는 나의 손을 부드럽게 작은 나무에 대고 그리고 지저귀는 한 마리의 새의 행복한 진동을 느끼는 것이다.

때때로 내 가슴은 이러한 모든 것들을 볼 수 있었으면 하는 갈망으로 흐느낀다. 내가 단지 촉감을 통해서도 그렇게 많은 기쁨을 얻을 수 있는데, 시력을 통해서는 도대체 얼마나 많은 아름다움이 드러날 것인가. 그리고 나는 만약에 나에게 나의 두 눈으로 쓸 수 있는 기회가, 말하자면 3일 동안, 주어질 수 있다면, 내가 가장 보고 싶어하는 것에 대해서 상상을 하곤 했다. [⋯] 아마도 이 짧은 개요는 만약에 당신이 눈이 멀게 되었다는 것을 안다면 당신 자신한테 적용할 수 있는 프로그램이라고 동의하지는 않을 것이다. 그러나 만약에 당신이 다시는 전과 같이 당신의 눈을 쓸 수 없는 운명에 직면한다면 가능한 일이라고 확신한다. 당신이 보았던 그 모든 것들은 당신한테 사랑스러운 것이 되어 버린다는 것을. 당신의 눈은 당신의 可視범위에 들어왔던 그 모든 사람과 대상을 만질 것이고 그리고 끌어안을 것이다. 그러고 나서, 마지막으로 당신은 당신 앞에 열린 새로운 아름다움의 세계를 진실로 보게 될 것이다.

눈이 먼 나는 볼 수 있는 당신들한테 한 가지의 힌트를 줄 수 있다. 당신의 두 눈을 마치 내일이면 멀게 될 것처럼 사용하라고. 그리고 그와 같은 방식은 그 밖의 다른 감각들에도 적용될 수 있다. 성악을, 새들의 지저귐을, 오케스트라의 강력한 긴장을, 마치 내일이면 귀가 멀게 될 것처럼 들어라. 모든 대상들을 마치 내일이면 그 촉각을 상실할 것처럼 만져라. 꽃의 향기를, 한 입 음식의 맛을, 마치 내일이면 다시는 냄새를 맡을 수 없고 맛을 느낄 수 없게 될 것처럼 냄새를 맡고 맛을 봐라. 모든 감각의 그 모두를 하늘이 내려 준 몇 가지 접촉의 수단을 통하여 이 세계가 당신한테 드러낸 그 모든 기쁨과 아름다움의 보석의 깎은 단면 같은 편린들을 기뻐하라. 그러나 그 모든 감각 중에, 나는 시각이야말로 가장 기쁜 감각이라 확신하고 있는 것이다.●

부정의 문제는 곧 현실적/문학적 경험과 연결되어 있거나 문학의 이미지를 만드는 내면과 밀접하게 관련되어 있다. 헬렌 켈러의 제안을 따르자면 눈이 있다는 것을 부정해 보아야 사물을 제대로 볼 수 있고 이미지가 만들어진다는 것을 알 수 있다. 눈이 있고 맛에 대한 감각기관이 있고 냄새를 맡을 수 있는 코가 있는 한, 우리는 어떤 것을 '볼' 수도 '맡을' 수도 없다. 내면의 공간은 감관이 막혔을 때, 즉 부정될 때 만들어진다. 눈이 멀어야 득음을 하는 〈서편제〉의 이야기와도 같은 맥락이다.

이미지의 생성은 개인의 내적인 문제일 뿐 아니라 실제적 경험의 부정이라는 측면에서 사회적 경험과도 밀접한 관련을 맺고 있다. 즉 내면과 이미지의 문제를 다루는 우리는 적어도 문학과 예술을 연구하면서 이미지나 내면이 사회와 어떠한 연관관계에 있는지 살펴보아야 한다. 그것이 시적 부정이든 변용이든 생산이든 수용이든, 나이브한 독자이든 문학연구가이든 중요한 문제로 다가옴을 느낀다. 더욱이 문학을 공부하는 우리에게

● 김영승 옮김, 출처: 학산문학 33권, 2001년 가을호, 74쪽.

는 1차적 경험과 2차적 경험 사이에서 생기는 부정성 내지는 긍정성의 연구가 필수불가결하다.

부정이라는 것은 절대적 부정도 있지만 대부분 무엇에 대한 부정, 한 걸음 더 나아가 어떤 것에 대한 부정도 있다. 그런데 특정한 부정이라 일컫는 부정은 경험의 부정에서 출발한다. 이런 의미로 제일 먼저 부정의 개념을 표현한 이는 스피노자다. 그에 따르면 "모든 규정은 곧 부정이다 Omnis determinatio est negatio."● 이런 경험의 부정성은 괴테의 『파우스트』에 나오는 「천상의 서곡」에 알레고리로 잘 표현되어 있다.

라파엘 : 태양은 옛날과 다름없는 음조로
형제별과 노랫소리 겨루며
그에게 정해진 길을
우레 같은 걸음으로 내닫는다.
그를 보면 천사들은 힘을 얻나니
비록 오묘한 이치 터득할 자 없어도
그 불가해한 역사役事
천지창조의 그날처럼 장엄하여라.
[…]
메피스토펠레스 : […]
태양이니 세계니 하는 것에 대해선 말할 게 없소이다.
내 눈에 보이는 건 그저 인간들이 괴로워하는 모습뿐이에요.

● Manfred Buhr, Philosophisches Wörterbuch(번역본: 철학대사전, 한국철학사상연구회, 동녘, 1990), 558쪽.

지상에서 작은 신을 자처하는 놈들은 언제나 판에 박은 듯
천지개벽하던 그날 모양 이상하기만 합디다.
차라리 하늘의 빛을 비춰주지 않았던들
그들은 좀 더 잘 살 수 있지 않았을까요?
그들은 그것을 이성이라고 부르면서
어떤 동물들보다 더 동물적으로 사는 데 써먹고 있지요.● 286

우선 세 명의 천사장(라파엘, 가브리엘, 미가엘)이 등장하여 태초의 천지 창조를 찬양한다. 이것을 우선 어떤 경험이라고 본다면 곧장 메피스토펠레스가 등장하여 그것을 비판하고 내기를 하자고 하는데, 이를 새로운 경험 또는 부정이라고 할 수 있다. 그것은 곧 내면에서 일어나는 비판적인 마음일 수도 있다. 결국 파우스트가 모든 경험을 해 보려는 노정에 들어선 것도 어쩌면 이런 큰 부정의 소산이었을 것이고 그것은 매우 내면적인 어떤 문제일 것이다. 『파우스트』의 천상의 서곡은 경험과 해석학적 경험에서 파악하는 부정성을 그림으로 만들어 놓은 것이다. 아래에서 이런 경험의 부정성, 즉 경험을 가능케 하는 부정에 대해 가다머의 생각을 먼저 살펴본다.

베이컨Francis Bacon은 근대적 의미에서의 부정을 통한 경험의 이론을 확립한 최초의 사람이다. 베이컨이 인식한 것은 경험을 실행하는 데 제기되는 도덕적 난제와 인간학적 어려움이었다. 그는 인간정신이 긍정적인 것만 기억에 담고 부정적인 것은 잊어버리는 경향이 있다고 보았다.●● 그

● 요한 볼프강 폰 괴테, 파우스트 1, 정서웅 옮김, 민음사, 2004, 19쪽, 22쪽.
●● 베이컨은 종족의 우상idola tribus에서 그렇게 말하고 있다. Hans Georg Gadamer, Wahrheit und Methode, Tübingen 1986, p. 354를 보라.

런데 우리가 예언을 듣거나 점괘를 들을 때 들어맞는 것은 오래 기억하고 들어맞지 않는 것은 곧 잊어버리려는 경향이 있음을 생각해 보면 이것이 용인될 수도 있지만, 오늘날 계몽이 된 이후에는 긍정적인 것이 부정적인 것보다 기억에 더 오래 남는다는 말을 이해하기 힘들다. 정말로 긍정적인 것이 기억에서 우위를 차지하는지는 규명해 보아야 할 일이다. 일상 측면에서는 긍정적인 것이, 인식 측면에서는 부정적인 것이 더 잘 각인된다. 베이컨이 그렇게 말하게 된 배경에는 부정적인 것을 잊어버리려는 생의 경향을 비판적으로 바라보고 있기 때문이다. 오늘날 베이컨이 다시 살아난다면 아마도 인간에게 유의미한 상황이 오래 각인된다고 고쳐 말할 것이다. 가다머의 말을 들어보자.

> 경험이 새로운 경험으로 반증되지 않는 한 유효하다는 것이 분명 경험의 보편적 본질을 규정하고 있다.●

포퍼Karl Popper가 시행착오라는 개념으로 이런 경험의 과정을 설명한 것과 같은 방법으로 가다머는 "우리의 기대에 부응하고" 우리가 그것을 확인하는 긍정적 경험(또는 명제)과 "새로 하는" 경험을 구별하고 후자를 부정적 경험이라 명명하였으며 이것이 진정한 경험이라고 하였다.●● 그러므로 경험의 부정성은 독특한 생산적 의미를 띤다. 부정의 힘을 통해 경험은 새로운 지식을 획득할 수 있는데 이 경우의 부정을 그는 "특정한 부정"이라 하였다. 결국 가다머가 이해하는 부정, 즉 "특정한 부정"은 칸트

● Gadamer, ibid., p. 356.
●● Vgl. Gadamer, ibid., p. 359.

가 말하고 헤겔에 의해 확대 해석된 변증법적 반명제라고 볼 수 있다.

가다머에 의하면 경험은 기대에 대한 실망Enttäuschung을 필수적으로 전제하고 있다. 그리고 이런 실망을 통해 경험이란 것이 만들어진다. 부정적 심급을 통해서만 새로운 경험에 이를 수 있으므로 베이컨은 인간이 역사적 존재로서 가지는 특징은 근본적으로 부정을 포함하고 있다고 보고 있다. 그래서 가다머는 헤겔이 경험을 "완성되어 가는 회의주의"로 보았다고 해석하면서 궁극적으로 경험은 두 번 할 수 없다고 주장한다. 또한 어떤 대상에서 하게 되는 무가치성의 경험을 통해 우리의 지식은 변하고 그 대상에 대한 인식도 변한다. 즉 자신을 낯선 것에서 구별하여 인식하게 하는 이런 의식의 전환이 그가 파악하는 경험의 부정성이다. 부정성과 결부하여 유추할 수 있는 것은 이 부정성이 인간경험의 유한성에 근거하고 있다는 것이다. 이렇게 볼 때 가다머는 인간이 보이는 것, 서술하는 것으로 모든 의미를 다 채우는 것이 아님을 강조하는 듯하다. 가다머가 말한 부정성이란 결국 끊임없이 일어나는 마음의 변화에서 출발하고 있다. 그렇다면 내면의 수사학 또한 경험을 부정하는 가운데 만들어지는 것이라 정의할 수 있다. 이렇게 가다머가 내재적 부정성에 관심을 두고 있는 동안 사회적 부정성을 논한 이가 있는데 이는 아도르노이다. 다음에는 그의 논지를 통해 부정성을 연구해 본다.

쇤베르크Arnold Schönberg는 이런 말을 했다. "우리는 어떤 이미지를 그릴 뿐이지 그 이미지가 지시하는 것을 그리지는 않는다." 이 말을 들으면서 나는 감탄했다. 아마 프랑크푸르트 학파인 아도르노도 감탄했을 것 같다. 그는 이 말을 통해 "예술작품이 경험세계와는 단절되고 그것을 부정하고 있다."라는 생각을 펴고 있다. 아도르노는 예술작품의 부정성을 사회적 해방의 진행과정이라는 관점에서 본다. 그리고 그의 『미학이론』도 이런 관점에서 쓰였다. 아도르노에 따르면 예술은 자율성을 얻기 위해 두 가지 면에서, 즉 첫째, 전통이 만들어 놓은 예술의 역사적 기원에 대한 관계 면에서,[●] 둘째, 예술의 조건이 되는 사회적 현실과의 관계 면에서 사회를 부정하고 있다고 본다.[●●]

아도르노는 이렇게 말한다. "예술작품이 그 기원을 부정함으로써 예술작품이 될 수 있었다는 것은 우리가 이미 알고 있는 바이다. 예술이 전 형식을 거꾸로 말살한 후에 그 믿기 어려운 마력이나 귀족에 봉사한 것, 그들의 오락물이었다는 것을 원죄처럼 비난해서는 안 된다." 그리고 "의심할 여지없이 예술은 어떤 의미에서 주체가 해방된 이후보다 그 이전에 더 직접적으로 사회성을 띠고 있었다. 사회에 대한 자립을 의미하는 예술의 자율성은 그 나름대로 또한 사회구조와 함께 자라난 시민적 자유의식의 기능이었다. 이 자유의식이 형성되기도 전에 예술은 비록 사회적 지배와 도덕성에까지 확대된 것에 대해 그것이 목적이 되지는 않았으나 그 자체로 거부적인 면을 띠었다." 쉽게 풀어 말해 보자. 원래 수사학은 목적이 그랬지만 신, 성직자, 귀족, 지배자를 칭송하기 위해 고안된 것이다. '하느님은 방패시고 산성이시며…' 하는 것도 이런 측면으로 볼 수 있다. 이런 예술이 지배를 거부하고 경험세계와 구별되는 것을 서술함으로써 부정적 사회성을 획득하고 있다. 앞에서 그림으로 보여 주었던 초등학생들의 답안지가 예술작품이라고 할 수 있다면 그것은 바로 지배 체계를 거부하고 있기 때문이다.

● Theodor W. Adorno, Ästhetische Theorie, Gesammelte Schriften 7, Frankfurt a. M., 1972, p. 12.(아래에서는 Adorno로 약칭)
●● Adorno, p. 334.

아도르노에 따르면 예술은 그 자율성으로 사회적 위치를 확보할 수 있는데 그것은 사회적 속박을 부정함으로써 가능하다. 예술은 그 존재양식이 가상이므로 현실의 부정을 통해 예술의 유토피아적 모습이 드러난다. "실재하지 않는 것이 그 가상을 통하여 약속한다."●, 즉 사회적으로 있지 않는 것이기 때문에 예술은 미메시스가 아니라, 아도르노의 말을 빌리자면 "행복의 약속"●●이다. 행복은 실생활의 상위개념이다. 실생활과 행복 사이에 놓여 있는 심연을 예술의 부정성이 말해 준다.●●● 아도르노는 원시시대 인간이 어떤 특정한 것에 강제적으로 속박된 상태를 "신화적인 것"으로 보는데, 그에 따르면 이런 신화적 속박에서 깨어나게 하는 것이 계몽이자 해방이다. 그러나 예술은 이 탈주술화된 세계를 부정하고 다시 주술화한다.

> 예술작품들은 마법에 걸려 있는 현실(인간이 이성으로 자신과 세계를 성찰해 볼 수 없었던 자연 그대로의 상태)로부터 간극을 취함으로써 어떤 상태를 부정적으로 체현한다. 이 상태에서 현재 존재하는 것이 바른 위치, 즉 자신 고유의 위치를 찾을 수 있는지도 모른다. (그래서) 예술작품이 지니는 주술이란 주술에 가려져 있는 현실을 탈주술화하는 것이다. 그 예술작품의 사회적 본질을 알기 위해서는 바로 예술 고유의 목적과 사회에 대한 관계를 이중적으로 성찰해 보아야 한다.●●●●

● Adorno, p. 347.
●● 스탕달의 개념. 그러나 그는 아도르노가 말한 의미로 사용하지는 않았다.
●●● Adorno, p. 26.
●●●● 같은 곳, p. 337.

이와 같이 계몽된 사회에서는 이성이 자연을 억압하고 신의 위치로 군림하면서 자연의 억압자가 된 것이다. 이런 자연과 이성의 분리는 자연지배 과정을 통해 체현된다. 그래서 예술은 (마법을 회복하려는 인간의 필연적 행위로서) 어쩔 수 없이 그 이성이라는 주술로부터 탈주술화되어야 한다. 환언하면 탈주술화란 "관리된 사회"로부터의 탈출을 뜻한다. 그것은 예술이 현재 통용되는 실재보다 더 나은 실재의 대리자일 뿐 아니라 생존의 현장에서 자기를 지배하는 실재를 부정하고 비판하는 자이기도 하기 때문이다. 이런 의미에서 예술은 이미 "경험세계를 거부함으로써 [⋯] 그 경험세계의 우월함을 인정한다."● 라는 생각은 세속화된 세계에서는 불가능하다. 예술의 긍정성은 참을 수 없는 어떤 것이 되었다. 예술과 사회는 그의 생각에 따르면 역설적 관계이다. 이와 같은 그의 부정성 개념은 우리의 마음과 내면이 사회적 카테고리에서 발생되는 것임을 말해 준다. 동시에 그의 부정성 이론은 수사학에 대한 비판이라고 볼 수 있다.

전통적인 문학작품을 단순히 역사적 맥락과 뜻에서만 밝히려는 종래의 해석학적 견지에서 벗어나 아도르노는 그 타당성의 범위를 사회와 이데올로기로 확대시킨다. 우리가 만약 문학이 속해 있는 현실을 바라만 보고 그것에 대한 이념이 올바른지를 검증하지 않는다면 현실과 모순적 관계에 있는 문학의 의미관계가 형식의 범주를 크게 벗어나지 않는다. 그렇기 때문에 비판적 문예학에서는 이데올로기의 검증이 필수불가결하다. 다만 그는 예술을 사회의, 이데올로기의 그늘에서 "창문 없는 단자Monade"의 모습으로 구제하려 했던 것이다. 그리고 이 예술을 통해 사회를 비판하

● Adorno, p. 10.

려 했다. 그렇다면 그의 부정성 이론은 생산관계가 아닌 예술의 수용에서도 같은 통용성을 지니고 있을까? 그것을 우리는 야우스Hans Robert Jauß에게 들어본다.

가다머의 해석학적 존재론 전통에서 야우스는 예술의 존재양식, 즉 실재를 이미지로 옮기기 위해서는 그 실재를 부정해야 한다고 역설하고 있다. 그는 논리적, 역사-변증법적 부정성 이외에도 예술을 비실재적 대상으로 파악하는 과정에서 문학작품이 부정성을 띠게 된다고 설명한다. 그는 생산과 수용의 역사적 과정에서 예술작품은 "부정함으로써"● 익숙해진 경험의 지평을 넘어선다고 본다. 더욱이 부정성은 나와 '대상'과의 심미적 거리를 유지하면서,●● 즉 부정의 공식을 통해 예술작품의 특성을 규정해 준다. 그는 예술을 아도르노 식의 부정으로만 설명해서는 그 예술 경험의 성과, 지평 변화, 사회적 기능을 다 설명할 수 없다고 보았다. 그는 예술의 의사소통적 기능 측면에서 아도르노를 다음과 같이 비판하고 있다. 비판의 대상이 되는 아도르노의 주장을 먼저 인용한다.

> 물론 그렇다고 해서 확고부동하고 긍정적인 예술작품들(거의 모든 전통적인 작품들)을 일소해 버릴 수는 없다. 또 이와는 반대로 그러한 작품들이 경험세계와 엄격히 대립하였으므로 비판적이고 부정적이라는 극히 추상적인 주장을 통해 성급하게 그러한 작품들을 옹호해서도 안 될 것이다. 무반성적인 유명론에 대한 우리의 철학적 비판은, 진보하는 부정

● 한스 로베르트 야우스, 도전으로서의 문학사, 장영태 옮김, 문학과지성사, 1998.

●● 이 생각은 이미 예술을 "이해관계 없이 마음에 듦interessenloses Wohlgefallen"이라 정의한 칸트의 생각에 잘 표현되어 있다.

성의 노정을(객관적으로 구속력 있는 의미의 부정을) 정황을 고려치 않고 예술의 진보노정으로 보아야 하지 않느냐는 요구를 저지한다.●

여기서 야우스가 지적한 아도르노의 딜레마는 '긍정적' 예술을 어떻게 볼 것인가 하는 것이다. 그것은 거의 모든 과거의 예술이 봉사하는 예술로서 긍정적이기 때문이다. 또한 이러한 작품들(이육사의 「청포도」나 이상의 「날개」 등)을 시인이 경험한 현실과 대립된다고, 즉 현실에 대한 부정이라고 할 수 있겠으나 이런 것을 추상적으로 옹호해서도 안 된다고 아도르노 스스로 주장하고 있다. 야우스는 이 두 가지 관점이 이미 아도르노에게서 모순을 이루고 있다고 주장한다. 그렇기 때문에 부정성은 예술이해의 공통분모로 사용할 수 없다는 것이 야우스의 반론이다. 그 이유는 사회해방의 과정에 중요한 어떤 부정적 · 비판적 작품을 긍정적 작품에서 제외한다면 그 수는 얼마 되지 않을 뿐더러 이 긍정적 작품들의 자연발생적 전통이 그런 해방적인 "진보적 부정성의 노정"●●을 훨씬 앞질렀다는 것이다. 그래서 야우스는 다음과 같은 생각을 전개한다.

첫째, 부정성이나 긍정성은 예술과 사회적 변증법에서 구체적 판단기준이 되지 못한다. 더구나 양자의 대립은 주장할 수 없다. 그 이유는 문학작품 수용의 과정에서 긍정적이냐 부정적이냐 하는 것은 심미적 경험에 고유하게 내재하는 지평전환에 달려 있기 때문이다. 둘째, 이 "진보적 부정성의 노정"이 아도르노에게서 범주의 틀로 작용하면서 예술의 사회적 요소를 너무 단순화한다. 그래서 예술의 의사소통적 기능을 제한한다. 부

● Adorno, p. 239.
●● 같은 곳.

정성으로뿐 아니라 그 반대개념인 긍정성으로도 과거의 그 어떤 예술이나 현대예술의 의사소통적 기능이 희생되어서는 안 된다.

첫 번째 생각에 대한 그의 구체적 예증은 다음과 같다. 부정적 성격을 띤 작품조차도 수용의 과정에서 원래의 부정성을 상실하게 된다. 그 이유는 이 작품이 다시 '고전적'이 되어 버리기 때문이다. 작품이 생산될 때는 사회에 대한 부정, 경험세계의 거부가 될지 모르나 현재status guo의 의식수준에서는 부정이 아닐 수 있다. 그 이유는 작품의 내용인 저항, 비판, 반동 등과 같은 예술작품의 의식이 심미적 거리감 속에서는 그런 부정을 즐기려는 태도로 전이되기 때문이다. 부정된 사회는 소위 아도르노가 말하듯이 독자에게 중화된 사회가 된다. 그래서 야우스는 아도르노처럼 "중화는 예술의 자율성이 갖는 사회적 대가"라고 보지 않는다.● 즉 예술이 사회에 대한 특정한 부정이었던 경우 생산관계가 변화된 뒤에는 중화된다는 아도르노의 생각을, 야우스는 그것이 생산관계가 변한 후에 비로소 있었던 게 아니라 예술의 역사를 살펴볼진대 수용과 해석의 과정과 더불어 그런 해석과 기능이 직접적으로 있었다고 설명한다.

두 번째 생각에 대한 구체적 예증은 다음과 같다. 예술의 사회적 기능을 아도르노가 말한 것처럼, 과거의 어떤 예술에 대해 긍정과 부정이라는 범주 쌍으로 충분히 설명할 수가 없다. 이 점은 이미 아도르노 스스로 인정하고 있다. 아도르노는 긍정적인 예술작품을 봉사하는 예술, 즉 기존의 세력을 비호하고 위선적 화해를 이룰 뿐인 예술이라고 비판하면서도 그것을 원죄처럼 비난해서는 안 된다고 말하고 있다.●● 이 점에서 야우스는

● Position der Negativität, p. 266. Vgl. auch Adorno, p. 339.
●● Adorno, p. 12.

아도르노가 예술을 "부정성의 뒷문으로 구제하려"● 든다고 비판한다. 그것은 아도르노에게서 "모든 예술작품은, 심지어 긍정적인 작품까지도 선험적으로 비판적이다."라고 말하는 데서 분명히 나타난다. 야우스의 눈에는 아도르노의 이런 부정성 개념으로는 예술이 기껏해야 이론적 성찰의 대상일 뿐이지 심미적 경험의 도식과는 관계가 없는 것으로 비친다.

예술품은 아도르노에 따르면 "무의식적 역사서술"이기 때문에 예술가가 시대상황과 대립한 것(우리말로 하자면 예술가가 시대를 부정한 것)이 예술적 소재에서 나타나야 한다. 만약 아이헨도르프의 소재가 숲과 샘물, 사랑스런 계곡과 일렁이는 들판이라면 그곳 어디에 역사적 가정으로서의 사회부정이 매개되어 있는가? 전통적 결속의 해체와 노동 분업에서 나오는 사회와 내적 관계에서의 소외가 과연 어디에 매개되어 있는가? 그러한 역사성은 작품에 직접 매개되어 있는 것이 아니라 소재를 다루는 아이헨도르프에 대해 아도르노가 해석함으로써 생긴 것이다.●● 그러므로 이 점에 대한 야우스의 비판은 옳다. 이렇게 본다면 현존하는 것이나 객관성을 띤 의미의 부정에 대한 거부가 예술의 유일한 합법적 기능이 아니다. 야우스에게 예술의 사회적 기능은 처음부터 부정이 아니라 객관성을 유지하려는 의미의 형성이다. 야우스의 이론은 "심미적 경험"이라는 마법어를 통해 사회 쪽에 더 힘주어 서 있는 다리의 균형을 만들려 했다.

우리는 예술의 경험에서 생기는 긍정과 부정에 대한 이론들을 살펴보았다. 더욱이 그런 이론은 시대적 한계성을 지니고 있음을 볼 수 있다. 그

● Position der Negativität, p. 266.
●● 페터 뷔르거, 미학 이론과 문예학 방법론, 김경연 옮김, 문학과 지성사, 1987, 93쪽 이하 참조.

렇다면 우리가 구체적 작품을 읽을 때 부정/부정성의 개념이 어떻게 적용될 수 있는지 궁금하지 않을 수 없다. 한 예를 통해 살펴보자.

> #1
>
> 저녁마다 그들은 모니카를 기다렸다. 모니카는 시내에서 일을 했는데 기차시간이 잘 맞지 않았다. 그들은, 즉 그와 그의 아내는 식탁 앞에 앉아 모니카를 기다렸다. 모니카가 시내에서 일을 한 이후로 그들은 일곱 시 반이 되어서야 식사를 했다. 그 전에는 한 시간 일찍 식사를 했었다. 지금은 매일 식탁을 차려놓고 한 시간씩 기다렸다. 그들의 자리에 앉아서. 아버지는 위쪽에, 어머니는 부엌문 옆에 있는 의자에 앉아 모니카의 빈자리를 보며 그들은 기다렸다. 시간이 한참 흐른 뒤에도 끓어대는 커피 앞에서, 버터와 빵과 잼을 앞에 두고 그들은 기다렸다.
>
> 모니카는 그들보다도 키가 더 컸고, 금발이었고, 피부는 고모 마리아처럼 고운 피부였다. 기다리는 동안 "그 애는 너무 착한 아이였어요." 하고 엄마는 말했다.
>
> #2
>
> 모니카의 방에는 전축이 있었고 자주 전축 판들을 시내에서 사오곤 했다. 모니카 또래가 좋아하는 가수의 노래들이었다. 방에는 거울이 있었고, 각종의 병과 예쁜 캔, 그리고 모로코제 가죽으로된 등받이 없는 의자와 담뱃갑도 있었다.
>
> #3
>
> 아버지는 사무실 아가씨에게서 월급봉투를 받았다. 스탠드 위에는 여러 개의 도장들이 놓여있었다.
>
> 숙달되게 쳐 대는 계산기 소리가 신기하기만 했다. 그 아가씨의 금발이

인상적이었다. 고맙다고 말하자 "천만에요."라고 그녀는 친절하게 대꾸했다.

#4

점심때가 지나도록 모니카는 시내에 머물러 있었다. 그녀는 찻집에서 그녀가 말한 대로라면 샌드위치 같은 것으로 식사를 했다. 그러고 나면 찻집에서 미소를 지으며 담배를 피우는 상냥한 아가씨가 된다.

#5

종종 그들은 도대체 모니카가 시내 사무실에서 무엇을 하는지 물었다. 그러나 그녀는 대답이라곤 없었다.

#6

그래서 그들은 모니카가 정기권이 들어있는 빨간 지갑을 기차 안에서 승무원에게 열어서 보여주는 것을 실제처럼 상상해보려 애썼다. 그리고 플랫폼을 어떻게 걸어가며 기차역을 빠져나와 사무실로 가는 길에 친구들과 재잘거리는 모습이랑 어떤 남자직원이 인사라도 한다면 어떻게 상냥하게 인사를 받을까 애써 생각해 보았다.

그런 후 이 시간대쯤 집으로 올 땐 어떻게 오나 상상해 보았다. 가방을 메고 여성모드잡지를 팔 밑에 끼고 향수를 풍기며 집으로 오겠지. 그리고는 자기 자리에 앉아서 함께 식사를 같이하는 것을 미리 그려 보았다.

#7

모니카는 곧 시내에 방을 하나 얻게 될 것이다. 그렇게 되면 그들은 다시 여섯 시 반에 식사를 하게 될 것이고 아버지는 일이 끝나면 다시 신문을 읽게 될 것이고 전축 판이 있는 방은 없어질 것이다. 그리고 기다리는 시간도 필요 없을 것이다. 모니카의 옷장 위에는 스웨덴제 유리로 만든 파란 꽃병이 있었고 이 꽃병은 시내에서 사왔다. 여성패션 잡지의 선물광고를 보고 산 것이다.

#8

"그 애는 당신 여동생과 닮았어요." 하고 부인은 말했다. "그 애는 당신 동생을 정말 꼭 빼었어요. 기억하세요? 당신 동생이 얼마나 노래를 잘했는지", "다른 애들도 담배는 다 피워요." 하고 어머니가 말했다.

"그래, 누가 뭐랬는가?" 하고 아버지는 말했다.

"그 애 친구가 얼마 전에 결혼했다지?"

'모니카도 결혼을 해야겠지.' 하고 아버지는 생각했다. '그러면 시내에서 살겠지.'

얼마 전에 아버지는 모니카에게 "너 불어 한번 해봐라." 하고 말했다. "그래, 어디 한번 해보렴." 하고 어머니도 말했다. 하지만 모니카는 말이 없었다.

'모니카는 속기를 할 수 있어.' 하고 아버지는 생각한다. "우리 같은 사람들은 속기는 너무 어려워 못할 거야." 하고 부모들은 서로 말했다.

#9

그러고 난 뒤 어머니는 커피를 식탁에 올려놓았다. "기차 오는 소리 들었어요." 하고 그녀는 말했다.

— 페터 빅셀의 「딸」●

이 글은 전체적으로 '부정적'이라 할 만큼 내면적이다. 글이 보이는 것을 기술하는 것이 아니라 상상을 통해 추론하고 있기 때문이다. 이미 통

● 페터 빅셀, 책상은 책상이다, 김창주 옮김, 하늘연못, 140쪽 이하. # 표시는 필자가 임의로 한 것임.

사적으로도 부정소가 많이 존재한다는 것을 그 증거로 들 수 있다. 부정하는 양상에 따라 이 글에서 빅셀은 다양한 독법을 허용한다. (1) 부모와 대화의 장벽을 쌓고 자신만 위해 사는 딸을 비판하고 있다(모니카는 말이 없었다, 전축, 캔, 모로코제 의자, 향수, 여성 패션 잡지). (2) 딸에게만 희망을 걸고 단조롭고 수동적인 삶을 사는 부모를 비판한다(모니카에 대한 기억, 모니카가 떠난 후를 생각함). (3) 정해진 일상에, 경제적 궁핍에 몰린 사람들의 협소한 삶에 대해 동정심과 연민의 정을 표현하며 사회적인 것을 비판하고 있다(커피, 빵, 잼, 다른 할 일 없이 기다린다). (4) 시간이 지남에 따라 부모의 희망을 차츰 저버리는 딸을 비판하고 있다(착한 아이였었다, 담배 피우다). (5) 경제적 능력이 없어 도움을 주지 못해 사무실에서 일을 하는 딸에게 미안해 하는 부모의 심정을 통해 사회를 비판한다(피부가 고운(도시형), 노래를 잘한다). (6) 새로운 기술과 발전의 논리로 사회에서 소외되는 기성세대의 모습을 보여주고 있다(숙달되게 쳐 대는 계산기 소리, 속기). 이렇게 다양한 이미지로 이 글을 읽을 수 있게 하는 것은 이 글이 확정적인 수사에 의존하지 않고 개방적인 마음을 유발하는 방식으로 쓰였기 때문이다. 말하자면 이 글의 글쓰기가 자연을 모방하는 것이 아니라 부정을 통해서 상상을 그리기 때문이다.

이 글을 영화 대본이라고 생각한다면 # 표시가 된 부분으로 시퀀스가 나뉘는데 그 연결부분에 접속사가 없다. 그리고 회상을 하는 부분인지 현실인지 환상인지 또한 구분되어 있지 않다.● 동시에 각 문단이 앞에서 뒤로 또는 뒤에서 앞으로 의미를 전이시켜 새로운 의미가 만들어진다. 가령

● 이 점은 제일 앞에서 인용한 성경의 구조와 유사하다.

#3과 #4를 비교해 보자. #3에서 아버지가 자기 사무실에 있는 여직원을 보면서 무슨 상념에 잠기고 말을 한다. #4에서 딸 모니카가 등장하는 순간 아버지가 모니카에 대한 생각을 그 여직원에게 투사하였다는 것을 알 수 있다. 동시에 모니카가 그 여직원과 같기를(그 여직원처럼 행동하기를, 또는 그런 인상을 주기를) 바란다는 느낌을 갖게 한다. 이것이 귀납적 · 연역적 의미 구성이다. 마치 영화의 몽타주처럼 만들어져 있다.

여기서 보는 부정은 무엇을 부정하다는 개념이 아니다. 즉, 부정은 어떠한 관점에서, 어떠한 범주에서 보느냐에 따라 달라진다. 여기서 부정의 개념은 내포독자의 역사적(현실적) 경험이 부정되어 이미지로 변함으로써 심미적 경험이 만들어지는 경우를 말한다. 이런 방법은 부정성 연구에서 매우 중요하다. 비록 매개된 언어들(이를테면 속기, 계산기, 모로코제 의자, 전축 등)이 모두 특수한 독일의 특정한 시대(1970년대)의 사회적 실체 없이는 판단할 수 없는 것들이라 할지라도 텍스트 내에서의 맥락이 어떤 부정성을 만들어주고 있다. 가령 "우리 같은 사람들은 속기는 너무 어려워 못 할 거야."라는 문장은 오늘날 내포독자의 경우에 '나는 내 딸과 달리 컴퓨터를 할 수 없어.'라는 상상을 가능하게 하고 그런 부정성의 경로를 통하여 심미적 경험을 할 수 있는 것이다. 결론적으로 이 글은 딸을 구체적으로 서술하지 않으면서 그 딸에 대한 이미지를 구축하는 내면의 수사학을 보여주고 있다.

chapter 07

수사학의 종말

◎ 『젊은 베르테르의 슬픔』이 독일에서 출판되었을 때 독자들은 마치 성령을 받은 사람처럼 행동하였고 그들은 이 편지의 새롭고도 극단적인 언어에서 진실한 "영혼의 심연"이 "깨어지는 것"을 체험했다고 믿었다. 베르테르가 지상의 삶을 영위하는 동안 자연, 본성, 예술, 사랑이라는 그의 이상은 사람들로부터 외면당했다. 이것을 괴테는 마치 그리스도가 그의 복음을 전파하는 동안 사람들로부터, 즉 율법을 지키는 자들로부터 외면당한 것과 같다는 의미로 파악하였다. 그래서 베르테르는 슬픈 것이 아니라 고난을 당하는 것이다.● 베르테르는 내면세

● 원제 'Die Leiden des jungen Werther'의 'Leiden'은 십자가의 고난을 말한다. 그런데 슬픔이라고 번역한 것은 이 작품을 내면적으로 보지 않고 외형적으로 파악한 결과이다.

계를 체험할 것을 다음과 같이 권고한다. "그대 선한 영혼이여 […] 그이처럼 고난에서 위로를 얻을지라. 그리고 운명이나 실수로 인하여 어느 누구도 가까이 할 수 없을 때가 오면 이 작은 책이 친구가 되게 하라." 베르테르의 내면세계는 어떤 외부세계와도 공유할 수 없는 것이다. 그는 호메로스와 오시안을 읽고 자연에 심취하고 자연을 그리며, 다른 사람의 약혼녀를 유혹하고, 나르시시즘에 빠지고 결국에는 자살하고 만다. 그래서 그 어떤 성직자도 그의 장례식에 참석하지 않았다. 그리스도의 죽음으로 세상이 구원(죄 사함)을 받듯이 그가 세속으로부터 강한 결별을 하면 할수록 그의 내면세계는 더 구체적 이미지로 만들어진다. 괴테는 이런 상황을 '죽음에 이르는 병'이라고 명명했는데, 이런 내면의 등장은 곧 수사학의 종말을 가져왔다.

"내면"이란 우리가 일상적으로 사용하는 말로는 정의하기 어렵다. 하지만 그렇다고 부정하기는 더욱 힘든 에너지, 체험, 마음의 동요, 아니면 18세기 서구인들이 말하는 대로 감성, 마음, 느낌의 동요를 말한다. 이것은 말하자면 외부세계에서는 직접적으로 볼 수 없고 파악할 수 없는 내성적內省的 통찰을 통해 경험할 수 있는 것이다. 그리고 공간적인 은유인 '내면'이란 신체의 '표면' 아래에서 일어나는 과정들에 아주 적합한 말이다. 마음이란 것이 보이지 않으므로 그에 대한 우리의 상상은 불가피하게 그것을 공간화하였다. 그런 만큼 '심층'이라는 숨겨진 영역을 그려내기 위한 노력도 클 수밖에 없었다.

지그문트 프로이트와 칼 구스타브 융은 각기 정신분석과 심층심리학이라는 말을 만들어 낸 사람들이다. 이들은 우리의 외부적 행위, 말이 내부적 욕망과 상치되는 경우가 많다는 것을 발견하였다. 언어적 표현을 통하여 우리는 마음을 추론할 수밖에 없는데, 그 언어적 표현의 문법적 · 논리적 실수는 "무의식적이거나 침묵한 체험 내용"의 결과로 해석할 수 있다는 것이 이들의 주장이다.● 그러한 실감 나지 않는 수사적 표현방식들이 독일문학의 초기에도 존재했는데 고트프리트 차이시히가 1750년 전후의 독일 극작품을 대조 · 비교함으로써 이를 발견하였다.●● 고트셰드의 『죽어 가는 카토』에 나오는 인물들을 보면 급박한 죽음의 상황과 같은 극단적인 상황에서 "절대적 편안함"을 빼앗기지 않고, 또 "그런 편안함으로 말을 마음대로 할 수 있다."는 사실이 현대의 독자로서는 이상하게 여겨질 뿐이다. 마치 앞에서 인용한 바 있는 호메로스의 영웅들이 목숨을 거두는 절체절명의 현장에서 태연히 말하는 것과 흡사하다.

> 포르티우스 : 아버지! 돌아가시면 안 돼요.
>
> 카토 : (사람들이 그를 업고 온다) 됐네, 나를 여기 앉히게. 걱정하지 마라 아들아, 걱정 말라니까! 내가 말하기가 힘 드는구나. 포르티우스 가까이 오너라. 우리 친구들은 어떻게 되었느냐? 모두들 배는 탔는가? 모두들 적들로부터 도망쳤는가? 내가 그들을 도울 수는 없는지 말해 보렴. 너는 절대 적들에게 자비를 베풀어서는 안 된다. […]
>
> 아르타바누스 : 운명하신다!●●●

● 프로이트는 잠재몽과 현재몽의 구별을 통해 이 점을 강조한 바 있다. Vgl. Sigmund Freud, Vorlesungen zur Einführung in die Psychoanalyse, Frankfurt a.M., 1940, pp. 111~113.

●● Gottfried Zeißig, Die Überwindung der Rede im Drama, Leipzig, 1930(Nachdr. Bielefeld, 1990), pp. 47~49.

●●● Johann Christoph Gottsched, *Sterbender Cato*, Stuttgart, 1966, pp. 83~84.

이 대화에서 "한 번도 화자는 합당한 표현을 얻고자 애쓰지 않았으며, 한 번도 자신의 감정에 압도당한 표현을 주저하지 않는다."● 쉽게 말하면 무슨 관심이 그렇게 많고 할 말은 다 하느냐는 것이 주안점이다. 한국의 사극을 볼 때도 이와 비슷한 현상을 발견하곤 하는데, 아무런 생각 없이 보는 관객에게는 당연할지 모르겠지만 이는 실제 상황에는 맞지 않는 수사적인 장치일 뿐이다. 결국 이 작품에는 이론적 성찰과 문학적 실제 사이의 무분별함이 지배적으로 작용하고 있다고 말할 수 있다. 말로는 상황을 잘 표현했으나 그런 상황이 실제로는 일어나지 않는다는 뜻이다. 죽어가는 사람이 할 말을 다 하고 죽는다는 것은 이미 우리들로서는 식상한 일임에 틀림없다. 하지만 독일 작가 렌츠의 『가정교사』에서는 상황이 전혀 다른 방식으로 묘사된다. 이 극작품에서 아버지는 가정교사가 자기의 딸을 유혹하자 딸이 연못으로 도망가 물에 빠지려 할 때 이와는 전혀 다른 어법으로 말을 한다.

> 이 딸아 – 내가 너와 함께 한 번 더 이 연못에 왔어야 했는데 (그녀를 연못 쪽으로 보게 하며) – 하지만 우리가 수영을 배우기 전에는 수영을 하고 싶지 않잖니, 내 생각은 그래. – (그녀를 가슴에 안는다) – 오, 내 소중하고도 귀한 딸아! 내가 너를 다시 안아볼 수 있다니, 이 나쁜 년! (그녀를 데리고 간다)●●

재치 있지만, 화가 난 아버지의 말과 행동은 앞뒤가 너무나 안 맞고 상

● Zeißig, ebd.
●● Jakob MichaelReinhold Lenz, *Der Hofmeister* (Vierter Akt, Fünfte Szene).

황에도 적절치 못하다. 그러나 내적 표현으로서는 아주 자연스럽게 그려진다. 그래서 그런 말이나 행동들은 그런 외부현상 뒤, 즉 내면에 있는 근심, 분노와 행복이 동시에 엄습한 사랑의 마음이 이루어 낸 내적 동요를 환기하고 있다. 다시 말해 말과 정황이 전혀 맞지 않지만 실제로 사용하는 말보다 훨씬 더 물씬하게 아버지와 딸의 관계, 그들의 내면이 잘 나타나 있다. 이 극작품에서는 말로 할 수 있는 대화와 말로 표현할 수 없는 마음의 대비가 너무나도 극명하게 드러나 있다. 인생의 극적인 순간에 우리는 하고 싶은 말을 얼마나 표현할 수 있는가! 서구적 문학 전통에서 – 만약 한국문학사를 독자적인 문학사로 제외시키고 싶다면 – 언제부터 이런 수사학의 포기 내지는 내면성의 등장이 가능했던가. 그것은 아마도 몽테뉴와 세르반테스에서부터 시작되었다고 보는 것이 옳을 것이다.

흔히 '수필'이라고 생각하는, 그래서 『수상록』이라고 번역한 몽테뉴(1533~1592)의 저서 『essai』에서 'essai'는 무엇을 '시도하다', '시험해 보다'는 뜻을 지니고 있다. 이 책은 '무엇'을 시도하고 '무엇을' 시험해 본다는 말인가? 내 생각에는 글쓰기의 새로운 방법을 시도하고 시험하고 있는 것 같아 보인다. 몽테뉴는 『수상록』의 서문에서 "지금까지 학자들은 책에 대해 이야기했으나 그 대상이 지금은 나 자신이다."라고 말함으로써 자신이 어떻게 살고 있으며 어떤 책을 읽고 어떻게 느끼고 생각하는지를 시험해 보고 그것을 시도함을 분명히 밝히고 있다. 몽테뉴는 미루어 보건대 교육이라는 것이 단순한 암기, 즉 문헌학자들의 대상해석이 아니라는 점을 강조한 듯하다. 교육이라는 것은 실제로 응용될 수 있는 것을 의미하기 때문이다. 그의 견해에 따르면 책으로만 주어지는 기억된 지식이 아니라 삶의 경험에서 비롯된 지식을 습득해야 한다는 것이다. 그는 말한다. "직접 알게 된 것은 그 본보기나 책을 보지 않고도 언제나 가지고 있는 법이다." 그리고 "학생은 사물에 대한 훌륭한 지식을 갖춰야 한다. 그러면 언어는 넘칠 정도로 뒤따르게 마련이다. 언어가 따라오려 하지 않으면 학생은 그 머리칼을 잡아 끌어당기게 될 것이다." 몽테뉴는 언어적 지식을 잊어버리고 경험적 지식으로 대체할 것을 요구하였다.

몽테뉴에 따르면 수사학이 암기와 기술로 점철되어 있는 데 비해 내면은 새로운 창의성을 요구한다. 인류학에 관한 논문에서 칸트는 "재사(才士 : Witzling)의 기억이 충실한 경우는 드물다."라고 말한 적이 있다. 그가 이 문장에 라틴어로 "ingeniosis non admodum fida est memoria"라고 병기하고 있는 것을 보면 독일어 'Witzling'은 독일어 원뜻 '기지 있는 사람'으로 번역할 수 없다. 오히려 이때 사용한 '재사'라는 말은 라틴어 'ingenium(천재)'이다. 일반적으로 천재는 기억력이 좋다고 생각하는데, 칸트는 왜 천재가 기억이 충실하지 못하다고 한 것일까? 이 문제를 우리는 몽테뉴의 경우에서 이미 살펴보았지만 문학작품 『돈키호테』에서 더 분명히 찾아볼 수 있다. 왜냐하면 돈키호테의 행위는 전승과 모방으로 이루어진 수사학으로부터 탈출하려는 욕망에 의해 이루어졌기 때문이다.

> 무료하신 독자 여러분, 내 두뇌의 소산인 이 책이 더할 나위 없이 아름답고 고상하고 재치 있는 것이 되기를 바란다는 것은 저자로서 구태여 맹세까지 하지 않아도 잘 알아주실 줄 믿습니다.
> 그러나 나는 자연의 법칙을 거역할 수 없는 것입니다. 왜냐하면 천지간의 뭐든 자기와 닮은 것을 낳기 마련이니까요. 그러니만큼 원체 모자라고 메마르고 가꾸기조차 잘 못한 내 재주인지라, 기름기 없이 말라비틀어지고 변덕스러운 데다가 어느 누구도 상상할 수 없는 별별 상상을 다 하는 – 말하자면 괴로움과 구슬픈 소리들로 가득 찬 감옥에서나 태어

날 그런 녀석 말고는 무엇을 만들어낼 수 있겠습니까?

고요함, 아늑한 장소, 아름다운 들, 맑은 하늘, 졸졸 흐르는 냇물, 정신의 안정, 이런 것들이야말로 메마른 시정詩情을 풍요롭게 해주고, 세상을 놀라움과 기쁨으로 넘치게 하는 작품을 낳게 하는 데 큰 구실을 하는 것입니다.

아무리 못생기고 예쁜 구석이라곤 하나도 없는 자식을 가진 아비일지라도, 사랑에 눈이 어두워 제 자식의 결점은 보지 못하고 도리어 그것을 재능과 장점으로 여기어, 제 친구들에게는 똑똑하고 잘난 것으로 얘기하는 경우도 있을 수 있는 것입니다.

그런데 돈키호테의 아비 같으면서도 실상 의붓아비일 뿐인 나는 시속의 풍습을 따라가고자 하지는 않겠습니다. 더구나 친애하는 독자들이여, 나는 남들이 하듯이 눈물까지 흘려가면서, 그대들이 보시는 대로 내가 낳은 이 녀석의 결점을 용서해주고 눈감아 주시라고 청하지도 않겠습니다. 왜냐하면 그대는 그의 아비도 친구도 아닐뿐더러, 그대의 몸속에 그대의 영혼과 자유 의지를 당당하게 지니고 있으면 왕이 세금을 거두어들이는 것처럼 그대도 그대의 집안에서는 마음대로 호령할 수 있기 때문이며 또 흔히들 말하는 것처럼 망토 밑에 있으면 왕이라도 죽일 수 있다는 속담도 있기 때문입니다.

요컨대 특별히 고려를 하거나 의무를 짊어질 필요가 없다는 것입니다. 그러므로 그대가 보시는 대로 이 이야기에 대해서 말씀하실 수 있습니다. 나쁘게 말씀하셨다고 해서 욕을 먹거나, 좋게 말씀하셨다고 해서 상을 받으실 염려라곤 조금도 없으니까요.

내가 보여드리고 싶은 것이란 서문序文이라든지 의례 있는 소네트나 풍자 같은 너절한 것들로 책머리를 장식하여 놓는 그런 것이 아니라,

그저 있는 그대로 탁 터놓고 하는 이야기뿐인 것입니다.

사실을 말씀드리자면 이 책의 본문을 엮을 때도 꽤나 힘들었지만, 지금 여러분이 읽고 있는 이 머리말이야말로 정말 까다로운 것이었습니다. 나는 이 머리말을 쓰려고 몇 번이나 붓을 잡았다가도 무엇을 써야 할지 몰라서 붓대를 던져버린 것이 한두 번이 아니었습니다.

한번은 종이를 앞에 놓고, 붓대를 귀에다 꽂고, 팔꿈치는 책상에, 손은 볼에 댄 채 무엇을 쓸까 하고 고민하고 있을 때, 뜻밖에도 아주 상냥하고 똑똑한 내 친구 한 사람이 찾아왔었습니다. 그는 내가 깊은 생각에 잠겨 있는 것을 보고 그 까닭을 물었습니다. 나는 숨기지 않고 돈키호테 전傳에 붙일 머리말을 구상하고 있다는 것과, 그것이 하도 어려워서 훌륭하신 기사騎士의 위업을 세상에 알리는 것도 그만두어야겠다고 말했습니다. 이어서 나는 말하기를,

"글쎄, 내가 골치를 앓고 있는 이유야 뻔하지 않나. 벌써 몇 해를 침묵과 망각 속에 잠을 자고 난 내가 앞으로 할 말도 많지 않는데, 골풀처럼 야위고 독창성도 없고 서투른 문장에다 사상조차 빈약하고 학식과 교리도 아울러 모자라는 전기를 쓴다면 만고불변의 입법자라 불리는 독자들이 무엇이라고 하겠는가. 다른 책들을 보면 아무리 엉터리고 속된 것일지라도 아리스토텔레스며 플라톤, 그리고 기타 모든 철학자들의 인용을 가득 실어서 독자들이 경탄하며 그 저자들은 다독多讀 해박한 문장가로 간주하게 되는데, 그런 식의 난외欄外나 권말의 주註들이 내 책에는 없으니 말일세. 어디 그뿐인가. 그들이 성서를 인용할 때는 또 어떤가. 그 구성을 보면 어찌나 묘하던지 한 줄에는 풋사랑이 그려져 있는가 하면, 또 다른 줄에는 듣고 읽기에 마음이 흐뭇해지는 설교가 있어 그들이야말로 모두가 성 토마스 아퀴나스가 아니면 교회의 성직

자들임에 틀림없지. 그런데 내 책엔 전혀 그런 것이 없단 말일세. 난외나 권말의 주 또는 남들처럼 책머리에 어떠어떠한 저자들을 참고했답시고 아리스토텔레스로부터 시작하여 제노폰테, 그리고 소일로와 세욱시에 이르기까지 - 사실 이 중의 한 사람은 독설가이고 또 한 사람은 화가이지만 - 알파벳순으로 늘어놓은 것이 없는 까닭이네. 그뿐 아니라 내 책에는 권두卷頭의 소네트도 없다네. 말하자면 귀족들이나 주교主敎들이나 고귀하신 귀부인 또는 시인들이 지은 소네트가 없다는 말이네. 하기야 나라고 해서 마음씨 좋은 두세 친구들에게 그만 한 것쯤이야 부탁 못 할 것도 없지. 그렇게 하면 그들이 선뜻 해줄 것도 잘 알고 있고, 그리고 그것이 우리 스페인에서 가장 유명한 시인들의 작품보다 더 훌륭한 시가 되리라는 것도 잘 알고 있지만 말일세."●

이야기를 요약하면 저자는 기존의 수사학이나 그 수사학에 바탕을 둔 여러 가지 기억을 그대로 재현할 수도 없거니와 그럴 필요도 없다는 것을 피력하고 있다. 즉, 작자는 "시속의 풍습을 따라가지" 않겠다는 것이다. 그러면 "종이를 앞에 놓고, 붓대를 귀에다 꽂고, 팔꿈치는 책상에, 손은 볼에 댄 채 무엇을 쓸까" 하고 고민하지 않을 수 없다. 그렇게 된 이유가 바로 저자에게 있음을 그의 친구는 다음과 같이 말해 준다. "하늘과 땅 사이가 먼 것처럼 자네도 똑똑한 것과는 아주 거리가 멀구먼. 도대체 자네같이 뛰어난 재주를 가지고 그 따위 하찮고 쉬운 일들 때문에 고민을 하다니, 이게 어찌된 일인가. 더구나 이보다 훨씬 더 어려운 일들도 자넨 거뜬히 해

●미겔 데 세르반테스, 돈키호테, 박철 역, 시공사, 2004, 서문.

치워버리지 않았던가. 그건 재간이 없어서 생긴 것이 아니라, 지나친 게으름과 사리판단의 결핍에서 오는 것이네." 이것은 곧 돈키호테가 차분한 기질의 주인공이 아니라 감상적, 즉 천재적 기질의 주인공이기 때문에 문제가 발생한다는 것을 의미한다. 그것은 글의 부제 "천부적 재능을 지닌 만차의 귀족 돈키호테"에도 분명히 드러나 있다. 그러므로 이 서문은 돈키호테, 즉 세르반테스 이야기의 방식이 전승된 것의 반복, 실재하는 것에 대한 서술이 아님을 말해 준다. 그는 모든 것을 잊어버리고 그의 기이한 행적에 대해서만 집중하라고 친구로부터 권고 받는다.

서구에서 내러티브에 관한 한, 새로운 문화가 시작되는 순간이다. 이제 내러티브는 서서히 수사학적으로 가르치는 것을 접고 창의력을 중심으로 펼쳐지게 된다. 돈키호테가 풍차를 보고 거인이라 하고, 이발사의 놋대야를 보고 기사의 황금투구라 하면서 사냥연습이나 재산관리 같은 현실의 일을 깡그리 잊어버리는 경우를 두고 하는 말이다. 그의 기사적 망상이 실제로 세상의 망각을 전제로 한다는 것은 내면의 특성, 그의 멜랑콜리를 그대로 보여주고 있다. 다시 말해, 정신병이나 망상은 세상에 존재하지 않는, 세상으로부터 인정받지 못하는 내면의 움직임이다. 돈키호테의 내면이야말로 사회로부터 정신병자 취급을 받고, 그의 오성과 상상력은 가치 있는 것으로 인정받지 못하고, 허황된 행동으로 비쳐진다. 말하자면 일상에서는 거부되는 낭만주의적 또는 문학적 천재와 광기에 속하는 것이다. 그가 보는 세상은 전도되어 있고 왜곡되어 있다. 이 전도와 왜곡이 수사학보다 훨씬 심도 있게 세상을 보여준다. 일탈이라는 것이 문학적 이미지를 만들어 낸 중요한 순간이다.

이 책의 주제가 내면의 수사학인 만큼 텍스트를 실제와 대비하기 위해 계속해서 드라마 텍스트를 살펴보는 것도 좋을 것이다. 왜냐하면 드라마에서는 텍스트의 행위와 텍스트의 서술이 극명하게 대비될 것이기 때문이다. 낯선 눈으로 바라보면서 말하기와 보여 주기가 얼마나 이질적인지 상대화할 수 있다. 게오르크 뷔히너의 『보이첵』이란 작품을 먼저 살펴보자. 게오르크 뷔히너는 인간의 실존과 사회참여 문제를 문학으로 승화시킨 작가이다. 그의 작품이 170여 년이 지난 오늘날에도 어떤 영향을 미칠 수 있는 것은 그것의 역동성과 상징성 때문이다. 냉엄한 현실의 메타포, 상징적 언어형식은 내면성을 설명하기에 매우 적합한 텍스트라고 할 수 있다. 말로 표현한 것이 수사학적으로 무엇을 지시하거나 재현하는 것이 아니라 어떤 느낌과 분위기를 전한다는 점에서 뷔히너를 따라갈 작가가 없다. 현대극의 특징은 이렇게 말과 내러티브가 줄고 비언어적 요소들이 중심을 형성한다.● 그러니까 이런 식의 텍스트는 사회적 행위와 드라마 형식의 유기적 연관성을 의미하나 사회적 행위의 재현이나 드라마적 표현의 지시성은 거의 포기된다. 그래서 이 극은 몸의 언어, 맥락의 은유적 관계 등으로 만들어져 있다. 구체적 장면을 통해서 살펴보자.

[장면 1]

[넓은 들판, 도시가 멀리 보인다]
보이첵과 안드레스가 덤불 속에서 나뭇가지를 자르고 있다.

보이첵 : 어이 안드레스, 저기 풀 위에 있는 줄무늬 좀 봐. 밤만 되면 저

● Vgl. Hans-Thies Lehmann, Postdramatisches Theater, Frankfurt a. M., 1999, pp. 81~82.

기서 사람 대가리가 굴러다녀. 한번은 어떤 친구가 그걸 집어 들고 고슴도치라고 하더군. 사흘 밤 사흘 낮 동안 관 속에 줄곧 그렇게 놓여 있었어. (소리를 낮추어) 안드레스, 비밀결사 단원들이 왔었나 봐. 틀림없어, 비밀결사 단원들이야. 쉿, 조용히 해!

안드레스 : (노래한다)

토끼 두 마리가 저기 앉아
푸르고 푸른 풀을 뜯어먹었지.

보이첵 : 조용하라니까! 뭐가 움직이고 있어!

안드레스 : 푸르고 푸른 풀을 뜯어먹었지.
잔디만은 남겼다오.

보이첵 : 내 뒤에서 뭐가 움직여. 아니, 내 발 밑이야. (발로 바닥을 두드려 본다) 텅 비었어. 들리나? 땅 밑이 비어 있단 말이야. 비밀결사 단원들이 왔었어.

안드레스 : 무서워지는군.

보이첵 : 이상하게도 조용해. 숨도 제대로 못 쉬겠어. 안드레스!

안드레스 : 왜 그래?

보이첵 : 무슨 얘기 좀 해봐! (아까 보던 쪽을 응시하며) 안드레스! 갑자기 주위가 환해지네! 하늘에서 불빛이 번쩍이고 요란한 나팔소리 같은 것이 들려오고 있단 말이야. 점점 가까이 들려! 가세, 뒤돌아보면 안 돼! (안드레스를 낚아채듯 덤불 속으로 확 끌어당긴다)

안드레스 : (잠시 후) 보이첵! 아직도 무슨 소리 들리나?

보이첵 : 조용해, 모두가 조용해. 마치 온 세상이 죽은 것 같군 그래.

안드레스 : 저 소리 들리나? 막사에서 북을 치고 있군. 우리 빨리 돌아

가봐야겠어.●

작품 『보이첵』에 나오는 제일 첫 장면인 이 장면은 시사하는 바가 크다. 전통적인 드라마라면 대사의 주제가 일관성이 있어야 하는데 여기의 대사는 일관성이 없다. 우선 보이첵과 안드레스는 대화를 한다기보다는 각자 독백을 하고 있는 듯하다. 그러므로 전통적 수사학의 관객들은 이 장면을 이해하기가 힘들다. 물론 나중에 안드레스가 대답을 하긴 하지만("보이첵! 아직도 무슨 소리 들리나?") 안드레스는 이미 보이첵이 망상과 환청에 시달리고 있고("사람 대가리", "비밀결사단원") 그의 말이 현실적 감각이 없는 소리인 줄 안다. 여기서 독자/관객들 또한 보이첵이 공포를 갖고 있다는 것을 알 수 있다. 그런 와중에도 안드레스는 민요만 부르고 있다. 그런 식으로 그가 대꾸를 했다는 것은 오히려 보이첵이 무슨 심리적 문제, 즉 불안 노이로제에 시달리고 있다는 것을 알게 한다. 이런 수사법은 가령 "보이긴 뭐가 보여! 헛소리가 들리는 모양이지? 정신 차려" 등의 대사를 사용하지 않고 있으므로 파악하기가 매우 힘들다.

우리는 이제 이런 식의 대화법을 만들어 내면의 언어를 익힐 수 있다. 이런 표현을 할 수 있기까지는 글쓰기의 새로운 철학이 필요하다. 뷔히너는 이렇게 말한다. "나는 그 어떤 형태의 존재이든 간에 거기에 생명, 즉 현존재의 가능성이 부여되기를 바란다. 그러면 그것으로 족하다. 우리는 그것이 아름다운가 추한가에 관해 물어서는 안 된다. […] 우리는 인간성을 사랑해야 한다. 그렇게 해야만 개개인 인간의 고유한 본질 속으로 파고 들어

● 게오르크 뷔히너, 뷔히너 문학전집, 임호일 옮김, 한마당, 1007, 241~242쪽.

갈 수 있다. 그 어떤 인간도 우리에게 하잘것없거나 추하게 생각되어서는 안 된다. 그래야만이 비로소 우리는 그 인간을 이해할 수 있게 된다."●

이런 내면의 수사학은 외젠느 이오네스코의 작품에서도 훌륭하게 표현되어 있다.

(영국식 안락의자가 있는 여유 있는 한 중류가정의 영국식 실내. 영국식 저녁환담. 영국식 슬리퍼를 신은 한 영국인, 스미스 씨가 영국식 안락의자에 앉아서 영국식 파이프를 피우고 영국식 난롯불 옆에서 영국 신문을 읽고 있다. 그는 영국식 안경을 끼고, 작은 회색빛 영국식 수염을 하고 있다. 그의 옆, 두 번째 영국식 안락의자에는 그의 부인 – 영국식 양말을 뜨고 있는, 한 영국 여자 – 이 있다. 긴 영국식 침묵. 영국제 벽시계는 17번 영국식으로 친다.)

스미스 부인 : … 보세요. 아홉 시잖아요. 우린 수프, 생선, 고기를 곁들인 감자와 영국식 샐러드를 먹었죠. 아이들은 영국 물을 마셨지요. 우리 오늘 저녁 잘 먹었어요. 그야 물론 우리가 런던 근교에 살고 우리가 스미스라는 이름을 가진 덕택이지요.

스미스 씨 : (신문을 계속 읽으며 혀 차는 소리를 낸다.)

스미스 부인 : 감자에 고기를 곁들여 먹으니 아주 좋네요. 샐러드 기름은 고약한 냄새가 나지 않았어요. 길모퉁이 상인의 기름

● 뷔히너, 같은 곳, 28쪽. 원문 ibid., pp. 144~145.

이 건너편 가게보다 훨씬, 훨씬 더 나아요. 심지어 아래편 해변가 상인의 기름보다도 나아요. 그렇다고 내가 너희의 기름이 나쁘다는 말을 하려는 것은 아니야.

스미스 씨 : (읽던 것을 계속 읽으며 혀 차는 소리를 낸다.)

스미스 부인 : 그래도 길모퉁이 상인의 기름이 여전히 최고지…. […]

스미스 씨 : (아직도 신문을 들고 있다.) 이건 말도 안 돼. 왜 호적 사무소 알림판에 새로 태어난 아이들의 나이를 기입하지 않고 죽은 사람들의 나이를 게시하는지 모르겠네. 정말 웃기는 일이야.

스미스 부인 : 그런 게 어디 있어요. 난 못 봤는데. (다시 한번 침묵이 흐른다. 벽시계가 17번을 친다. 휴지. 벽시계가 3번을 친다. 휴지. 벽시계가 더 이상 치지 않는다.)●

우선 이 극에서 인물들이 어떤 언어를 사용하고 있는지, 그리고 그 언어가 인물들에게 어떤 의미를 부여하는지를 살펴보자. 언어는 인물들이 하는 행동과 서로 맞지 않다. 그러나 그런 부자연스러운 대화가 진행되면서 그들 자신과 두 사람 사이의 관계는 더욱 분명해지고 있다. 위의 인용문은 『대머리 여가수』의 서두 부분이다. 이 극작품은 부조리극의 대표주자인 이오네스코의 첫 극작품인데, 1949년에 쓰였고 1950년 초연되었다. 이오네스코는 자신의 작품에 대해 다음과 같이 말하고 있다.

● Eugène Ionesco, *Mr. und Mrs. Smith. Aus : Die kahle Sängerin. Anti-Stück.* Übers. v. Serge Stauffer. In : E. I. : Theaterstücke. Darmstadt/ Berlin-Spandau/ Neuwied : Luchterhand 1985. pp. 238~243, p. 253.

> 내 처녀작 『대머리 여가수』는 우선 연극에 대한 패러디인 동시에 인간의 어떤 행동에 대한 패러디이기도 하다. 이 작품에서 나는 형식상 진부한 것을 파헤쳐 보고자 하였다. 닳아빠진 클리셰이의 밑바닥까지 내려가고 일상어의 극단적 경계에까지 과감한 돌진을 해 보았다.●

이오네스코가 영어를 배울 때 영어책에 이런 식의 대화 범례가 있었는데 스미스 씨와 스미스 씨 부인 사이의 대화로 되어 있었다. 그런데 그 범례가 너무나 상황에 맞지 않아 여기에 착안을 하여 이 극을 꾸몄다고 한다.●● 영어책에서는 'How are you?' 그러면 'I'm fine, thank you.'라는 대답이 뒤따르는데 실제 그럴 경우는 잘 없다는 것이다. 그런 책 속의 대화가 이오네스코의 눈에는 '짜고 치는 고스톱'처럼 느껴졌을 것이다. 극단적으로 진부하고, 조작된 스토리가 뻔한 클리셰이만 늘어놓은 대사였다. 무릇 학교 영어 교과서의 내용이 그러하듯이 내용이 없는 형식으로 연결된, 부분적으로 모순되고 뜻이 없는 문장으로 일관하고 있다.

비록 형식적으로는 규칙에 따라 만들어져 있으나 상호행위라는 관점에서는 기능을 할 수 없는 문장의 나열일 뿐이었다. 그곳에서는 감정도 만들어지지 않고 전달하려는 내용도 없다. 그러므로 언어적 소통은 없는 셈이며 그것은 자폐아가 말하는 언어일 뿐이다. 위의 대사에서도 인물들은 더 이상 생각하지도 느끼지도 않기 때문에 사회적 · 개인적 정체성을 상실했다. 그러나 이런 것이 드라마로 만들어져 무대에 올려질 때는 상황이 다

● Eugéne Ionesco, Ganz einface Gedanken über das Theater. Übers. v. Reinhard Trachsler. In : Das Abenteuer Ionesco. Beiträge zum Theater von heute, Zürich, 1957, p. 21.

●● Martin Esslin, Das Theater de Absurden, Reinbek, 1965, pp. 105~106.

르다. 이오네스코는 이렇게 말한다.

> 스미스 부부는 이제 더 이상 서로 대화를 나눌 수가 없다. 그들은 더 이상 생각할 수가 없기 때문이다. 그들은 더 이상 사고할 수가 없다. 그들은 더 이상 열정을 느낄 수 없기 때문에 서로 마음이 통하지 않는다. 그들은 자신들의 정체성을 상실했기 때문에 이제 더 이상 존재할 수가 없다.●

더 이상 열정을 낼 수 없는 상황을 수사학적으로 말하면 어떨까? "난 당신에게서 사랑을 느낄 수 없어요.", "당신은 이제 저에겐 낙조일 뿐이에요."라고 말한다면 수사학적 전통을 갖고 있는 것이다. 이렇게 되면 진부한 대화가 될 뿐이다. 하지만 말하지 않는 내면의 언어는 대화의 기능과 효과를 중시한다. 그리고 상황에 부적절한 말을 하지만 삶의 모습을 수사학적 기술보다 더 명료하게 환기한다. 언어가 자동화되어 흘러 버리게 되는 것을 막고, 전적으로 생각하는 것으로부터 해방되어야 한다.

가령 "A: 왜 그래, 날 사랑하지 않는 거야? B: 나 빨리 가야 돼. 지금 약속이 있어."와 같은 식으로 대화가 전개되면 굳이 위에서 말한 것처럼 '당신을 사랑하지 않는다.'느니 '낙조'라느니 하는 수사학적 대화방법을 사용하지 않고도, 그 사람을 사랑하지 않는다는 것을 관객들이나 독자들이 얼마든지 알 수 있다. 다시 말하면 직접적으로 말로 표현하는 것은 형식적인 미사여구에 불과하지만 말로 표현하지 않는 내면의 수사학은 두

●앞의 책 p. 110에서 재인용.

사람 사이의 관계를 더욱 적절히 보여 준다. 이런 보여 주기는 상대방과 직접적으로 대화하지 않고도 의사소통이 되게 한다. 뿐만 아니라 이런 언어구조를 통해서 드라마가 말하고자 하는 것은 표현 밖에 놓인 마음을 재현하는 것이다. 이런 드라마는 자기 확신이 있고, 언어와 대사가 직접적이지는 않지만 서로 유기적인 관계에서 의미 있는 극 전개가 일어날 수 있도록 해야 한다. 그것은 수사학적인 내용을 내면적 언어로 전환했을 때 더욱 구체적으로 나타난다. 그렇게 됨으로써 우리는 또한 대화의 내용이 의미가 없어질(진부해질) 뿐만 아니라 모범적인 인물들이 사라지고 그들의 행동은 무의미해진다는 것을 알 수 있다.

일반적으로 이런 내면적 구조화가 수사학적 문학에는 대부분 배제되어 있다. 반대로 내면적 문학에는 오락적 요소가 배제되어 있다. 한국문학이 전체적으로 내면성이 배제된 것은 아니지만 이런 수사적 성향이 지배적이다.

> 이주 어렸을 적에는 어른들이 항상 둘씩 붙어 있었던 것 같았는데 나도 모르는 사이에 각기 떨어져 살게 되었다는 내용이었다. 어느 날 우연히 그걸 떠올리자 나는 갑작스레 그 까닭과 시기가 궁금해져서 가장 기억이 생생하고 증거도 쉽게 댈 수 있는 사촌 형수에게 물어보았다. 그때만 해도 그녀는 내게 아직 뒷날 같은 표독을 부리지 않고 있었다.
>
> [새아지매, 새아지매는 언제 큰형과 떨어졌노?]
>
> [아이, 데련님, 그기 무신 말입니꺼?]
>
> 사촌 형수는 또 무슨 뚱딴지같은 소리냐고 묻는 듯한 눈길로 나를 보며 말했다.
>
> [전에는 큰형님하고 붙어 있었던 것 같은데 언제 떨어졌노, 이 말이라]

[별소릴 다하네예, 지가 언제 ……]

[새아지매도 참 – 이래 붙어가지고 누워 있기도 하고 앉아 있기도 안 했나?]

나는 마주보고 끌어안는 시늉까지 해보이며 물었다. 그녀는 이미 결혼한 지 4년이나 되었고, 말하는 나는 겨우 국민학교에 입학한 때였지만, 웬일인지 사촌 형수의 얼굴이 갑자기 붉어졌다. 그러나 다소 마음에 걸렸지만 나는 내친김이라 계속했다.●

이 글을 수사학적으로 읽으면 재미있는 이야기가 되지만 사실성을 따진다면 엉터리 같은 이야기에 불과하다. 특히 글쓰기의 사회학적 목표가 루카치가 말한 "선험적 고향"을 문제시하는 것이 아니라 '무릉도원'을 찾는 것처럼 보인다. 그렇기 때문에 화자가 쓰는 상대방에 대한 표현 또한 상대에 대해 적대적이지가 않다. "새아지매", "그녀", "사촌 형수"와 같은 한 사람에 대한 다양한 표현은 그녀가 화자의 내면적 '적'이 아니라 외형적으로 조화롭게 살아야 할 상대임을 알게 해준다. 여기에 화자의 개입이 – 이것은 문화소라고 보아진다 – 눈에 띄게 적극적인데, 그것은 "국민학교"에 갓 들어간 학생이 이런 다양한 표현을 하기란 어려울것 같아 보인다. 그리고 화자가 제일 먼저 궁금해 했던 것은 "사촌 형수가 붙어 있는 것"이 아니라 "어른들이 항상 둘씩 붙어 있는 것"이었다. 그러므로 이에 대해 물어보려면 질문이 텍스트에 있는 내용과는 다르게 진행되어야 했을 것이다. 그리고 "형님"이 그렇게 무서운 줄 아는 "국민학생"이 그런 많은

● 이문열, 이문열 중단편집, [타오르는 추억], 열린책들, 1993, 239쪽.

질문을 했을 리가 만무하다. 아마 한 번쯤 물어보았을 수도 있다. 하지만 그 강도를 높이기 위한 수사학적 요소로 몇 번씩이나 물어본 것이다. 이런 한국적 요소를 객관적으로 엿볼 수 있는 대목이 노벨문학상 수상작가인 엘프리데 옐리네크의 소설 『피아노 치는 여자Die Klavierspielerin』에 있다.

> 에리카는 한국 학생들에게 슈베르트의 음악정신에 위배되는 죄악이 무엇인지 낯선 언어로 가르치고 있다. 알프레드 브렌델의 레코드 판을 따라 연주하지 말고 느낌을 가지고 연주하라고 가르치는 것이다.●

이런 '느낌 없음'은 그 "한국 유학생"에게 슈베르트의 음악이 단지 낯선 음악이기 때문에 발생된 것은 아니다. 이 소설 전체를 관류하는 "슈베르트의 정신"은 곧 이 작품의 내면성에 대한 은유이기도 하다. 그렇게 본다면 "무감각한 방식"으로 연주하는 "한국 학생"은 실제의 학생이 아니라 한국의 글쓰기 문화를 대변하는 상징이기도 하다. 다시 말하자면 알프레드 브렌델의 음악 패턴대로 연주한다는 것은 곧 수사학적 전형을 따라 글을 쓰는 한국 문화와 유사하다. 내면이란 자기의 특수한 기억이 있는 곳이고 거기에서는 외부가 서로 다르게 굴절되므로 알프레드 브렌델을 모방해서 피아노를 연주하는 것이 아니라 자기의 느낌에 따라 연주를 하게 한다. 이런 의미에서 "에리카는 그릇된 정신으로 작품을 연주하는 것은 기술적으로 서툰 연주보다 훨씬 해로운 것"●● 이라고 시험 전에 학생들에게 경고하고 있다. 이런 내면성은 이 작품에 있어서, 전체적으로 진행을 더디게 하

● Elfriede Jelinek, Die Klavierspielerin, Hamburg, 1983, p. 142.
●● 엘프리데 옐리네크, 피아노 치는 여자, 이병애 옮김, 문학동네, 1997, 37쪽.

고 한국의 독자들이 지겹거나 무슨 뜻인지 모를 정도로 어렵게 느끼도록 만드는 주범이다. 이 경우 어떤 특정한 소설이 어렵다는 것은 그것이 낯설다는 의미이지 소설 자체가 어렵다는 뜻은 아니다. 독자나 관객이 내면성의 언어나 상징을 좀 더 많이 이해하고 마음을 보여 주는 대화법에 익숙해진다면 큰 어려움 없이 이해할 수 있을 것이다.

이런 방식은 쥐스킨트의 『콘트라베이스』에도 적용된다. 이 작품을 읽어 본 독자라면 알겠지만, 너무도 재미없는 내면성 때문에 독서를 중도에 포기할 정도이다. 또 처음 이 글을 읽는 독자들은 무슨 말을 하는지 모를 정도이다.

〈방 안, 전축에서 브라암스의 교향곡 제2번이 흘러나온다. 누군가 곡에 맞춰 콧노래를 부른다. 멀리 사라져갔다가 다시 되돌아오는 발자국 소리, 병마개 따는 소리, 맥주를 컵에 따르는 소리가 이어진다.〉

잠깐만 기다려 보세요……. 지금! 이 소리 들리지요? 이거요! 지금 이거요! 들리세요? 조금만 있으면 다시 나올 겁니다. 똑같은 마디거든요. 잠깐만요.
이거요! 들으셨지요! 베이스 소리 말입니다. 콘트라베이스요…….

〈음반 위의 전축 바늘을 제자리로 옮겨 놓자 음악 소리가 끝난다.〉

……제가 한 겁니다. 정확하게 말하면 우리가 연주한 거지요. 동료들하고 제가 말입니다. 우리는 국립 오케스트라에 소속되어 있는 단원들입니다. 브라암스의 교향곡 제2번. 대단히 감동적인 음악입니다. 저 곡을

> 연주했을 때 우리는 모두 여섯 명이었습니다. 중급 정도로 구성된 인원이지요. 우리가 전부 다 모이면 여덟 명입니다. 어떤 때는 외부에서 초빙한 사람까지 합해 열 명이 함께 연주할 때도 있습니다. 심지어 언젠가는 열 두 명이나 되는 인원이 함께 연주한 적이 있기도 했지요. 엄청난 인원입니다. 정말 굉장히 많은 숫자입니다. 콘트라베이스 연주자가 열 둘이라면 이론적으로 따져 보더라도 오케스트라 단원들을 제대로 형태를 갖춰서 무대에 다 올려놓지도 못합니다. 물리적으로만 따져 봐도 불가능합니다. 다른 악기 연주자의 인원을 부득이 줄일 수밖에 없는 상황이지요. 하지만 우리를 빼놓으면 아무것도 되지 않습니다. 사람들에게 다 물어보시라고요. 지휘자는 없어도 되지만, 콘트라베이스만은 빼놓을 수 없다는 것을 음악을 아시는 분이라면 누구나 인정할 겁니다. 수백 년 동안 오케스트라는 지휘자 없이 잘 해 왔었습니다.●

제4장에서 제시한 바 있는, 돌이나 우산 형상과 색채로 내면 만들기에서처럼, 내면이란 세상의 잡다한 모든 것에 관심을 두는 것이 아니라 대체로 하나의 대상에만 관심을 둔다. 위의 글에서도 마찬가지다. 애써 들리지 않는 소리를 들으라는 화자의 모습이 그려질 뿐 아니라 그의 신분과 그의 내면이 어떠한지 한눈에 들어온다. 콘트라베이스는 대체로 눈에 띄지 않는다. 그는 이 점을 자신의 신분과 유사한 은유적 체계로 이야기하고 있다. 콘트라베이스가 중요하다는 것을 집요하게 인식시키려는 태도에 많은 독자들은 당혹스러울 것이다. 하지만 외롭거나 소외된 상처를 갖고 있는 사

● 파트리크 쥐스킨트, 콘트라베이스, 유혜자 옮김, 열린책들, 1996, 7~8쪽.

람이라면 이 글을 재미있게 읽을 수도 있다. 내면을 구조화하는 것은 비단 책의 내용뿐 아니라 제목을 정하는 데도 마찬가지로 적용된다. 헤르만 헤세의 『데미안』은 그 제목에서부터 우리의 상식과는 거리가 있다. 데미안이라는 제목도 원래는 '에밀 싱클레르'로 붙였어야 할 것인데, 나는 처음에 매우 놀랐다. 소제목들도 마찬가지다.

차례

1. 두 세계
2. 카인
3. 예수 옆에 매달린 도둑
4. 베아트리체
5. 새는 알에서 나오려고 투쟁한다
6. 야곱의 싸움
7. 에바 부인
8. 종말의 시작

그러나 잘 생각해 보면 데미안은 싱클레르의 다른 이름인 것처럼 소제목들도 연대기적이거나 사건의 이름이 아니라 내면의 이름으로 되어 있다. 이런 방법, 즉 심리적 상황을 연출하는 것은 카프카의 소설 『변신』, 『성』이나 『소송』 등에도 잘 나타난다. 수사학에 익숙한 사람은 이런 글들을 읽는 데 힘이 든다. 릴케의 『말테의 수기』, 토마스 만의 소설 『마의 산』 또한 주제의 설정 자체가 한국의 독자들에게는 낯선 어떤 것이다. 낯설다는 것은 새로 발견한 것일진대 글쓰기 방식의 차이를 말한다.

20세기 독일문학의 거장 베른하르트 또한 이런 내면성에서 멀리 물러나 있지 않다. 그는 『옛 거장들』의 등장인물 레거를 통해서 책 읽기에 대해서 언급하고 있다.

> 나는 내 생애에 단 한 번도 책 한 권을 완전히 다 읽어 본 적이 없습니다. [⋯] 반드시 괴테와 칸트의 작품 전체를 다 읽을 필요는 없습니다. '젊은 베르테르의 슬픔', '친화력'의 몇 쪽만을 읽으면 우리는 마지막에 우리가 그 책을 처음부터 끝까지 읽었을 경우보다 더 큰 만족을 얻고 이 두 책에 대해 더 많은 것을 알게 됩니다. [⋯] 우리는 완결되지 않은 작품들에서 바로 최고의 기쁨을 얻습니다. [⋯] 어떤 완벽한 것을 불완전한 것으로 바라보게 되면, 그때서야 우리는 큰 기쁨, 때에 따라서는 최고의 기쁨을 얻습니다.●

어떻게 글을 쓰면 읽는 사람이 "몇 쪽만을 읽는데" 전체를 읽는 것보다 더 큰 만족을 얻을 수 있을까? 약간의 과장이 있다손 치더라도 사실은 『빌헬름 마이스터』, 『모모』, 『좀머 씨 이야기』, 『파우스트』 그리고 위에서 열거한 작가들의 작품 모두 이런 경향성을 띠고 있다. 왜냐하면 독문학은 어떤 사회적 내용을 골자로 한 사회소설이 아니기 때문이다. 이런 내면적 문학의 불완전한 문체, 언어 이전의 내면적 상황을 지시하는 의도적 불분명함은 개개의 장르나 어느 한 시대에만 국한된 것이 아니다. 이런 문학은 완성품을 요구하는 한국의 독자나 관객에게는 불편한 것들이다.

● 토마스 베른하르트, 옛 거장들, 김연순 · 박희석 옮김, 현암사, 1997, 34~35쪽.

디드로는 『귀머거리와 벙어리 서간』이라는 작품을 통하여 문학을 전통적 수사학의 독재로부터 해방시키고자 하였다. 유럽의 문학에서도 18세기가 되어서야 처음으로 이런 새로운 수사법이 시작되었다. 그것은 글의 정직성을 훼손하지 않는 범위 내에서 가능한 새로운 수사법이다. 텍스트의 의사소통이란 표현시학의 모순(말할 수 없는 것을 말하기 위해 우리는 말을 해야 한다)으로, 그것에 대해 한 번도 생각해 본 적이 없는 듯이 조심스럽게 일어나야만 한다. 루소의 서간체 소설 『누벨 엘로이즈』가 연인과 그들 친구들의 서신왕래를 토대로 정열까지도 사회적 사건이 되게 하고 있는 데 비해, 상당 부분 이 소설을 본보기로 한 괴테의 『젊은 베르테르의 슬픔』은 사랑하는 자의 고독한 서신들이 마치 대답 없는 독백처럼 존재한다. 이것은 18세기와 19세기 소설의 전범이 달라졌음을 의미하는 것이다. 루소의 글은 비밀을 찾는 듯하나 엽서에 쓴 편지 같은 면을 보여 준다. 그에 반해 내면적인 소설 『젊은 베르테르의 슬픔』은 베르테르의 감정이 다른 사람에게 이해되지 않은 채로 남는다는 것을 보여 줌으로써 독자가 스스로 의미의 부재를 메우게 한다. 수사학에서는 글이 유쾌하게 세속적으로 읽히는 데 비해 내면의 문학에서는 진지하게 시적으로 읽힌다.

이런 내면성의 언어들은 이미 독일의 낭만주의 문학에서 집중적으로 많이 생산되었는데 그 이유는 이 시기가 전통적인 수사학에서 해방되는 시기임을 말해 준다. 괴테의 '미뇽'이 풍기는 인상, 슐라이어마허의 해석학, 랑케의 역사해석학, 프로이트의 정신분석학, 노발리스의 광산학, 뷔히너의 자연과학적 문학인식, 빙켈만의 고대, 하인리히 슐리만의 트로이아 발굴 같은 데서 이런 보이지 않는 부분의 드러냄이 여지없이 발휘되고 있다. 따라서 외국 문학이나 언어에서 번역하기 힘든 추상 언어, 이를테면 '불멸의', '신적인', '성스러운', '숭고한', '도취', '계시', '진리', '내면', '영혼', '고양', '중생', '이상주의', '신화', '감상문학', '풍성함', '마음 깊은 곳', '샘솟는' 등은 바로 내면의 발견에서 출발한 언어다. 이런 언어에는 오락성이 결핍되어 있으며 산문조차도 은유적 구조로 만들어져 묵직함으로 드리우고 있다. 프란츠 카프카의 「귀향」이라는 글을 보자.

> 나는 집으로 돌아와 마당을 가로질러 건너갔다. 그리고 한번 둘러보았다. 여기가 바로 내 아버지의 오래된 집이다. 마당 가운데는 웅덩이가 있다. 그리고 오래되고 쓸모없는 도구들이 서로 뒤엉켜 이층 계단으로 향한 길을 막는다. 고양이는 난간에서 노려보고 있고, 찢어진 수건이 장대 끝에 걸려서 바람에 이리저리 날리고 있다. 나는 집으로 돌아왔다. 누가 나를 맞아줄 것인가? 누가 부엌문 뒤에서 나를 기다리고 있는가? 굴뚝에서는 연기가 나고 저녁식사 후에 마실 커피가 끓는다. 고향 같은 느낌이 드는가, 그리고 집에 온 느낌이 드는가? 나는 모르겠다. 그리고 확실치 않다. 이것이 아버지의 집이다. 그러나 모든 것들이 그냥 자기 일에만 골몰하고 있는 것처럼 따로따로 놀고 있다. 어떤 것들은 잊어버렸고 어떤 것들은 처음 보는 것들이다. 내가 그들에게 어떤 쓸모가 있을까, 나는 그들에게 어떤 존재일까, 그것도 아버지의 아들, 한 늙은 농부의 아들로서 말이다. 하지만 나는 부엌의 문을 두드릴 용기가 없다. 그저 먼발치서 귀를 기울여 무슨 소리가 나는지 들으려고 할 뿐. 먼발치서 그것도 서서 듣고 있을 뿐이다. 하지만 내가 엿듣는 사람으로 들키지 않는 한에서만 그렇게 하고 있다. 내가 먼발치서 엿듣고 있으므로 나는 아무것도 엿들을 수 없다. 그저 시계추 흔들리는 소리나 듣고 있지만 사실은 그런 소리가 어린 시절의 기억에서 나온 소리일지도 모른다. 부엌에서 일어나는 일은 내게 들리지 않을 만큼만 속닥거릴, 거

기 앉아 있는 사람들의 비밀이다. 문 앞에서 내가 머뭇거리면 머뭇거릴 수록 나는 더욱 낯선 사람이 된다. 이제 누가 문을 열어서 내게 말을 걸기라도 한다면 어떻게 하나. 그렇게 되면 나 또한 비밀을 지키고자 하는 사람 중의 한 사람이 아닐까.

이 짧은 문구에 화자의 생애가 지문처럼 녹아들어 있다. 시처럼 정서적인 느낌만 나열해 둠으로써 오히려 독자에게 내적인 상상공간을 크게 마련해 준다. 내 아버지의 집이라는 것은 내면의 객관적 상관물이다. 만약 '내 집'이나 '고향집'이라고 했을 때는 이런 낯선 느낌을 가질 수 없을 것이다. "엿듣고" 있는 나는 과거의 나이고 내면 깊숙이 감춰진 나이다. 현실에서 "머뭇거리는 것은" 나의 비밀을 지키고자 함이다. "고양이가 난간에서 노려보고 있고 찢어진 수건이 장대 끝에 걸려서 바람에 이리저리 날리고 있다."는 표현은 곧 내면이 찢겨지고 분열되어 있음을 나타낸다. 이런 내면적 현상을 한국의 시에서 찾아보자. 김춘수의 「처용단장」이 그 대표적인 경우이다.

벽이 걸어오고 있었다.
늙은 홰나무가 걸어오고 있었다.
한밤에 눈을 뜨면
호주 선교사네 집
회랑回廊의 벽에 걸린 청동시계가
겨울도 다 갔는데
검고 긴 망토를 입고 걸어오고 있었다.
내 곁에는

바다가 잠을 자고 있었다.
잠을 자는 바다를 보면
바다는 또 제 품에
숭어새끼 한 마리를 잠재우고 있었다.

—「처용단장」 제1부 3●

우리의 논지대로 간다면 이 시는 당연히 환유로 읽어야 할 것이다. 즉 이미지가 벽 → 늙은 홰나무 → 청동시계 → 바다로 이동하고 있는 환유로 읽어야 할 것이다. 하지만 그러면 독자는 이 시를 읽는 데 실패하고 만다. 이 시를 의미 있게 읽기 위해서는 릴케의 시를 읽듯이 내면성을 생각하고 읽어야 할 것이다.

이런 은유적 시 구조 안에서 수사는 그 위력을 발휘할 수 없다. "호주 선교사네 집", "겨울도 다 갔는데", "바다는 또 제 품에/ 숭어 새끼 한 마리를" 같은 데서 수사적 서술 맥락이 끊어지기 때문이다. 시는 전체적으로 어떤 '사건'을 설명함으로써 서정을 창조해 내는 것이 아니라 '존재론적 정황', 즉 마음을 그림으로써 의미를 창출해 내고 있다. 이런 작품에 한국의 독자는 익숙해져 있지 않다. 왜냐하면 앞뒤 에피소드가 아무런 인과관계로 연결되어 있지 않기 때문이다.●● 그러므로 시가 길지만 그것은 은유의 반복에서 오는 것이지 사건이 많아서가 아니다. 벽이나 늙은 홰나무, 청동시계, 바다는 양상은 다르나 정황은 같은 내면 공간을 노래하고 있는 것이다.

● 김춘수, 처용단장, 미학사, 1991.
●● 윤석산, 동양시학과 서양시학의 접점 찾기, 계간문예 다층, 2000년 여름호, 340쪽.

시를 이런 방식으로 이해하기 위해서는 내면의 언어, 즉 심층적 언어에 충실하지 않으면 안 된다. "벽이 걸어오고 있었다"는 어떤 외부적 사건이 아니라 '처용'이 처한 내면적 사건이다. "벽"이 가지고 있는 은유와 "걸어오고 있다"는 은유, "늙은 홰나무가 걸어오고 있다"는 은유, "청동시계가 걸어오고 있다"는 은유, 그리고 다른 층위이기는 하지만 "바다"의 은유가 이 시를 이루는 주축이 된다. 시인 스스로는 이 시를 "무의미시"라 일컬었지만 시적 주체가 처한 폐쇄적 정황은 독자들에게 어떤 의미를 환기시킨다. 시인은 은유가 상징으로 읽힐 때, 시는 의미를 띠지 않는다고 보았을 것이다.

같은 방식으로 내면공간에 대한 확신을 가지기 위해 겉으로는 환유적 모습을 지닌 산문시를 감상해 보자. 박인환의 「목마와 숙녀」가 대표적인 경우다. 젊은 날 나는 이 시를 아무런 내용도 모르고 그냥 분위기가 좋아서 읽었는데 오늘날 가만히 생각해 보니 그 방식이 옳았던 것 같다.

한 잔의 술을 마시고
우리는 버지니아 울프의 생애와
목마를 타고 떠난 숙녀의 옷자락을 이야기한다.
목마는 주인을 버리고 거저 방울소리만 울리며
가을 속으로 떠났다 술병에서 별이 떨어진다.
상심한 별은 내 가슴에 가볍게 부서진다.
그러한 잠시 내가 알던 소녀는
정원의 초목 옆에서 자라고
문학이 죽고 인생이 죽고
사랑의 진리마저 애증의 그림자를 버릴 때

목마를 탄 사랑의 사람은 보이지 않는다.
세월은 가고 오는 것
한때는 고립을 피하여 시들어 가고
이제 우리는 작별하여야 한다.
술병이 바람에 쓰러지는 소리를 들으며
늙은 여류작가의 눈을 바라다보아야 한다.
…… 등대 ……
불이 보이지 않아도
그저 간직한 페시미즘의 미래를 위하여
우리는 처량한 목마 소리를 기억하여야 한다.
모든 것이 떠나든 죽든
그저 가슴에 남은 희미한 의식을 붙잡고
우리는 버지니아 울프의 서러운 이야기를 들어야 한다.
두 개의 바위틈을 지나 청춘을 찾은 뱀과 같이
눈을 뜨고 한 잔의 술을 마셔야 한다.
인생은 외롭지도 않고
그저 잡지의 표지처럼 통속하거늘
한탄할 그 무엇이 무서워서 우리는 떠나는 것일까
목마는 하늘에 있고
방울 소리는 귓전에 철렁거리는데
가을 바람소리는
내 쓰러진 술병 속에서 목메어 우는데 –●

●박인환, 목마와 숙녀, 미래사, 2001.

이 시는 첫 문장 "한 잔의 술을 마시고 우리는 버지니아 울프의 생애와 목마를 타고 떠난 숙녀의 옷자락을 이야기한다"와 마지막 "인생은 외롭지도 않고 [⋯] 목메어 우는데"까지만 서술이지 그 외에는 전부가 내면 공간의 이미지라 할 수 있다. 목마가 주인을 버리고, 떠나고, 별이 떨어지고, 부서지고, 문학이 죽고, 인생이 죽고, 보이지 않고 작별한다. 달리 말하면 고상한 것들, 이상적인 것들이 다 떠나가고 사라졌다는 말을 은/환유적인 문장으로 이야기한 것이다. "……등대……"라는 시어 앞의 공간이 현실적이고도 수동적인 기억이라면 그 이후는 능동적 기억을 위한 요청이 따른다. 목마 소리를 기억하고, 의식을 붙잡고, 이야기를 듣고, 술을 마셔야 한다는 내면 공간을 그런 방식으로 수사하는 것이다. 이 시를 만약 일반적인 스토리로 읽고자 한다면 우리는 시를 읽는 데 실패하고 만다. 무슨 뜻인지 모르기 때문이다. 현대문학에서 수사학의 종말은 산문에서도 찾아볼 수 있다. 아래에서 밀란 쿤데라의 『참을 수 없는 존재의 가벼움』과 공지영의 『우리들의 행복한 시간』을 비교해 보자.

> 그런데 어느 날, 수술이 끝나고 다음 수술을 기다리고 있는 참에 간호원이 그에게 전화가 왔다고 전했다. 수화기에서 테레사의 목소리가 들렸다. 그녀가 역에서 전화를 한 것이었다. 그는 뛸 듯 기뻤다. 불행히도 그날 저녁은 선약이 있어 다음날에나 자기 아파트로 오라고 했다. 전화를 끊자마자 당장 오라고 하지 않은 것에 대해 자책을 했다. 아직 선약을 취소할 시간이 있었는데! 그들이 만날 때까지 남아 있는 36시간이란 긴 시간 동안 테레사가 프라하에서 무엇을 하려는지 궁금했다. 그는 차를 타고 거리로 나가 그녀를 찾고 싶었다.
>
> 그녀는 다음날 저녁 찾아왔다. 기다란 어깨 끈이 달린 핸드백을 메고

있었는데 지난번보다 훨씬 우아하게 보였다. 손에는 두꺼운 책 한 권이 들려 있었다. 톨스토이의 『안나 카레리나』였다. 그녀는 명랑하다못해 조금 수선스럽기까지 했는데 특별한 용건 때문에 왔다가 우연히 들른 것임을 애써 강조했다. 볼일이 있어서 프라하에 왔는데, 아마도(그녀의 설명이 매우 막연했다) 새 직장을 찾는 눈치였다.

그러고 나서 두 사람은 옷을 벗은 채 지쳐 소파에 나란히 누웠다. 벌써 어둠이 깔렸다. 그는 그녀에게 어디에서 잘 것이냐고 물었고 차로 바래다주고 싶다고 했다. 그녀는 난처한 표정을 지으며 트렁크는 수화물 보관소에 맡겼고 호텔을 찾을 거라고 대답했다.

전날까지만 해도 프라하의 아파트로 그녀를 초대하면 그녀 인생 전체를 자기에게 헌납하지 않을까 두려워했던 그였다. 지금 트렁크가 수화물 보관소에 있다는 그녀의 말을 듣고, 그는 그녀가 자신의 삶을 이 트렁크에 넣어 역에 잠깐 맡겨두었다가 자기한테 주려는 것은 아닌지 생각했다.

그는 건물 앞에 세워두었던 차를 타고 그녀와 함께 역에 가서 트렁크를 찾아(엄청나게 크고 무거웠다) 테레사와 트렁크를 그의 아파트에 들여놓았다.

거의 보름 가까이 망설였고 엽서 한 장 보내지 않았던 그가 어떻게 그렇게 빨리 결심할 수 있었을까?

그는 스스로도 놀랐다. 그는 자기 원칙에 어긋나는 행동을 했던 것이다. 지금으로부터 10년 전 첫 번째 부인과 이혼했을 때 다른 사람들이 결혼기념일을 축하하듯 이혼을 환희의 분위기 속에서 치러냈던 그였다. 그때 그는 자기는 어떤 여자든 간에 한 여자와는 살 수 없고 오로지 독신일 경우에만 자기 자신답다는 것을 깨달았다. 그래서 그는 한 여자가 트렁크를 들고 그의 아파트에 들어앉지 못하도록 생활을 정교하게 꾸려나가는 데 온갖 노력을 기울였다. 때문에 그의 집엔 소파도 하나밖에 없었다. 꽤 큰 소파였지만 그는 한 이불 속에 다른 사람과 들어가면 잠들 수 없는 체질이라고 단언하면서 자정 이후에는 모든 여자를 내쫓았다. 하긴 테레사가 독감에 걸려 그의 집에 머물렀던 첫날에도 그녀와 함께 자지는 않았다. 첫날밤은 큰 의자에서 보냈고 그 다음 밤들도 야근 때 사용하는 긴 의자가 갖춰진 그의 진료실로 갔다.

하지만 이번에는 그녀 곁에서 잤다. 아침에 눈을 떴을 때 아직도 그의 손을 잡고 있는 테레사를 보았다. 그들은 밤새 그렇게 손을 잡고 있었던 걸까? 그는 도저히 믿기지 않았다.

잠든 그녀는 깊은 숨을 내쉬며 그의 손을 잡고 있었고(단단히 잡아서 그 얽매임에서 빠져나올 수 없었다) 엄청나게 무거운 트렁크가 침대 곁에 놓여 있었다.

그녀를 깨울까 두려워 그는 그 얽매임에서 차마 손을 빼지 못하고 그녀를 자세히 보기 위해 아주 조심스럽게 돌아누웠다. 이번에도 역시 테레사는 송진으로 방수된 바구니에 넣어 강물에 버려진 아기라는 생각이 들었다. 아기가 담긴 바구니를 난폭한 강물에 띄워 보낼 수 있다니! 파라오의 딸이 어린 모세가 담긴 바구니를 강물에서 건져내지 않았다면 구약성서도 없었을 테고, 그러면 우리 문명이 어찌되었을까! 수많은 고대신화의 도입부에는 버려진 아기를 구하는 누군가가 있다. 폴리보스가 아기 오이디푸스를 줍지 않았다면, 소포클레스는 그의 가장 아름다운 비극도 쓰지 않았을 것을!

그 당시 토마스는 메타포란 위험한 어떤 것임을 몰랐다. 메타포를 가지고 희롱을 하면 안 된다. 사랑은 메타포가 하나만 있어도 생겨날 수

있다.●

이 소설은 사건의 진행보다 인물들의 내면을 서술하는 데 주력하고 있다. 그러나 내면은 수사학적 방법이나 연대기적 기술, 인과관계의 확립보다는 알 수 없는 심리묘사로 가득 차 있다. "그들이 만날 때까지 남아 있는 36시간이란 긴 시간 동안 테레사가 프라하에서 무엇을 하려는지 궁금했다. 그는 차를 타고 거리로 나가 그녀를 찾고 싶었다." 저자는 인물의 행위를 그냥 궁금하게 두지 억지로 그것을 실행하거나 독자가 알고 있는 것을 반복하지 않는다. 시간 또한 회상의 방식으로 몽타주되어 있지 순서대로 기술되지 않는다. 그리고 쿤데라의 소설에는 필연이라곤 전혀 보이지 않는다. 손에 두꺼운 책, 즉 『안나 카레니나』만 들고 있기 때문에 독자는 그 분위기를 감지해야 한다. 설명하지 않기 때문에 독자는 머리가 아프다. 공지영의 소설처럼 쉽게, 그리고 당연히 생각하면 상상이 떠오르질 않는다. "그는 한 이불 속에 다른 사람과 들어가면 잠들 수 없는 체질"이라는 것은 현실적 원리, 남자는 여자를 무조건 좋아하리라는 기대를 깨기 때문에 독자는 새로운 기대지평으로 옮겨가야 한다. "하지만 이번에는 그녀 곁에서 잤다. 아침에 눈을 떴을 때 아직도 그의 손을 잡고 있는 테레사를 보았다. 그들은 밤새 그렇게 손을 잡고 있었던 걸까? 그는 도저히 믿기지 않았다." 이 부분을 읽으면 도대체 그 인물이 왜 일상과는 다른 행동을 하는지, 인물이 과연 잠을 잘 때 어떤 행동을 했는지 알 수 없기 때문에 많은 추측이 가능하다. 이 말은 내면에 대한 상상공간이 넓어진다는 뜻이다. 특히

● 밀란 쿤데라, 참을 수 없는 존재의 가벼움, 이재룡 옮김, 민음사, 2000, 15~18쪽.

모세에 대한 메타포를 사용함으로써 인물들의 관계나 심리를 이미지로 만드는 데 성공하고 있다. "그 당시 토마스는 메타포란 위험한 어떤 것임을 몰랐다. 메타포를 가지고 희롱을 하면 안 된다. 사랑은 메타포가 하나만 있어도 생겨날 수 있다."는 마지막 문장은 토마스와 테레사의 향후 관계를 암시한다. 그러나 직접적으로 말하지는 않는다.

이런 메타포는 앞서 헤르만 헤세 소설의 예에서 지적했듯이 성장소설에 자주 등장하는 은유적 소제목들을 만들어 낸다. 이런 이야기는 플롯이 강하여 한 부분이 곧 전체이고 전체가 부분이다. 말하자면 소제목이 제목이고 제목이 소제목이라도 상관없을 수도 있다. 이런 소설은 한 부분만 읽어도 다 읽은 것과 같다고 할 수 있다. 미하엘 엔데의 『모모』도 그렇게 만들어져 있다.

제1부 모모와 친구들

제1장 어느 커다란 도시와 작은 소녀

제2장 뛰어난 재능과 아주 평범한 싸움

제3장 폭풍 놀이와 진짜 소나기

제4장 말 없는 노인과 말을 잘하는 청년

제5장 많은 사람들을 위한 이야기와 한 사람만을 위한 이야기

이 작품을 보면 스토리 안에서 또 다른 스토리가 펼쳐지는데 이런 각각의 이야기가 유기적으로 연결되어 있다. 어느 누군가가 이야기를 하면 그 틀 속의 이야기는 이야기하는 사람과 이야기 듣는 사람, 그리고 틀 밖의 이야기와 은유적으로 같은 의미를 함의하고 있다. 그래서 각 이야기가 서로 내적 통일성을 갖고 있지만 틀 밖의 이야기가 시간적으로 빨리 진전

되지 않는다. 『모모』의 이런 이야기 서술 방식은 『참을 수 없는 존재의 가벼움』의 그것과 별 차이가 나지 않는다. 물론 이 두 작품은 독일 작품이라는 공통점이 있지만 그보다는 내면성을 중심으로 쓴 작품이기에 그렇다고 보는 편이 나을 것이다. 그에 반해 공지영이 그의 소설 『우리들의 행복한 시간』에서 이원적 진행과정인 [블루노트]와 [소설]을 구분하여 서술한 것은 마치 영화의 클로즈업처럼 하나둘씩 있는 그대로 이야기하고 묘사하는 것과 같다.

> [블루노트]
>
> 내가 학교에 들어간 이후, 동생 은수는 아침마다 나를 따라 학교로 왔습니다. 그 안으로 들어오지 못해서 학교 담 모퉁이에서 쪼그리고 앉아 학교가 파할 때까지 나를 기다렸습니다. 은수는 나와는 다른 아이였습니다. 그 아이는 아이들이 때리면 나처럼 작대기라도 집어 들고 덤비지 못했습니다. 힘이 센 아이가 괴롭히면 달려가 끝끝내 그 팔뚝이라도 물어뜯고야 말았던 나와는 달랐던 겁니다. 은수의 운명은 어머니처럼, 내리치는 매를 운명의 채찍처럼 감수하며 그저 우는 것이었습니다. 학교가 끝나고 달려 나가보면 은수는 추위에 입술이 파랗게 질려서 담 밑에 오들거리며 떨고 있었습니다. 내가 학교에서 배급받아, 다른 아이들이 그것을 다 먹을 때도 침을 꿀꺽꿀꺽 삼키고도 먹지 않고 아껴둔 옥수수빵이 우리 형제의 하루의 양식이었습니다. 은수는 어떤 날은 코피가 터진 채로 앉아 있기도 했고 어떤 날은 아이들에게 옷을 다 뺏기고 고추를 드러내놓고 울고 있었습니다.

[소설]

1996년 초겨울의 이야기부터 시작하자. 그해 겨울, 나는 병실에 누워 있었다. 나는 위스키에 치사량의 수면제를 먹고 자살을 시도했다가 발견된, 그들의 말에 따르면, 자살 미수 환자였다. 눈을 뜨니 창밖으로 비가 내리고 있었다. 병원 창밖으로 보이는 플라타너스에서 몇 남지 않은 이파리들이 후득후득 떨어지고 있었다. 하늘이 흐려서 시간이 몇 시나 되었는지도 알 수 없었다. 네가 좀 울었으면 좋겠다. 라고 한 외삼촌의 말이 떠올랐다. 외삼촌은 몹시 늙어 보였다. 상황이 그게 아니었다면 삼촌 왜 머리가 그 새 더 벗어지셨어요? 할아버지 같잖아요. 나는 그렇게 말했을 것이다. 이제 살아남았으니 담배 피워도 되죠? 하고 말하고 나서 어이없어하는 그의 얼굴에 대고 까르르 웃었을지도 모른다. 묻는 말에 아무런 대답도 하지 않으려는 내게, 엄마도 수술 받아서 아프신데 네가 이러면 되겠니? 하는 말을 덧붙인 것은 외삼촌이 워낙 모범생 출신이기 때문이었을 것이다. 외삼촌은 정말 우리 엄마가 그렇게 걱정돼요? 그럴 만큼 진짜, 엄마를 좋아하냐구요. 내가 묻자 외삼촌은 그제서야 웃으며 그렇게 말했던 것이다. 나는 네가 좀 울었으면 좋겠구나. 그러나 그의 얼굴은 실은 몹시 슬퍼 보였고 나에 대한 연민으로 가득 차 있었다. 나는 그게 싫었다. [···]

나는 그제야 잠에서 깨어난 사람처럼 희미하게 눈을 떴다. 모니카 고모는 내 침대 옆 자리에 앉아 나를 가만히 쳐다보고 있었다. 프랑스로 유학을 떠나기 전, 내가 짧은 스커트를 입고 무대 위에서, 엄마의 말에 따르면 부끄러운 줄도 모르고 엉덩이를 흔들거리며 노래할 때, 고모가 공연장 뒤편 분장실로 찾아와 잠깐 만난 것이 마지막이었으니까 거의 십 년 만의 일이었다. 검은 베일 아래로 드러나 귀밑이 하얗게 변해 있었고 어깨는 꼿꼿했으나 전체적으로 흐르는 선이 구부정한 고모는 정말 할머니가 되어 있었다. 나이를 잘 가늠할 수 없는 수녀라는 것을 감안해도 그랬다. 나는 잠시, 살고 늙고 죽어야 한다는 인간의 슬픈 운명에 대해 생각할 뻔했다. 나를 바라보는 고모의 눈빛에는 이상한 피로가 가득 차 있었다. 약간의 한숨인 것 같기도 하고 엄마가 한 번도 내게는 보내지 않았던 어떤 따스한 모성 같은 것이 그녀의 쪼글쪼글하고 작은 눈 속에는 있었다. 그리고 내가 고모를 기억하고 있는 처음부터 지금까지 변하지 않고 있는 것도 있었는데 그것은 장난꾸러기가 갓 태어난 강아지를 보는 호기심 같기도 하고 어찌 보면 한없는 연민 같기도 한, 아이를 낳은 산모가 작은 새 생명들에 대해 보내는 그런 빛이었다.

"……나 많이 늙었지?"

고모가 말이 없어서 나는 그렇게 말하며 방긋 웃었다.

"……죽을 만큼 늙지는 않은 것 같구나……."

"나 죽으려고 했던 거 아니야, 자살하려고 한 게 아니라구. 그냥 술을 아무리 마셔도 잠이 안 와서 수면제를 먹었던 것뿐인데…… 술이 많이 취해서 수면제를 다 셀 수가 없었거든. 그래서 그냥…… 손에 잡히는 대로 입에 털어넣었는데 이 난리가 났지 뭐야. 지난번에 엄마가 와서 죽으려면 그냥 죽지 왜 이 속을 썩이느냐고 하니까, 갑자기 내가 자살미수에 그친 불량소녀가 되어버린 거 같았어……. 고모도 알잖아 우리 집에서 엄마가 규정해버리면 그러면 그렇게 되는 거 지겨워! 엄마한테 난 처음부터 늘 불량품이야. 서른이 넘었는데……."●

● 공지영, 우리들의 행복한 시간, 푸른숲, 2005, 18, 21, 23쪽.

자기가 뭘 싫어하는지 어떻게 보이는지 인물의 마음은 그것이 마치 필연적인 것처럼 묘사되어 있다. 그래서 시간 또한 자연스럽게 흐르는 것이다. 공지영의 소설은 다 읽지 않으면 전체를 파악할 수 없다. 전체가 부분이 될 수 없고 부분이 다 모여야 전체가 될 수 있다. 그래서 제1장 제2장 제3장 이런 식으로 장이 구성되어 있다. 공지영의 소설은 현상을 감각적인 언어로 묘사하고 있다. 마치 호메로스에서 그 이유와 신탁이 분명하듯 이 이야기에는 불확실함이라고는 별로 없다. 말하는 것, 즉 서술하는 태도는 정말로 반사회적인 아이가 그런 생각을 하고 그런 말을 할까 하는 의구심을 가지게 한다. 마치 죽음을 두고 장난치는 사람처럼 여겨진다. 고모가 이런 조카 때문에 병원에 오면 어떤 말을 할까, 나 같으면 진지한 말을 하든가 아니면 아무 말도 하지 않든가 그것도 아니면 울고만 있을 것 같다. 그러나 작가는 매우 말이 많고 현란하고 내적인 감성을 풍부하게 서술하고 있다. 그리하여 이 글은 내적 진정성이 적고 마치 위에서 말한 프로레슬링 같은 쇼가 되고 만다. 수사학적인 방식으로 쓰는 글은 쇼지 스포츠가 아니라는 말을 강조하기라도 하듯 말이다. 우리가 현실을 조금만 더 직시해 본다면 소설 속에서 이런 감성을 가진("유학 가기 전 엉덩이를 내놓고 춤을 추는") 아이가 어떻게 성폭행을 당하고 어머니에게 욕하면서 달려드는 아이가 되는지 이해하기 힘들다. 그러면 과연 작가가 그런 것을 몰라서 이런 글을 썼을까? 그렇지는 않을 것이다. 수사학적 글쓰기가 한국 사람들의 문학적 의사소통의 방법이어서 그렇지, 잘 몰라서 그렇다고 보기에는 힘들다. 다시 말해 프로레슬링을 쇼라고 생각하고 보는 것과 마찬가지로 문학을 수사의 산물이라고 생각하면 그만이기 때문이다.

chapter 08

정신분석과 내면의 재발견

◎ 낭만주의 문학부터 시작된 내면의 발견 또는 재발견은 정신분석에서 꽃을 피우게 되었다. 정신분석이라는 것이 이미 오래전부터 통용되었지만 일반 독자들은 이를 잘 이해하지 못하고 힘들어 한다. 정신분석학을 이해하기 위해 우리는 정신분석에 관한 책을 보고 머리로 이해하려 드는데, 그보다는 자신의 꿈을 분석해 보거나 상황에 맞지 않는 자신의 행동을 먼저 관찰해 보는 것이 좋다. 아니면 우울증이나 공격성 같은 신경증이라고 말하는 것들을 잘 살펴보면 된다. 프로이트에 의하면 신경증이 있는 사람은 많은 경우 자신의 원래 의도와는 다른 생각과 행동, 느낌을 가지는 경우가 있다. 또 정신분석학자 라캉에 따르면 심한 신경증이나 정신병이 있는 이들은 하루 빨리 증상에서 벗어나고 싶다고 말하지만 증상을 쉽게 포기하지는 않는다고 한다. 그들이 갖고 있는 증상이 이들

에게 쾌감을 주기 때문이다.

이런 상황은 우리가 자신에 대해 알기를 원하는 것 같지만 사실은 자신에 대해 모르기를 바라기 때문에 일어난다. 다시 말하면, 인간은 어느 정도는 '무지에 대한 의지ne rien vouloir savoir'●를 갖고 있다. 이것이 이 장에서 우리가 알고 싶은 내면과 밀접한 관련을 맺고 있다. 그리고 그것은 우리의 마음이 겉보기와는 전혀 다른 방식으로 만들어져 있음을 알게 한다. 〈이보다 더 좋을 순 없다〉나 〈굿 윌 헌팅〉, 〈아메리칸 뷰티〉, 〈여자 정혜〉, 〈올드보이〉 등을 보면 각각의 등장인물들이 보통사람들과는 전혀 다른 행위를 하는 것을 볼 수 있다.

소위 이런 '이상한' 만족을 프로이트는 쾌감Befriedigung이라 했고, 라캉은 (비/정상적인) 주이상스jouissance라고 말했다. 내가 여기서 '비/정상적인'이라는 말에 괄호를 친 이유는 실제로 비정상적인 것은 없을 뿐 아니라 문학이나 영화에서는 이것이 오히려 심미적인 것, 즉 정상적인 것으로 보일 수 있기 때문이다. 가령 어떤 강박증자가 손을 반복해서 씻는다든가, 같은 말을 반복한다면 본인도 그것이 주이상스이지 진정한 만족감은 아닐 뿐 아니라 주위 사람들이 지치고 만다는 사실을 잘 안다.●● 그러나 문학에서는 이런 반복이 매우 재미있는 일이다. 가령 김영하의 소설 「엘리베이터에 낀 그 남자는 어떻게 되었나」에서는 일이 안 되는 경우가 반복되고, 윤대녕의 「천지간」에서는 알 수 없는 어떤 마력에 의해 주인공이 끌려 다니는 것이, 장정일의 『너희가 재즈를 믿느냐』에서는 실수가 반복된다.

각각의 주체들이 어떤 강박증세를 보이고 있는가? 그들과 같이 살라

●브루스 핑크, 라캉과 정신의학, 민음사, 2002, 25쪽.
●●그래서 주이상스는 보통 '쾌락'을 넘어서는 '쾌감'으로 이해된다.

고 하면 평범한 우리로서는 힘들 것이다. 그러나 그런 증상이 예술로 재현되면 매우 재미있는 '세상 읽기'가 된다. 프로이트가 말하지 않았던가. 신경증은 "기억하는 대신 반복한다"고. 그러니까 정신분석이 내면과 관계를 맺으려면 문학의 해석과 정신의학의 실제가 전제되어야 한다. 정신분석학적으로 텍스트를 해석한다면 텍스트는 '알 수 없는 그 무엇'일 뿐이고 해석으로 메워 넣어야 할 부분이다. 이 점이 내면적인 측면에서 문학이나 영화가 재조명되고 다시 만들어져야 하는 이유가 된다. 왜냐하면 신경증자의 경우 초기 기억이 너무 강렬하게 만들어져 감각자료로부터 변화를 받지 않는 것이 새로운 이미지를 만들기 때문이다. 다시 말하면 이미지가 너무 강하게 각인되어 외부와 교류를 할 수 없는 경우가 있기 때문에 독자나 관객은 새로운 차원에서 인간을 바라볼 수 있고 그것이 인간(내면)에 대한 정신분석이나 심층심리학의 (재)발견이 된다.

정신분석 이론은 난해하다. 그런 독해의 난해함은 단연코 외부적으로 보이는 것이 행위나 사고의 원인자가 아니라 무의식이기 때문이다. 정신분석학은 어렵기 때문에 그냥 아무 데서나 시작해도 좋다는 장점이 있다. 이것은 마치 프로이트가 정신분석학을 고고학에 빗댄 것과 같은 원리이다. 고고학이 깨진 기왓장부터 시작하든 주춧돌에서 시작하든 어디서 시작해도 마찬가지의 결론에 도달하듯이 내면에 대한 이해도 마찬가지다. 그 이유는, 원래 마음은 볼 수가 없고 해석을 해야 하는데, 해석은 보이지 않는 것을 보이게 하는 행위요, 해석학이라는 것은 전체와 부분에 대한 정합성 문제를 다루는 영역이기 때문이다.

우리는 이제 라캉이 제시한 '주이상스'에서 시작해 보자. 아이가 고추를 만지면서 쾌감을 얻고 '엘리베이터에 낀 남자'가 어그러지는 일이 반복되면서 쾌감을 얻듯이, 어떤 사람은 누구를 미워하면서 쾌감을 얻고 어떤 사람은 의처증으로 쾌감을 얻으며 어떤 사람은 밥을 먹지 않으면서 쾌감을 얻고 어떤 사람은 술을 마시면서 쾌감을 얻는다. 하지만 이런 쾌감들은 원래 다른 모습이었다는 것이 라캉의 주장이다. 술을 마시면 다른 그 무엇이 즐겁게 된다는 식 말이다. 이런 것이 드러나게 되면, 다시 말해 어떤 성인이 술을 마시고 '엄마'라고 부르짖는다면, 그것은 무의식의 현시물이 드러난 것이다. 이런 무의식의 현시물은 종종 '놀라움'을 동반한다. 우리가 실수할 때나 증상행위, 꿈속의 행위에서 놀라는 일이 자주 있듯이 말이다.

어떤 남자가 있었다. 오랫동안 계모를 미워했다. 그런데 아버지가 죽고 얼마 안 되어 거리에서 계모를 만났는데, 그때 자신이 애정 어린 마음으로 그녀를 대하고 있다는 것을 깨닫고는 놀란다. 사실 이 사람은 아버지에 대한 분노를 계모에게 전이시켜 왔다는 것을 알지 못했다. 계모를 미워하면서 아버지에 대한 분노를 가졌고 그러면서 쾌감을 얻었다. 그런데 막상 아버지가 죽자 주이상스를 발현했던 뿌리가 사라졌고 - 이것을 오이디푸스라 했다 - 계모를 미워하는 것이 더 이상 쾌감을 줄 수 없었던 것이다. 현대문학에는 이런 원리가 많이 반영되어 있다. 이것을 정신분석과 정신의학에서는 '전이'라고 한다. 전이라는 것은 참 놀랍지 않은가? 라캉은 소쉬르의 구조주의 언어학을 이용하여 프로이트의 정신분석을 체계화한다. 소쉬르는 하나의 시니피앙과 하나의 시니피에는 1:1의 대응관계를 유지한다고 했는데 라캉은 시니피앙이 시니피에에 일치하기는커녕 비슷하지도 않다고 보았다. 라캉이 본 것은 떠도는 시니피앙le signifiant flottant밖에 없었다. 계모를 미워하던 사람이 어떻게 어느 날 계모를 애정 어린 눈길로 본단 말인가. 그것이 이해가 되지 않는 독자들은 책을 덮어야 한다. 라캉은 여기서 시니피앙의 절대 우위, 우리말로는 기표의 절대 우위signifiant sur signifié(S/s)를 찾은 셈이다. 그러니까 사랑하는 마음이 아무리 크다 해도 사랑의 느낌이 들지 않는 표현(가령 "자기도 잘 알잖아. 내가 핸드폰도 사 주고 매일 문자도 넣었지" 따위)은 사랑이 아니라는 사실을…. 오히려 소리치고 헤어지자고 말해도 사랑한다는 기표가 전달되는 것이 더욱 절실하다는 것을….

라캉은 여기서 프로이트에게서 빌려 온 응축Verdichtung과 치환Verschiebung 개념을 구조주의 언어학의 도움으로 은유métaphore와 환유métonymie란 말로 바꾸어 사용한다. 그러니까 계모(또는 자신)에게 자기의 무의식을 들킨 이 사람은 그 메시지를 부정해 버릴 공산이 크다. 그냥 실수로 했다고 말할 수도 있다. 이 경우에는 라캉의 말대로 '떠도는 기표'란 표현이 적당할 것 같다. 우선 자신의 오이디푸스적 욕망(아버지에 대한 분노)을 계모를 미워하는 것(또는 애정 어린 마음)으로 응축하고(즉 은유하고) 그것이 드러날까 봐 다른 변명을 함으로써 치환한다(즉 환유한다). 치환은 욕망의 발현이 상징계(프로이트는 현실원칙이라고 함)의 법에 의해 거세의 위협을 받을 때 유기체가 자기를 검열하는 과정이다. 거짓말이 거짓말을 낳는 이유는 바로 이 환유의 과정에서 비롯된다.

이때 라캉은 데카르트가 말하는 주체Sujet와는 다른 의미의 욕망의 주체 S와, 프로이트의 '알 수 없는 그 무엇 Es'(발음이 주체의 약자 S와 비슷함)를 함의하는 S̸라는 주체를 만든다. 그러고 나서 (사유하는 주체가 아니라) 욕망하는 주체가 바라보는 대상을 불변의 대상이나 물자체로서의 오브제가 아닌 언제나 변하는 대상으로 탄생시킨다. 이것을 라캉은 타자他者라는 프랑스어 대타자l'Autre의 변화하는 형식인 소타자 a(아)로 나타낸다. 라캉은 이런 관계를 조합해서 S̸ ◇ a라는 욕망의 공식을 만들어 냈다. 여기서 마름모꼴(◇)은 대상이 결코 욕망하는 주체를 만족시키지 못한다는 양자 사이의 관계를 의미한다. 즉, 둘 사이의 관계는 이접(∨), 연접(∧), 큰(>), 작은(<) 또는 무엇에 대한 욕망으로 나타낼 수 있다.

프로이트와 라캉이 보기에 욕망은 대상이 아니라 원인자이기 때문에 고착은 곧 원인에 대한 고착이다. 라캉은 환자가 원인에 고착되어 있는 상태를 본환상이라고 불렀다. 본환상은 주체가 자신이 선택한 원인과 맺는 근본적인 관계이다. 이런 맥락에서 라캉은 문학을 독자가 (모든 사람은 신경증자라는 의미에서) 타자에 욕망을 전이한 것으로 본다. 이때 원인자란 무의식이 자신에게 건네는 꽉 찬 말la parole plaine로서 전이된 대상들일 뿐인 텅 빈 말la parole vide과는 구별된다. 다시 말하자면 욕망은 대상이 아니라 원인이다. 그러므로 엄밀한 의미에서 라캉은 인간의 욕망에는 대상이 없다고 주장한다. 왜냐하면 욕망하는 어떤 것이 주어지면 주체는 더 이상 욕망하지 않기 때문이다.

라캉은 정신분석학을 문학연구의 한 분과로 생각하고 문학연구를 위해 정신분석학을 알아야 한다고 본다. 왜냐하면 정신분석은 문학처럼 기표 속에 감춰진 은유와 환유를 잘 해석해내기 위해서, 다시 말해 숨바꼭질 놀이에서 숨은 사람을 잘 찾기 위해서 필수불가결하다고 보았기 때문이다. 그러면 시의 기표와 내면은 어떤 관계에 있는가? 다음의 시를 보자.

> 탱자나무 울타리를 돌 때
> 너는 전반부 없이 이해됐다
> 너는 주석註釋 없이 이해됐다
> 내 온 몸에 글자 같은 가시가 뻗쳤다
> 가시나무 울타리를 나는 맨몸으로 비집고 들어갔다
> 가시 속에 살아도 즐거운 새처럼
> 경계를 무시하며
> 1초만에 너를 모두 이해해버린 나를 이해해다오

가시와 가시 사이
탱자꽃 필 때

나는 너를 이해하는 데 1초가 걸렸다

— 유홍준, 「주석 없이」●

시가 얼른 이해되지 않는 것은 다행한 일이다. 왜냐하면 크리스테바의 말대로, 독자는 이 시를 죽이고 싶지 않고 나아가 시인을 죽이고 싶지 않기 때문이다. 독자는 떠도는 기표처럼, 창밖에 내리는 비처럼 이 시를 응시하고 있으면 그만이다. 시를 해석하려는 시도는 어떤 경우든 시인과 텍스트를 죽이는 일이다. 탱자나무가 비평하는 나의 욕망의 대상으로 변하면 그 순간 시인은 죽고 만다. 이제 텍스트는 비평자의 것이 되고 비평자의 욕망의 창이 된다. 하지만 어쩔 수 없는 일, 내면의 파악을 위해 텍스트를 죽여 보자.

"탱자나무 울타리를 돌 때" 우리는 무엇을 응시하고 있다. 신기루처럼 빛나는 욕망의 대상들을 응시하고 있다. 내면적 환상공간을 응시하고 있다. 욕망하는 주체는 타자를 무시하는 버릇이 있다. 이것을 라캉은 '오인 méconnaissance'이라고 했는데 이것이 바로 상상계의 본질이다. 주체가 대상을 축소하여 주머니 속에 든 마스코트처럼 여기는 것이다. 이때는 내 멋대로 이해하면 되는 것이니까 "전반부 없이", "주석 없이" 이해되는 것이다. 그러나 상징계, 즉 아버지의 이름(또는 아버지의 금지)으로 요약되는 "글

● 유홍준, 나는, 웃는다, 창비, 2006, 32쪽.

자"와 "경계"의 법칙과 사회의 법칙을 깨닫는 순간 모든 응시가 신기루처럼 사라지고 만다. "내 온몸에 뻗친 가시"가 곧 상징계요, 상처이며, 금지이고 욕망이다. 이렇게 말하면 굉장히 어려운 것 같이 느껴지거나 학자들이 말하는 것처럼 느껴진다. 쉽게 말해 보자. 우리 주변에 우리의 고통을 말해 줄 대상이 얼마나 있는지 둘러보자. 탱자나무도 그중 하나일 것이다. 탱자나무는 위리안치圍籬安置란 말에서처럼, 전통적으로 우리를 분리시키고 가두는 수단이었다. 그러므로 이것이 대상영역으로 들어오면 고통이 된다. 이것 말고도 고통의 영역은 많다. 예를 들면 이별, 슬픔, 실패, 상처, 실연 등이 그것이다. 그러니까 내면의 수사학은 이런 현실적이거나 추상적인 말을 사용하지 말고 그것을 대변할 수 있는 구체적인 대상이나 상징을 생각해야 할 것이다. 시인도 그중에서 탱자나무를 선택한 것이다. 이런 대상을 선택하는 데는 그렇게 많은 노력이 필요하지 않다. 나를 감싸고 있는 모든 것들은 이런 대상이 될 수 있다. 빈 의자든 창문이든 하늘이든 나무든 상관없다. 이런 대상들은 심리투사를 했을 때 비로소 의미를 가지는 대상들이므로 정신분석과 밀접한 관련이 있다.

정신분석적 내면 이해는 기표적 이해로서, 머리로 이해하는 것이 아니다. 데카르트의 절대이성, 존재론의 실존적 자아, 현상학의 의향적 주체 그 어떤 것도 몸으로 이해되는(이 경우 '느끼는') 주체를 재현할 수 없다. 금지된 가시나무 울타리가 아니라면 들어가고 싶지도 않거니와 이해할 필요도 없는 것이다. 라캉은 아이가 거울 속의 이미지에 리비도를 투사하며 그 이미지를 내면화하는 단계를 거울단계라고 명명하였다. 그러나 거울 이미지는 사실상 부모가 그것을 인정하고 승인하는 한에서 중요성을 갖는다. 이런 승인을 공준公準이라고 하는데 이런 공준을 통해서 아이는 차츰 최초의 감각과 지각을 하나의 질서로 재편성해 나간다. 상상계가 이 새로운 언어질

서, 즉 상징계에 의해 덧씌워질 때 비로소 아이의 실존이 가능하게 된다.●

이 시를 보면서 내면의 수사학이 왜 정신분석학을 필요로 하는지 알 수 있다. 정신분석학은 의식의 상관물이나 객체처럼 여겨졌던, 그래서 시의 소재나 대상이었던 무의식과 몸의 언어(상처)가 주체로 작용한다는 것을 주장한다. 라캉은 "무의식은 언어처럼 구조화되어 있다."라고 말함으로써, 문학적 주체를 의식과 이성적 주체로부터 무의식과 욕망으로 돌렸다. 그에 의하면 문학은 이성적으로 만들어진 것이 아니라 알 수 없는 그 무엇 S가 그 욕망에 따라 굴절되는 대상과 어떤 관계를 맺고 있느냐 하는 것을 보여 줄 뿐이다. 그런 모습을 보기 위해 또 하나의 시를 살펴보자. 허만하의 시다.

> 틈을 주무른다. 애절한 눈빛으로 서로를 더듬는 알몸의
> 포옹이 만드는 캄캄한 틈. 멀어져가고 있는 지구의 쓸쓸한
> 등이 거느리고 있는 짙은 그늘. 진화론과 상호부조론 사이
> 를 철벅거리고 건너는 순록 무리들의 예니세이 강. 설원에
> 쓰러지는 노을. 겨울나무 잔가지 끝 언저리, 푸근하고도 썰
> 렁한 낙타빛 하늘 언저리. 안개와 하늘의 틈
>
> 지층 속에서 원유처럼 일렁이고 있는 쓰러진 나자식물
> 시체들의 해맑은 고함소리. 바위의 단단한 틈. 뼈와 살의
> 틈. 영혼과 육신의 틈. 빵과 꿈 사이의 아득한 틈. 낯선 도시

● 신경증과는 달리 정신병의 경우는 이 덧쓰기가 일어나지 않는다. 즉, 아버지의 은유가 작동하지 않고 거세 콤플렉스가 시작되지 않는다. 상상계만이 계속 지배권을 행사할 뿐이다.

에서 마시는 우울한 원둣빛 향내와 정액빛 밀크 사이의 틈,
외로운 액체를 젓는 스푼.

존재는 틈이다. 손이 쑥쑥 들어가는 적막한 틈이다.

— 허만하, 「틈」●

유홍준의 시에서는 상상계와 상징계 사이에 어떤 경계를 찾을 수 있었다면 이 시에서는 상상계의 풍부한 내용이 상징계를 넘어 베일처럼 모습을 드러낸다. "틈"은 상징에 의해 만들어졌고, 그러므로 "틈 속"은 바로 내면의 상상계다. 아버지의 이름, 아버지의 금지로 된 상징계가 없이는 상상계도 없다. "손이 쑥쑥 들어가려면" 그것이 "틈"이어야 한다. "틈"이 아닌 큰 구멍에 "손"을 넣을 필요는 없는 법 아닌가. 남자가 남자의 변소에 들어가 보고 싶지는 않은 것과 같은 원리이고, 산을 보고 있는 동안 산을 상상하지 않는 것과 같은 원리다. 그 "틈 속"은 때로는 "알몸의 포옹"처럼 보이고, "원유처럼 일렁이고", "해맑은 고함소리"이고, "원두빛 향내"이며 "정액빛 밀크"이다. 상상계에 있는 이런 대상들은 진부하다. 상징계의 금지가 없으면 상상계의 욕망이 없기 때문이다.

욕망은 욕구나 요구와는 다르다. 아이가 우는 경우를 상정해 보자. 아이가 울면, 즉 엄마가 와 줄 것을 요구하면 그것은 기저귀를 갈아 달라는 뜻이거나 배가 고프다는 뜻이거나 아프다는 뜻이거나 잠이 온다는 뜻이거나, 그런 욕구들 중의 하나일 것이다. 아이의 울음이 그중 하나라면 부모가

●허만하, 비는 수직으로 서서 죽는다, 솔, 1999.

기저귀를 갈아 주는 등의 행위는 아이의 요구를 욕구로 축소시키는 행위다. 동시에 이것은 아이가 타자(부모)를 향해 무엇인가를 요구한다는 사실을 지워 버리는 것이다. 그러나 아이의 욕구가 충족되었음에도 불구하고 아이가 계속해서 울면 울음은 자기 존재에 대한 관심을 표명하는 욕망이 된다. 이것이 내면을 만든다.

욕구와는 관계없는 존재, 믿음, 관계, 관심 등과 같은 비가시적인 것이 곧 욕망의 실체다. 이처럼 이 시는 요구를 좌절시켜 그 속에 싹트고 있는 욕망을 부각시키는 일을 게을리 하고 있지 않다. "틈을 주무를" 수는 없다. "틈"이 적어도 하나의 은유가 아니라면…. "캄캄한 틈"은 없다. 캄캄한 "틈 속"은 있어도 "존재는 틈"일 수는 없다. "영혼과 육신의 틈"을 메울 수 있는 '엄마의 젖가슴'이 있었다면, "애절한 눈빛으로 서로를 더듬는 알몸의 포옹"이 있었다면 이런 욕망은 나오지 않았을 것이다. 그것은 욕구의 충족으로 끝났을 것이다. 하지만 욕구로 충족되지 않은 '우수리'는 욕망의 자리를 만들고 반복적으로, 충동적으로 채워도 채워지지 않는 빈자리를 만들어 둔 것이다. 그렇기 때문에 이런 구도에서 쓰여진 현대문학은 시의 기의, 즉 요구하는 내용이 아니라, 기표 즉 다른 것을 들음으로써 욕망의 공간이 열리는 방식으로 수행된다. 그렇기 때문에 시의 형식은 은유적 축이 강한, 몽타주처럼 만들어져 있다. 문장과 문장 사이의 호흡이 짧고 그 연결이 접속사 없이 파편처럼 만들어져 있는데 이것을 연결하는 것은 다만 반복과 부정일 뿐이다. 시에는 시간성이 결여되어 있고, 시는 마음이라고 말하는 '알 수 없는 그 무엇'에 의해 조종된다.

욕망은 결여에서 나오기 때문에 욕망이 충족되면 독자는 지루해하며 더 불평을 늘어놓는다. 그렇기 때문에 시는 욕망을 명징하게 해석하여 제시하면 안 된다. 그러면 독자는 시인의 해석에 순응하게 되고 차츰 무의식을 내보이지 않게 된다. 시/시인은 다의적인 해석을 내놓아야 하고 시어는 모호하고 신비로운 여백을 만들어야 한다. 욕망의 해석학은 다양성을 먹고 살기 때문이다. 시를 통해서만 이성이 무의식적인 욕망에 자리를 양보한다. 독자의 고착된 욕망은 시적 언어를 통해 명징하게 재현될 수 있다. 이것이 정신분석이 내면을 재발견하게 해 준 것이다.

라캉에 따르면 삶은 신기루의 세계이다. 다가가면 저만치 멀어지는 것이 신기루다. 그러나 그 신기루가 없으면 욕망하지 않으며 욕망하지 않는 삶은 없다. 현대시는 선이 아니다. 가르침도 아니다. 넋두리도 아니다. 그보다는 문제 있는 개인의 내면에 대한 보고서다. 그러나 그 문제가 의식적이고 이성적인 문제를 뜻하지는 않는다. 알지 못할 그 무엇이 욕망의 법칙에 따라 옮겨 다니는 '떠도는 기표'로 재현되는 것이 곧 현대시다. 이성복 시인은 「그 날」이라는 시에서 "모두 병들었는데 아무도 아프지 않았다."고 했고, 「기억에 대하여」에서는 "나는 아직 다쳐 본 적이 없다 이목구비가 썩어가도 모든 게 거짓말이다."고 했다. 육체는 배반한다는 그의 시만큼 절실하게, 현대시의 내면성은 아버지의 금지에 시달리는 육체와 욕망의 주체에 대해 날카로운 시선을 보낸다. 정신분석학은 인간의 물질성을 통해 인간을 물질이라는 이데올로기에서 해방시킨 마르크스만큼이나, 인간의 욕망을 통해 인간을 욕망이라는 굴레에서 벗어나게 한다는 메시지를 던지는 것이다.

떠도는 기표에 농락당하는 우리의 삶을 정신분석학은 철저하게 해부하고 있다. 철저하게 욕망에 종속된(그래서 "아프지 않다"는 신경증을 가지고 있는) 우리가 마음의 원리를 다루는 것이 바로 현대문학이 시도하는 내면의 수사학이다. 자기가 보고 있는 환상의 창이 상징계라고 믿는 우리는 그것이 바로 내 안에서 나를 움직이는 그 무엇이 조종하는 것임을 알 수 있다.

위에서 인용한 시 같은 현대시들이 보여 주는 반복, 환유, 치환은 곧 인간을 계속 살게 하는 욕망의 동인이다. 보기만 하는 주체는 보임을 당하는 주체와는 다르다. 결국 우리가 목적하는 내면 묘사의 기술은 정신분석학의 이 같은 심층의 발견 없이는 불가능하다. 한국의 소설과 시, 영화가 수사학의 질곡에서 벗어나 새로운 차원의 문명을 창조하려면 결코 정신분석학을 비껴가서는 안 된다.

part 2 영화

몽타주인가 클로즈업인가

◎ 지난 몇 십 년간 영화는 공히 이 시대를 특징짓는 중요한 매체로 부상하였다. 또한 영화가 하나의 확장된 문학 텍스트로 이해됨에 따라 영화 연구도 활성화될 뿐 아니라 거꾸로 문학 연구의 영역에 새로운 활기를 불어넣고 있다. 영화 텍스트는 문학 텍스트와 서사라는 공통분모를 갖는 것으로 이해되면서도 매체적 측면에서의 차이점 또한 특별하다. 그러나 제2부가 관심을 가지는 것은 이런 텍스트의 매체적 차이가 아니다. 이런 매체 간의 차이보다 더 관심 있게 보아야 할 것은 이들이 같은 문화 텍스트 내에서 내러티브를 만드는 공통점을 갖고 있다는 점이다. 이 두 장르의 서사 텍스트가 문화를 토대로 만들어져 있기 때문에 그것의 형식적 원칙은 문화적 매트릭스 내에서 내적 통일성을 이루고 있다는 점을 추론할 수 있다. 물론 영화는 '말하기'보다 '보여 주기'에 더 치중하

는 것이 사실이지만 내러티브란 측면에서 수사학적 방식을 택하는 영화가 있고 내면의 수사학을 지향하는 텍스트가 있다. 카메라의 피사체와 문학적 표현을 통해 구상된 의미가 각각의 문화적 토대에서 공통의 특성을 지니고 있는 것 같다.

문화를 "의미의 그물망"(막스 베버)이라고 정의한다면 영화 읽기와 만들기에도 다른 삶의 형식이 동일하게 제시되어 있다고 할 수 있다. 서구의 영화가 어렵다고 말한다면 그것은 문화적 상징 때문일 것이다. 이런 문화적 상징은 매체 내에서도 존재한다. 물론 필자가 추론하는 이 두 양식의 이항 대립은 영화의 용어로서 전자가 "말할 수 없는 것", 즉 내면성을 은유적이고 디지털적 양식으로 드러내려는 특성을 보인다면, 후자는 표현적이고 환유적이며 아날로그적 양식으로 나타난다. 이렇게 보면 한국의 영화나 문학은 수사적이고 표현적인 반면, 서구의 문학과 영화는 내면적이고 개방적이어서 해석해야 할 상징이 많다.

〈아메리칸 뷰티〉의 첫 시퀀스에서 따온 장면, 즉 캐롤린이 장미라는 환상의 창을 보고 있는 것이 마지막 시퀀스에서 절망으로 바뀌고 래스터 버냄이 꿈속(무의식)에서 딸의 친구를 욕망하는 장면은 죽음의 피로 바뀐

다. 이런 상징은 장미 또는 장미 꽃잎의 유혹적인 아름다움으로 직접적이고 구체적으로 등장할 뿐 아니라 그것을 상징적으로 함의하고 있다. 그래서 영화의 외연은 더욱 커지게 된다. 이런 경우 내면의 언어를 만드는 데 성공했다고 할 수 있는데, 그 언어는 불확정적인 상황, 보이는 이면의 내면적 상황을 지시하는 상징이 주도적이기 때문에 영화에서는 문학에서보다 더욱 절박하다. 가령 첫 시퀀스에서 옆집으로 이사 온 이웃과 캐롤린이 이 장미를 들고 대화하는 것을 캐롤린의 남편 버냄이 창문을 통해 가만히 훔쳐봄으로써 더욱 불완전한 상황으로 진행된다. 이것을 한국의 독자나 관객은 이해하기 어렵다. 드러난 표현을 중시하는 정착문화에서는 동일한 정서를 발생시키더라도 그 의미가 좀 더 분명하고 감각적이고 구체적으로 표현되는 경우가 지배적이다. '정이 둥글더냐, 모나더냐'는 식이지 정을 내적인 형상에 따라 표현하지 않는 것이 문화적 전통이다. 더군다나 유교적 질서에 있어서는 공통의 정서기호가 가장 익숙한 자연의 모습과 닮아 있다. 뿐만 아니라 서구문화에서처럼 기독교적 보편상징을 담보해 줄 형이상학이 만들어질 토대가 없기 때문에 한국의 영화는 클로즈업에 가까운 몸의 언어, 즉 환유적 구조에 기댈 수밖에 없다.

이런 측면은 한국영화에서 쉽게 찾아볼 수 있다. 가령, 〈오아시스〉란 영화에서 종두가 출소하고 난 뒤, 슈퍼마켓에 들어가서 하는 행동과 주인이 우유를 건네주면서 하는 말은 상황에 맞지 않는다.

배가 고파서 식당에서 마음대로 음식을 시켜 먹고 돈을 내지 않는 장면에서도 마찬가지다. 출소한 사람을 두려워하는 것을 보여 주어야지 말로 표현해서는 그 의미가 상쇄된다. 이런 측면을 좀 더 깊이 관찰해 보면 내면적 심리를 보여 주는 서구의 영화는 카메라의 피사체가 정지된 상태, 즉 정적인 프레임을 선호하는 데 반해 한국의 영화는 카메라가 정해진 구도를 따라 움직이는 상태, 즉 산만한 프레임을 선호하는 경우가 많다. 그에 대한 좋은 예로 미하엘 하네케 감독의 독일영화 〈피아니스트〉를 들 수 있는데, 이 영화의 서두는 마치 영화의 프레임이 정지된 것처럼 어둡고 움직임이 거의 없다.● 따라서 밝고 분명하고 상황에 따라 움직이는 프레임을 선호하는 한국의 관객들은 그런 장면에 당혹해 하는 경우를 종종 볼 수 있다.

이 책의 앞부분에서 「우리 아파트」라는 글을 소개했는데 그 글에서도 일정한 프레임, 즉 서술자의 일정한 시점이 없다는 것을 알 수 있다. 이런 경향은 단순히 문학이나 영화에만 나타나는 것이 아니라 디자인, 광고, 방송, 문학 텍스트 등에도 다분히 내포되어 있다. 이런 이항 대립을 보편적으로 말한다면, 작품의 의미를 구상할 때 한국의 영화나 문학은 사상事象을 구체적이고 감각적인 영역으로, 서구의 것은 추상적이고 내면적으로 옮기는 경향성을 띠고 있다고 할 수 있다. 그리고 전자는 의미의 구상이 집중적이고 주관적이며, 가류주의可謬主義●● 에 바탕을 둔 개방적인 결론을 가지고 있으나 후자는 조화를 목적으로 한, 또는 관객의 대중적 수용을 목표

● 영화 〈피아니스트〉, 엘프리데 옐리네크 원작, 미하엘 하네케 감독, 1999를 참조하라.

●● 이러한 사상은 제2차 세계대전 후 하버마스에 의해 개진된 것으로서 "진리에는 특권적 통로가 없다."는 것을 말한다. 그리고 이런 사상은 '신만이 오류가 없다.'는 기독교적 세계관에서 비롯되었다.

로 한, 누구나 인정할 수 있는 객관적인 의미구상의 경향성이 뚜렷하다.

서구(주로 북유럽) 같은 저低맥락 문화권에서는 사회적 관계에 관여된 사람들 간의 관계가 개인이 구축한 개성적이고 독립적인 자기유지원칙을 희생할 정도로 사회적 맥락의 영향을 크게 받지 않지만• 한국과 같은 고高맥락 문화권에서는 '우리'라는 관점이 매우 강하기 때문에 감독이나 작가가 패턴화된 사회적 지각양식을 우회적으로 처리하는 경우가 많다. 필자는 이런 내용을 중심으로 오랜 기간 동안 이런 서구의 내면적 경향성을 가장 많이 띠고 있는 독일의 영화를 활용하여 문화에 대한 강의를 해 왔다. 그런 가운데서 학생들의 이해를 구하기 위한 시행착오가 많았는데 학생들은 대부분 영화의 함의, 즉 비언어적 의미구상 부분을 이해하는 데 가장 큰 어려움을 느끼는 것 같았다. 대부분 언어적으로 '말해지는' 한국영화나 할리우드 영화에 익숙한 학생이 독일의 영화를 이해하는 것은 지난한 일이었다. 그런 가운데서도 독일인의 내면을 이해할 수 있는 것은 집단무의식, 다시 말해 정신분석학적으로 해석할 수 있는 신체기호나 비언어적 요소를 인류가 공통적으로 소유하고 있기 때문이다. 인간은 같은 종족으로서 문화적 소재에서 차이가 있을 뿐 정서나 행동에 있어서는 서로 매우 결집력 있는 충동과 정서의 토대를 갖고 있다.

서구인들은 그들의 독특한 기독교적 문화가 발생한 이후, 문학과 예술, 나아가 사회 전반에 걸친 내면 문화의 르네상스를 일으킨다. 문학과 예술을 필두로 자연과학, 심리학, 법학 등의 눈부신 발전은 사물의 이면에 있는 '말할 수 없는 것', '불분명한 것'에 대한 경향성 없이는 불가능하였다.

• Hall, E. T., *The hidden dimension*, New York, 1966, 42쪽 이하를 참조하라.

이런 문화적 경향성을 필자는 서구 내면 문화의 특성인 은유성이라 보고 그것으로 발생한 비언어적 표현을 해석하는 데 노력을 경주하여야 한다고 본다. 서구영화에서 제시되는 이런 은유성은 대부분 인물의 심리나 내면을 대변하는 특성을 지니고 있다. 요즘 세대 속어로 말하자면 그야말로 '쿨'한 면을 대변해 주는 것이 바로 내면적인 것이다. 하지만 한국영화는 정서적 표현이나 수사적 요소를 동반한다. 요즘 세대의 속어로 '웜'하다.

내면성을 중심으로 한 영화에서 셔레이드, 몽타주, 미장센, 프레이밍, 음향의 구도 등은 은유적 구조로, 즉 몽타주적 양식을 보이고 있는데 이것은 관객들에게 다의적 · 암시적 의미를 제시해 준다. 이는 물론 하나의 해석만이 존재하는 것은 아니라는 개방적 자세와 밀접한 관련이 있다. 내면성을 띠는 영화에서는 해피엔딩이나 영화 스토리의 성공 여부는 그리 중요하지 않다. 자유, 이상, 사랑, 우정 등과 같은 보편자가 곧 이들에게 목표가 된다. 다시 말해 결과나 성과보다는 과정과 이상적 형이상학이 중요하다. 비언어적 소통구조나 내면세계 같은 것이 그 예다. 따라서 진동, 빛, 수화, 충동, 색조, 음악 같은 다른 언어로 영화의 서사가 이루어진다. 그렇기 때문에 내면성에 기초한 영화는 응축과 치환 같은 꿈의 원리와도 유사하게 만들어져 있다. 그러나 수사를 중심으로 한 문화에서는 영화가 수사에 치중해 그 내용을 일일이 재현하는 클로즈업 양식을 선택하고 있다. 〈서편제〉나 〈사마리아〉, 〈오아시스〉, 〈외출〉 같은 영화가 서사와 수사를 강조하고 있음을 우리는 잘 알고 있다.

그 밖에도 여러 가지 관점에서 차이가 있다. 앞으로 본론에서 상세히 다루겠지만 몽타주, 미장센, 음악 등에서 다른 점을 찾아볼 수 있다. 이것은 서구와 한국 예술의 이해지평이 다를 뿐만 아니라 내면과 현실의 이해를 이어 주는 표현의 서술과 문화적 상징이 다르기 때문에 일어난 것이다.

내면적 스타일의 영화에서는 등장인물들의 심리나 내면을 직접적인 언어로 표현하기보다는 영화적 장치를 통해 암시적으로 보여 주는 표현방식을 택하고 있다. 이런 표현의 방식은 언어적 전달이나 관객과의 패턴화된 소통을 지향하는 것이 아니라 이러한 상징적 장면들을 통해 다의적인 의미를 유발하는 것이 목적이기 때문이다. 따라서 영화에 대한 몰입이나 플롯의 전체적 구성에 집중하는 것이 아니라 영화를 매우 객관적이고도 낯설게 바라보는 자세가 관객에게 요구된다.

모든 담론은 또 하나의 담론을 포함하고 있고 모든 이데올로기에 대한 이론은 또 하나의 이데올로기를 포함하고 있다. 한국인이며 서구의 예술을 사랑하는 필자가 과연 어느 관점에서 결론을 낼 것인지 망설여진다. 더욱이 이런 이항대립에 포함된 많은 주관적인 문제들에 결론이 있을 수 있는지조차 불확실하다. 왜냐하면 그것은 미학적인 문제, 다시 말해 관객 개개인의 취향에 관한 판단이기 때문이다. 하지만 이런 절충주의적인 전망을 할 수는 있다. 내면적 영화는 오락성과 스토리 진전의 기대에서 오는 긴장감은 떨어진다. 그러나 그 대신 의미의 다양성을 창조하는 데서 충분한 성과를 얻고 있다.

그러나 수사적 표현의 영화는 – 문화적 혼재에서 비롯된 이유가 있겠지만 – 일정한 상징형식이 없기 때문에 스토리와 표현에 의존하고 있으며 그 스토리는 그저 1950년대 일본의 영화만도 못하고 20세기 초반의 유럽 영화에도 못 미치고 있다. 오락성은 있으나 의미 면에서 많은 부채를 안고 있다. 하지만 적어도 한국영화가 국제 시장에서 경쟁력을 가지려면 감독이나 작가가 가지는 강제력이 약화되고 관객에 따라 다르게 수용될 수 있는 의미의 개방성에 주력해야 할 것이다. 물론 서구영화 또한 과제가 없는 것은 아니다. 지나친 내면이나 상징체계로 인해 스토리 진행의 앞뒤가 혼동되어 영화의 오락성이 위협을 받는다.

결론적으로 말하자면 매체 시대에는 매체에 걸맞은 서사가 필요하다는 것을 우리는 간과하지 말아야 한다. 표현을 넘어서서 무엇인가를 이해한다는 것은 힘든 일이다. 수사적인 표현이 그 표현을 넘어서 무엇인가를 암시한다면 그것은 같은 문화권 내에서만 가능한 일일 것이다. 그리고 영화가 아무리 은유적 체계를 보여 주는 데 성공한다고 해도 그것의 상징구조를 알 수 없고 예술적 즐거움을 찾을 수 없다면 이 또한 의미 없는 일일 것이다.

chapter 09

한국영화 – 내러티브의 전형적인 패턴

◎ 미국영화에서도 수사를 하는 영화와 내면을 그려 내는 영화를 구분할 수 있다. 가령 할리우드 영화는 예술적인 영화와 비교해 볼 때 수사를 하는 영화라 볼 수 있다. 코믹이 곁들여진 영화들은 대부분 그렇다. 한국영화에서는 성적인 또는 외설적인 문제를 다루는 박찬욱과 김기덕의 영화를 비교해 보면 이 패턴이 더욱 분명해진다. 전자의 언어가 은유적, 즉 함의적 내러티브라 한다면 후자는 환유적, 다시 말해 상술적 내러티브라 할 수 있다. 그렇기 때문에 전자는 누나의 가슴을 빨고 딸과 잠자리를 같이하는 내러티브를 갖고 있어도 '외설'이 되지 않는 반면, 후자는 돈을 주고 딸 같은 여자와의 잠자리를 사는 도덕과 패륜을 고발하는데도 '외설성'이 시비로 부각되는 경우가 많다. 그것은 전자에 관해서는 은유성, 즉 문학성에 초점을 맞추는 데 반하여 후자는 사실성, 즉 비문

학성에 초점을 맞추기 때문이다. 전자의 특성은 내면적 서구영화에서는 가장 중요한 특징으로 간주된다. 따라서 각종 영화제에서 좋은 소재를 가지고도 아쉽게 탈락하는 경우, 이는 은유성, 즉 내면성 문제 때문인 경우가 많다.

이런 관점에서 보면 〈해변의 여인〉, 〈외출〉, 〈춘향전〉 같은 소재 중심주의 영화들이 영화제에서 외면 당하는 이유가 어느 정도 분명해진다. 나아가 내면적 영화에서 형상화된 비언어적 표현이나 은유성을 한국적 상황에서 구체적으로 적용하는 작업도 가능하리라고 본다. 내러티브가 내면적인 면을 지향하는가, 다시 말해 성경의 문체로 진전되는가 아니면 외면의 수사로 진행되는가를 보여 주는 전형적인 한국영화로 〈올드보이〉와 〈사마리아〉를 들 수 있다. 이제 이 두 영화를 본격적으로 살펴보자. 물론 관계되는 기법이나 스타일이 다른 영화에도 없는 것은 아니므로 그것은 그때그때 언급하기로 한다. 두 영화 모두 오이디푸스 콤플렉스 또는 엘렉트라 콤플렉스를 다루면서 어떤 보이지 않는 내면의 경계 넘기를 시도하고 있는 듯하다. 그러나 영화의 실상은 너무나 다른 결과로 나타났는데, 그것은 바로 수사학적 전통과 내면적 전통의 서로 다른 영역에 기반을 둔 두 감독의 시각차에서 비롯되었다고 할 수 있다.

||||| 올드보이

한국영화를 보면서 〈올드보이〉만큼 많은 박수를 보낸 적이 없다. 왜냐하면 이 영화는 나를 단숨에 사로잡았기 때문이다. 무엇이 나를 사로잡았는가? 우선 영화의 처음이 그렇다. 감독은 오대수에게 파출소에서 보통 사람이 아니라는 인상을 남기는 행위를 하게 함으로써 – 가령 '천사' 이야기를 한다든가 – 오대수에 대한 서술을 하지 않고서도 이 사람이 어떤 경험을 하고 지금 어떤 상황인지 관객으로 하여금 가늠케 한다. 영화의 내러티브와 아무런 상관이 없는, 자살하려는 사람의 두 쇼트 사이에 오대수가 왜 이야기를 하려는 욕망을 가지고 있는가 하는 것을 삽입하여 진행하는 장면이 그렇다. 내러티브와 아무런 상관 없이 자살하는 남자는 그 허구성 때문에 관객을 더욱 서스펜스로 몰아간다. 그 다음에 연결되는 시퀀스에서 오대수는 쥐구멍만 한 통로로 머리를 내밀고 자기가 왜 여기 있는지를, 도대체 왜 15년이나 갇혀 있어야 하는지를 가르쳐 달라고 애원하고 협박한다.

이러한 비현실적인 장면이 오히려 관객들을 호기심과 서스펜스로 몰아간다. 내가 '만약 저렇게 갇히게 된다면'이라는 문학적 호기심은 곧바로 상상력으로 연결된다. 등장인물 미도의 과거 역시 일일이 수사학적 · 연대기적으로 나열하지 않고 상징적으로 처리함으로써 구체적 제시 없이 더 큰 상상을 유발한다.

"나 이우진의 자지가 아닌 너의 혓바닥이 우리 누나를 임신시켰단 말이야."란 우진의 대사를 통해, 오대수의 말이 이 시대의 남근적 욕망임을 상징적으로 처리하고 있다는 점에서 영화는 일반 관객에게 어렵지만 예술성을 느끼게 한다. 혓바닥이란 이미지는 내면적으로 해석을 해야 그 의미가 분명해진다. 그러나 혓바닥의 생김새와 그 보여 주기는 근친상간의 욕망을 오이디푸스처럼 자기도 모르는 사이에 일어나게 함으로써 상상 공간 또는 이미지 공간을 만들어 관객에게는 면책특권을 마련해 준다. 직설적으로 말하자면 혓바닥을 성기의 구체적 형상으로 상상하게 한다는 뜻이다. 이우진의 캐릭터를 통해, 그가 실제에서 무슨 일을 했든, 다시 말해 누나와 근친상간을 했든 안 했든 상관없이 이런 금지의 구도가 만들어짐으로써 영화는 내면적 함의를 얻게 된다.

외국 평론가들, 특히 시카고 선타임즈의 로저 이버트는 "올드보이는 파워풀한 영화다."라고 말했는데, 이는 영화가 발가벗긴 인간 속마음의 깊이를 보여 주었기 때문이라고 본다. LA 타임즈의 카리나 초카노는 "올드보이와 같이 이상하면서 환상적인 영화를 보고 나왔을 때 대부분의 관객들은 자신들이 실제로 진정한 무엇인가를 경험했다고 느끼곤 한다. […] (그런 점에서) 나는 이 영화와 비교할 만한 그 무엇도 생각나지 않는다."라고 평했는데 이 점이 바로 〈올드보이〉가 서구 사람들에게 영향을 미쳤다는 것을 상징적으로 보여 주는 것이다. 이렇게 보여 주기보다는 그 너머에 있는 것을 보게 하는 영화의 패턴이 바로 내면의 수사학이다.

IIIII 사마리아

〈올드보이〉의 그런 상상공간에 비해 〈사마리아〉는 의미구상이 다르다. 우선 현실적으로 – 김기덕이 보내는 시선이 늘 그러하지만 – 채팅을 통해 원조교제를 한다는 것을 있는 그대로 가감 없이 보여 주며 시작한다. 그리고 바수밀다에 대한 대화를 하는데 영화가 그런 상징성을 보여 주는 것이 아니라 바수밀다에 대한 이야기를 주인공을 통해 말로 하고 있다. 그것도 부자연스럽게. 왜 원조교제를 하게 되었는지 내면적 물음에 대해 대답을 하고 있지 않다. 비행기 표 두 장을 얻기 위해 원조교제를 한다는 것은 현실에서 너무 흔한 이야기이기 때문에 상상력을 만들지 못한다. 그리고 미장센 또한 사실적으로 묘사하려고 했지만 전혀 사실적이지 않다. 가령 하드를 다 먹고 모텔에서 막대기를 던지면 그것이 망을 보는 친구에게까지 이르지 않는다는 것을 누구나 다 안다.

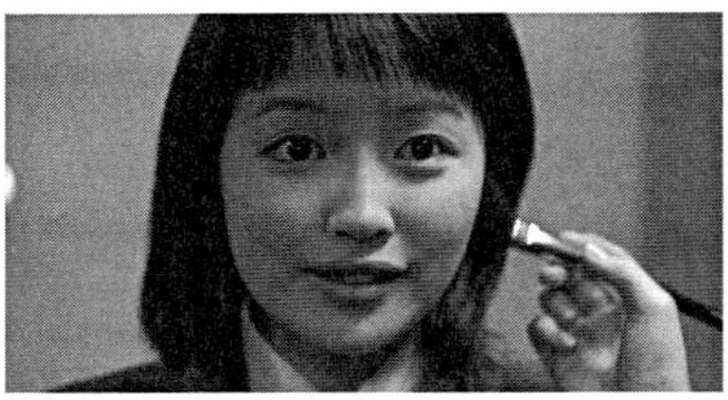

또 경찰이 덮치자 재미있다며 상의를 벗은 채로 달려간다. 거리에서 상의를 벗고 뛰는 것 또한 아무런 느낌을 가질 수 없게 하고, 따라서 어떤 상상공간도 자리할 수 없다. 말한 것은 말한 것 전체다. 말한 것은 말한 것의 경계를 넘지 못한다. 여기에 수사적 표현의 영화가 가지는 한계점이 있다. 스스로 바수밀다라 칭하는 재영이를 말리는 여진의 태도는 의아하기 짝이 없다.

바수밀다 에피소드나 프랑스 아비뇽 노틀담 사원의 예수상에 관한 에피소드가 무슨 맥락을 만들어 내는지 모르는 채 불쑥 튀어나와서 우리를 당황케 한다. 만약 이 영화가 소재의 선정성으로 승부를 걸겠다면 그것은 곧 『우리들의 행복한 시간』과 닮아 있다. 둘이 동성애를 갖고 있다는 것도 진부한 이야기다. 내면의 공간을 만들지 않기 때문에 다시 말해 관객이 내면적 상징을 따라가지 않기 때문에 남은 길은 육체를 관찰하는 것이고, 그러다 보니 선정성에 휘말리게 되는 것이다. 이미 언급했지만 박찬욱의 〈올드보이〉는 상징적 내러티브를 갖고 있기 때문에 '외설'이 되지 않는 반면, 〈사마리아〉는 그것을 현실적으로 보여 주어 '외설'이 시비로 부각될 수 있는 것이다. 전자는 은유성, 즉 문학성에 초점을 맞추는 데 반하여 후자는 사실성, 즉 비문학성에 초점을 맞추기 때문이다.

경찰이 들이닥치자 주인공이 3층인가 4층인가에서 뛰어내려 죽는 장면은 너무 인위적이라는 느낌이 든다. 그리고 그녀의 친구가 손을 내민다는 것 또한 너무나 비현실적이고, 상징적이지도 않다. 다쳐서 피를 흘리며 가는데 경찰은 어디로 가고 없는지도 의문스럽다. 그런 것이 모두 그냥 호메로스 서사시와 같아 보인다. 사실의 연장 그러니까 이미지를 보여 주는 것이 아니라 현실에 대한 르포를 프로레슬링처럼 보여 주고 관객들에게 그러려니 생각하라고 강압한다. 어떤 신인 평론가는 김기덕이 이 영화에서 경계 넘기, 욕망의 모습을 실현하고 있다고 좋게 평가하지만, 이렇게 짜맞추어 표현하려는 감독의 내러티브에서 우리는 아연실색하고 만다. 예술성은 이미지의 반란에 있지 현실적 고발에 있는 것이 아니다. 바수밀다나 소나타, 사마리아라고 붙인 서브타이틀도 관념에 머무르고 있지, 현시적 기능을 하지 못한다.

은유와 환유

〈올드보이〉와 〈사마리아〉를 구분 짓는 결정적인 요소는 은유와 환유다. 은유와 환유는 여기서 문학적 비유법이라는 카테고리가 아니라 유추analogy와 유사similarity라는 구조적 카테고리를 말한다.● 은유와 환유이론은 구조주의 언어학자인 로만 야콥슨에서 출발한다. 우선 구조주의 언어학부터 살펴보자. 언어에는 계열적인 축이 있고 통합적인 축이 있다. 예를 들어 정호승의 「수선화에게」라는 시를 보면 '살아간다는 것은 외로움을 견디는 일이다.'에서 '살아간다는 것', '외로움', '견디는 일'이라는 어휘들이 맺고 있는 관계를 통합적 축이라고 한다. '살아간다는 것' 대신 '죽는다는 것', '외로움' 대신 '즐거움', '견디는 일' 대신 '참지 못하는 일'라는 말을 대체할 수 있는 것은 이들이 계열적 축의 관계에 있기 때문이다. 이런 관계를 문학으로 옮겨가서 이해를 해 보자. 야콥슨은 시의 기능을 두 가지로 나누어서 선택과 결합으로 보았다. 그에 따르면 모든 문학의 메시지는 이 두 축으로 이루어지는 과정의 결과이다. 그에 따르면 언어 행위란 어떤 언어적 실체를 선택하여 좀 더 복잡한 수준의 언어 단위로 결합하는 것을 말한다.●● 그러므로 그의 선택과 결합은 소쉬르의 랑그와 파롤, 계열적 관계와 통합적 관계에 해당한다.

이 말뜻을 좀 더 쉽게 하기 위해서 볼프강 이저가 그의 저서 『독서행

● 뒤에서 언급하게 될 야콥슨은 유추를 유사성으로, 유사를 인접성으로 표현하고 있다. 유추와 유사에 대해서는 로버트 루트번스타인 · 미셸 루트번스타인, 생각의 탄생, 박종성 옮김, 에코의서재, 2007, 197쪽 이하를 참조하라.

●● Roman Jakobson, *Language in Literature*, ed. Krystina Pomorska and Stephen Rudy (Cambridge : Harvard University Press, 1987), p. 97.

위』 서문에서 설명하고 있는 내용을 살펴보자. 그는 "모든 문학텍스트는 주어진 세계를 선택적으로 형상화하고 있다. 물론 그 문학텍스트는 그 세계 안에서 태어나고 그 세계에 실제적 관련성을 맺고 있다. 그런데 만약 문학텍스트가 그 세계에서 일정한 요소들만 취하여 텍스트에 들어간다면 그 요소들의 의미는 변할 것이다. 그런 의미에서 문학텍스트를 성립시킨 선택은 사건의 성격을 지닌다."● 정호승의 시 「수선화에게」를 보면 이런 관계를 분명하게 알 수 있다. "가끔은 하느님도 외로워서 눈물을 흘리신다/ 새들이 나뭇가지에 앉아 있는 것도 외로움 때문이고/ 네가 물가에 앉아 있는 것도 외로움 때문이다/ 산 그림자도 외로워서 하루에 한번씩 마을로 내려온다." 이 시에서 외로움이라는 말을 중심으로 "하느님"과 "새들", "너", "산 그림자" 사이에는 의미론적 탈脫경계가 이루어진다. 이것이 통합적 관계이다.●● 이런 통합적 관계는 문장 내에서뿐 아니라 텍스트 내에서도 가능하다. 이것은 인접성의 관계라고 할 수 있으며 환유적 특성을 지닌다.

야콥슨은 「언어의 두 국면과 실어증의 두 유형Deux aspects du langage et deux types d'aphqsies」이라는 논문에서 실어증을 연구하였는데 실어증을 갖고 있는 환자는 은유나 환유, 즉 선택이나 결합 가운데서 어느 한 능력이 부족하다는 것을 알아내었다.●●● 즉 어떤 아이는 한 말을 다른 말로 바꾸는 능력이 부족하고 다른 아이는 말을 일정한 순서에 따라 결합하는 능력이 없다는 것을 발견하였다. 야콥슨은 앞의 경우를 유사성 장애, 뒤의 경

● Wolfgang Iser, Der Akt des Lesens, München, 1984, 무엇보다 Vorwort zur zweiten Auflage를 보라.

●● 물론 한 문장 내에서 하느님 대신에 새들을 선택할 수 있다. 그러면 선택의 관계가 된다.

●●● Jakobson, R.(1963), *Essais de linguistique générqle ; Les Editions de Minuit*, 1963, pp. 43~67. 여기서는 서명수, 영화에서의 은유와 환유, 한국기호학회 엮음, 언어와 기호(문학과지성사, 1999), 209쪽에서 재인용.

우를 인접성 장애라 불렀다. 전자의 경우는 통사적으로는 완벽한 문장을 구사하지만 '메타언어 능력'이 부족하다. 후자의 경우는 문맥은 붕괴되어 있지만 무슨 사물끼리 유사한가 하는 상투적 문구를 말하는 발화는 가능하다. 위의 시를 우울, 즉 부분적 실어증으로 본다면 인접성 장애라 할 수 있다. 왜냐하면 통사적으로 불가능한 은유적 언어군만을 말하기 때문이다.

이렇게 보면 이 시의 장애를 찾는다면 욕망이 아니라 증상이고, 앞에서 언급했지만 프로이트식으로 말하면 치환이 아니라 응축이며, 라캉의 언어를 빌리면 상상이 아니라 상징인 것이다. 그런 의미에서 제시한 각 행들은 각각 다른 맥락의 언어를 편집, 즉 몽타주해 놓은 것으로 유사하게 보일 뿐이다. 앞으로의 진전을 보여 주지는 않는다. 이런 현상은 '부분이 곧 전체고 전체가 곧 부분이다.'라는 공식으로 통한다. 그러나 환유적인 경우는 다르다. 환유는 인접성의 원리로 만들어진 만큼 부분이 전체가 될 수 없다. 이야기 전체는 완결성을 갖고 있고 부분은 아무런 의미가 없다. 그렇기 때문에 은유는 삶의 의미에 더 중점을 두고 환유는 삶의 모습에 더 중점을 둔다. 그래서 야콥슨은 운문으로 된 시 장르를 은유적으로 보고 산문으로 된 소설 장르를 환유적으로 보았다.● 그런 의미에서 은유가 언어의 저변에 있는 심층적 논리를 기초로 연관성을 찾는다면 환유는 구체적인 역사 세계 안에서 그 연관성을 찾는다. 이런 맥락에서 보면 우리가 이항대립으로 설정한 몽타주는 은유의 양식으로, 클로즈업은 환유적 양식으로 만들어져 있다.

이런 문화적 양식의 차이는 비단 영화뿐 아니라 소설에도 그대로 적

● 김욱동, 은유와 환유, 민음사, 1999, 264쪽에서 재인용.

용된다. 예를 들면 파트리크 쥐스킨트의 『좀머 씨 이야기』나 밀란 쿤데라의 『참을 수 없는 존재의 가벼움』은 적당한 은유적 양식을 보여주고 있다. 그 작품 내에서 제시되는 여러 가지 에피소드는 부분이 전체가 될 수 있지만, 가령 신경숙의 소설 『외딴방』이나 공지영의 『우리들의 행복한 시간』 또는 이문열의 소설 『우리들의 일그러진 영웅』에 나오는 이야기는 부분이 전체가 될 수 없다. 이야기를 보자.

> 오래전, 수 년, 수십 년 전의 아주 오랜 옛날, 아직 나무 타기를 좋아하던 시절에 내 키는 겨우 1미터를 빠듯하게 넘겼고, 내 신발은 28호였으며, 나는 훨훨 날아다닐 수 있을 만큼 몸이 가벼웠다. 정말 거짓말이 아니었다. 나는 그 무렵 정말로 날 수 있었다. 적어도 거의 그렇게까지 할 수 있을 것처럼 보였다. 아니 좀 더 솔직하게 말하자면, 그 당시 내가 진짜로 그럴 각오를 하고 제대로 실행에만 옮겼었더라면 실제로 몸을 날릴 수 있는 능력이 내게 있었던 것처럼 생각되었다…. 하마터면 그대로 날아 버렸을 뻔했던 적이 그 무렵 한 번 있었던 것을 아직도 생생하게 기억하고 있다. 학교에 입학한 후 처음 맞는 가을이었다.
>
> 하교 길에 바람이 엄청나게 많이 불어서 양팔을 옆으로 쭉 뻗지 않고서도 넘어지지도 않고, 스키 선수가 맞바람을 맞으며 자신의 몸을 버티듯이 그렇게 비스듬한 자세로, 점점 더 비스듬하게 내 몸을 구부릴 수 있었다…. 그때 내가 바람을 뒤로 맞으며 학교 앞 동산의 초원을 가로질러 뛰어 내려왔을 때 – 우리 학교는 마을에서 떨어진 언덕 위에 자리하고 있었다 – 발을 조금만 힘차게 구르고, 팔을 양쪽으로 쭉 뻗기만 했더라면 내 몸은 바람을 타고 훨훨 날 수 있었을 것이다. 전혀 힘도 들이지 않고 2, 3미터나 되도록 높게, 10 내지 12미터나 되도록 멀리 뛸 수 있었

으니 말이다. 어쩌면 그렇게까지 높지 않았을는지도 모른다. 그렇지만 그 따위가 무슨 큰 문제란 말인가! 어쨌든 나는 그때 날 수 있었고, 내가 만약 외투의 단추를 풀고 그것의 양끝을 양손으로 잡아 주기만 했더라면, 바람을 타고 둥둥 떠다닐 수 있어서 학교 앞 동산에서 언덕 아래에 있던 숲 위로 거침없이 훨훨 날아다니다가, 숲을 지나 우리 집이 있던 호숫가로 날아가서, 우리 집 정원 위에서 멋지게 한 바퀴 선회하면, 날아다니기에는 이미 몸이 너무 무거운 우리 아버지, 어머니, 누나, 형들이 깜짝 놀란 눈으로 나를 쳐다보는 모습을 볼 수도 있었을 테고, 다시 호수의 반대편 제방까지 날아가 점심 식사 시간에 늦지 않게 집에 도착하기 위해서 마침내 우아한 몸짓으로 착륙할 수도 있었을 것이다.

[…]

그런데 내가 왜 여기서 지금 날아다니는 것이라든가 나무에 기어올랐다는 것 등을 얘기하고 있는 건가! 갈릴레오 갈릴레이의 낙하 법칙 따위를 들먹이고, 나를 종종 혼란스럽게 만드는 뒤통수의 일기 예보용 혹 등에 대해 종알대고 있었을까! 그런 것들하고는 전혀 다른 좀머 아저씨의 이야기를 하려고 작정했으면서 말이다. 물론 그 이야기 속에는 내 인생의 여로와 몇 번 교차한 바 있는 인생길, 좀 더 정확히 말하자면 방랑길을 걸어간 한 이상한 인간만이 존재하기 때문에, 이야기가 정상적인 이야깃감이 되지는 못할 것이므로 그냥 가능한 것들만 적어 보려고 작정하지 않았던가? 하지만 내 이야기를 다시 한번 맨 처음부터 시작하는 것이 좋을 것 같다.●

● 파트리크 쥐스킨트, 좀머 씨 이야기, 유혜자 옮김, 열린책들, 2003, 5~6쪽, 14쪽.

'알 수 없는 그 무엇'을 '알 수 있는 그 무엇'에서 유추해 내는 것이 곧 해석학의 과제라면 이런 소설은 수사학적 관심보다 해석학적 관심이 많다는 것이다. 좀머 씨의 출신이 무엇인지, 그의 이름은 무엇인지, 나이는 몇인지, 그의 직업은 무엇인지 아무것도 알 수 없다. 하지만 위의 인용문에서 볼 수 있듯이 화자는 최선을 다해서 원인을 규명하려는 자세를 보인다. 더군다나 자신의 부끄러운 상황이 바로 그러한 이유에서 비롯된 것임을 알려서 독자들을 긴장시키고 있다는 점이 독특하다. 그러나 문제는 지팡이와 배낭 하나만 가지고 있을 뿐 그가 왜 그렇게 빠르게 걸어 다니는지, 그러한 방랑의 목적은 무엇이며, 그러한 방랑의 목적지는 어디인지 "아무도 아는 사람이 없다."(24쪽)는 것이다. 다만 화자가 분명하고 똑똑하게 들은 좀머 씨의 한 마디는 "그러니 나를 좀 제발 그냥 놔두시오!"라는 말뿐이었다. 우박이 와서 앞이 한 치도 보이지 않는 날, 그를 차에 태워 주려는 호의는 묵살되고 말았다. 그에 대해 화자의 아버지는 "저 사람 완전히 돌았군." 이라고 대꾸했다. 서로가 소통될 수 없는 말들, 다시 말해 완전히 "틀에 박힌 빈말"일 뿐 이들 간에 아무런 소통의 다리를 놓을 수 없는 말이다.

그 다음에 이어지는 장면은 결국 좀머 씨의 상태에 대한 추론이다. 좀머 씨가 밀폐공포증에 시달리고 있다는 추론을 위한 대화가 이어지지만 그것이 사실인지 그래서 그가 그렇게 매일 걸어다니는지에 대한 의문은 가시지 않는다. 다만 모든 것이 추측일 뿐이다. 아무도 직접 보지도 듣지도 못했기 때문이다. 만약에 좀머 씨에 대한 이야기가 연결되는 이 지점에서 한국 작가가 소설을 완성해 간다면 '한편…'이라는 말로 시작하거나 또는 좀머 씨의 또 다른 얘기, 그의 과거 행적 등에 대해 환유적 인접성의 원리로 글을 써나가야 할 것이다. 그러나 쥐스킨트가 소설을 완성해 가는 방법은 다르다. 갑자기 화자가 같은 반에서 카롤리나 퀵켈만을 좋아해서 그 아이를 만나는 날까지의 그의 행적에 대해 뜬금없이 이야기한다. 물론 두 번째 이야기에서 화자 스스로도 이유를 약간 밝히고 있기는 하지만, 제시한 에피소드들이 다른 책에서 뽑아온 것처럼 다양하다. 만약에 이 소설의 제목 '좀머 씨 이야기'를 수사학적으로 전개한다면 이런 식으로 작품을 전개하지는 않았을 것이다. 즉, '좀머 씨 이야기'면 처음부터 적어도 좀머 씨를 중심으로 사건을 전개하였을 것이다. 그러나 『좀머 씨 이야기』는 사실상 좀머 씨 이야기라기보다는 화자의 이야기로 가득 차 있다. 여기서 이야기의 구성은 은유적이다.

다시 말하면 은유는 집단 무의식과 같은 영원불변하는 어떤 본질적인 것과 관련이 되어 있고 환유는 이와 반대로 우발적이고 불확실한 것과 관련되어 있다. 나무에서 떨어지려고 했던 것도 내면적인 자살충동이나 우울과 관련이 있다. 이렇게 은유는 개념적 성격이 강하기 때문에 해석학의 대상이고 사건은 실제를 서술하는 성격이 강하기 때문에 수사학의 대상이다.

내면적 소설은 이렇게 스토리와 주변 사회가 도망가고 없다. 그러므로 소설이 역동적인 오락성을 겨냥하는 것이 아니라 인간의 내면을 겨냥하고, 그런 나머지 소설이 '서술하는' 소설이 아니라 시나 음악처럼 해석해야 할 대상이 되어 버렸다.

해석과 수사

내면적 영화를 한국 관객이 보면 매우 낯설고 앞뒤 맥락을 파악하기가 어렵다. 그 이유는 우선 기대지평이 다르기 때문이다. 즉, 미장센과 프레임 등으로 구성된 상징형식과 은유적 사유구조가 다르기 때문에 '어렵다'는 평가를 내린다. 여기에는 표현 방식이 언어적이 아니라 비언어적이라는 것도 한몫을 한다. 다시 말해 수사적 영화가 구체적으로 표현하는 방식을 쓰고 있다면 내면적 영화는 보이지 않는 것을 암시하려는 경향이 짙다. 즉 보이지 않는 것, 말할 수 없는 것과 같은 영화의 내부를 읽어내는 작업이 관객들에게 떠맡겨지는 셈이다. 따라서 내면적 영화에는 기본적으로 '알지 못할 그 무엇'의 해석이 전제되어야만 한다.

이런 언어는 수사학적으로 표현하는 언어가 아니라 내면을 추측하게 하는 언어이다. 이 언어는 의미를 숨겨진 것에서, 다시 말해 안에서 찾아와서 파악해야 하는 은유적 언어이기 때문에 수사학 대신에 해석학적 원리를 따른다. 영탄이나 수사 대신에 그 상황에서 어떤 내면을 가질 것인가에 초점을 맞춘 언어이기 때문에 그 의미가 다른 것은 말할 필요도 없다. 수사학의 출발점이 그렇기도 하지만 개인의 체험보다는 "말로 사람을 사로잡을 수 있거나, 그의 호의를 얻어내는 것"● 이 수사학의 생명인 만큼 수사학은 내적인 문제에 큰 관심을 두지 않는다. 연설을 하는 데 필요한 언어와 내적 삶의 형식이 지배적인 언어는 분명 차이가 있다.

우리의 수사학적 전통을 살펴보기 위해 우선 김동명의 「내 마음은」이라는 시를 읽어 보자. "내 마음은 호수요,/ 그대 저어 오오./ 나는 그대의 흰 그림자를 안고/ 옥같이 그대의 뱃전에 부서지리다.// 내 마음은 촛불이요,/ 그대 저 문을 닫아 주오./ 나는 그대의 비단 옷자락에 떨며, 고요히/ 최후의 한 방울도 남김없이 타오리다." 이 시의 수사학은 너무나도 분명히 드러난다. 그래서 그 언어 표현에 대한 의구심은 전혀 없다. 그러므로 우리는 우선 주체가 사랑하는 상대방을 봉건군주처럼 대하고 그의 사랑의 노

● 키케로, 화술의 법칙, 양태종 옮김, 유로서적, 2004, 6쪽.

예가 되는 것을 허락한다. 어법 자체가 봉사의 어법이며 희생의 어법이며 과장된 은유를 사용하고 있기 때문이다. 사랑하는 두 사람 사이에는 인위적인 간극이 놓여 있다.

하지만 괴테의 「오월의 노래」를 읽어 보면 사랑의 진실함을 위해 그런 수사가 필요 없다는 것을 알 수 있다. "오, 소녀여, 소녀여./ 내가 그대를 얼마나 사랑하는지!/ 그대의 눈빛이 얼마나 반짝이는지!/ 그대가 나를 얼마나 사랑하는지!"• 이 시는 직접적인 고백의 언어로 되어 있다. 이 시의 독자는 사랑을 그저 자신의 것에 환원하여 추론할 뿐이며 구체적인 표현을 이 시에서 얻을 수 없다. 시가 어떤 소녀를 말하는지, 눈빛이 반짝인다는 것이 단순하지만 무엇을 함의하고 있는지, 얼마나 사랑하는지를 단순하고 소박하게 반복하는 것이 오히려 핍진한 느낌을 부여한다. 영화에서는 이런 불확실한 상황을 보여 주기를 통해, 다시 말해 시각과 청각으로 재현할 수 있다. 수사학적 문학이 중세에서는 이런 문학으로서의 한계를 가지고 있었는데 심층심리학의 도움으로 근대에는 그 비밀이 밝혀진 것이다. 왜 기억하는 대신 반복하는지, 눈빛으로만 무엇을 말할 수도 있는지.

• Johann Wolfgang von Goethe, Mailied(oder Maifest) in : Goethes Werke Bd. I(=Hamburger Ausgabe), München, 1982, p. 31.

chapter 10

영화와 상징

◎ 영화의 상징을 이해하기 위해 우리는 문화와 상징의 관계부터 살펴볼 필요가 있다. 일반적으로 문학에서 의미하는 상징이란 괴테가 언급한 상징 개념에서 크게 벗어나 있지 않지만● 철학이나 문화학에서 말하는 광의의 상징개념을 보면 기호개념과 동일하게 사용되는 경우가 많다. 이런 이유로 상징을 수사법의 일환으로 보는 것은 무리다. 엄밀한 의미에서 상징과 기호는 다르기

●Johann Wolfgang von Goethe, *Maximen und Reflexionen. Sämtliche Werke*, Jubiläums-Ausgabe in 40 Bänden. Hg. v. Eduard von der Hellen. Stuttgart/ Berlin : Cotta o. J. Bd. 38, S. 261 u. 266. 여기서 괴테는 알레고리와 상징을 비교하면서 상징이란 "특수한 것이 보편적인 것을 드러내되 꿈이나 그림자로서가 아니라 구명할 수 없는 어떤 것을 생생하게 순간적 계시로 드러내는 것"이라고 정의하고 있다. 따라서 본 장에서 다루는 상징 셔레이드와 상징기법도 의미적인 맥락에서 괴테의 상징 개념 내에 있다고 볼 수 있다.

때문이다. 가령 기호가 개별 문화권을 넘어서도 그 통용성을 유지할 수 있는 구심적 특성을 지니고 있다면, 상징은 개별적 문화권을 넘어서면 의미를 상실하는 원심적 특성을 가지고 있다. 예를 들면 짙은 구름은 다가올 비의 상징적 전조이다. 이런 상징은 그저 관습적 기호로 사용될 수도 있다. 붉은 깃발은 위험의 상징이며 흰 깃발은 항복의 상징이라고 할 때 그것은 기호의 차원을 말한다. 이처럼 직접적이고 좀 더 분명하게 언급될 수 있는 기호가 상징에서는 비유적이고 완곡한 방식으로 재현된다.

따라서 상징은 시에는 있으나 과학에는 없다. 상징에 논리가 있다는 말은 잘못된 것이다. 또한 상징의 의미는 문자나 이미지로 연상해 낼 수 있는 상상의 세계를 보여줄 수 있다.● 서양에서 6이라는 숫자는 그것이 숫자로 쓰였건 상상 속의 숫자이건 컴퓨터의 프로그램 언어에 들어 있건 하나의 상징이 될 수 있다. 문학에서 상징은 원관념이 숨고 보조관념만 나타나 있는 형태라고 설명된다.●● "길게 드러누운 그 길로/ 바람이 오고 그대는 가고"라는 문장이 있다면 여기서 "길"은 언어학적 지시이론으로도 의미론적 비유로도 설명할 수 없다. 한마디로 판단할 수 있는 준거가 없이 보조관념만 존재하기 때문이다. 그러므로 이런 상징은 그저 개인적으로, 문화 집단적으로, 한 걸음 더 나아가 원형적으로 어떤 의미를 가질 수밖에 없다.

우리는 책을 읽을 때 텍스트가 지시하는 기호를 따라가지만 또한 그

● "상징은 문학에서 그림으로 형상화하는 것으로, 이 그림은 직접적으로 감정과 상상을 자극함으로써 여러 가지 사물과의 관계를 내면 깊숙이 통찰할 수 있는 시야를 열어주는" 것으로 정의할 수 있다. Ivo Braak, Poetik in Stichworten, Kiel, 1980, p. 38을 참조하라.

●● C. Brooks & R. P. Warren, *Understanding Poetry,* Holt, Rinehart, Winston, 1966, p. 556.

것을 따라가지 않는 것을 상징이라고 정의할 수 있다. 플로베르의 『마담 보바리』에서는 엠마가 이혼을 하고 난 후 거울을 들여다보면서 새로운 느낌을 가지는 장면에서 상징이 무엇인지 잘 드러난다. "거울 안에서 자신을 보면서 그녀는 자신의 얼굴에 놀랐다. 그녀는 결코 그렇게 크고 그렇게 검고 또 그렇게 깊은 눈을 본 적이 없었다. 그녀 자신의 내면에 퍼진 미묘한 무엇이 그녀를 변모시켰던 것이다. 그녀는 되뇌었다. 나는 연인이 있어! 연인이! 마치 갑자기 닥쳐온 또 하나의 사춘기 때처럼 그녀는 이런 생각을 즐겼다. 그녀는 결국 사랑의 이러한 즐거움에 사로잡히게 되었다. 그녀가 절망적으로 생각했던 행복의 이러한 열병에 말이다. 그녀는 모든 것이 정열과 환희, 쾌락이 되는 신성한 어떤 것에 깊숙이 빠져 들어가게 되었다." 남편과 살 때는 보이지 않던 미묘한 무엇이 새롭게 보이는 것, 즉 그녀가 보고 느끼고 있었던 기호 이상의 것이 상징이다. 이런 상징은 우리의 삶에서 음성, 상상력, 욕망, 문화적 의식, 종교적 제의 등의 영향을 받아 이루어진다.

수전 K. 랭어는 그녀의 『새로운 철학의 노정』이란 책에서 "상징이란 상징하는 대상들의 대리자가 아니라 그 대상들을 상상하는 수단이다."●라고 적확하게 설명하고 있다. 이렇게 상징이 단순하게 상징의 이론이나 원리에 의해서 재현되는 것이 아니라 특정한 문화 내에서 그 수용자에 따라 자연 발생적으로 만들어진 것이기 때문에 그 문화에 대한 이해를 전제로 하고 있다. 이런 측면에서 볼 때 한국의 영화는 그것이 몽타주 스타일이건 클로즈업 스타일이건, 그것이 프로레슬링 같든 권투 같든 한국인 관객들

● Susanne K. Langer, Philosophie auf dem neuen Wege, Frankfurt a. M., 1987, p. 69.

이 결정할 문제다. 다만 이 영화가 세계 시장의 무대에 서기 위해서는 그리고 변화하는 신세대의 눈높이를 맞추려는 시도라면 그 새로운 상징을 도입해야 한다.

우리는 이미 내면적 영화에서는 심층심리학에서 말하는 무의식적 상징이 그림처럼 형상화되어 있다는 점을 살펴보았다. 프로이트의 충동이론이 구강, 항문, 성기의 충동을 상징의 기본으로 이해하고 있다면 내면적 영화는 그런 상징들을 구현하려고 애쓴다. 이런 상징은 다른 어떤 서술적 문학수단보다도 영상에서 완벽하게 문화적 측면을 재현한다. 즉, 이런 내면은 텍스트, 콘텍스트, 사회 문화적 관점, 전기적 관점, 표현적 관점과 완전히 결부된 문화적 상징인 것이다. 그래서 무의식적 상징일지라도 그 문화에 동화되고 굴절된 형식일 때 비로소 자연스럽고 심미적인 가치를 띠게 되는 것이다.●

원시적 형태의 언어나 비언어적 소통을 살펴보면 프로이트가 말한 본능적 대상들을 상징으로 만들어 낸다는 것을 알 수 있다. 그러나 호수가 모태의 상징이라든가 집이 여성의 상징이라고 보는 것은 이해하기 힘들다. 왜냐하면 원시적 맥락으로서의 상징 언어와 기호화된 집을 구별하기가 쉽지 않기 때문이다. 전자는 이미지로서의 집이고 후자는 기능으로서의 집이다. 정신분석학 따르면 상징은 무의식의 법칙, 욕망의 법칙, 즉 유

●정신분석학도 이런 원리로 작용하고 있음을 알 수 있다. 예를 들어 라캉은 프로이트의 응축–치환 이론을 소쉬르 언어학에 힘입어 은유와 환유라고 하면서 프로이트가 처음부터 은유보다는 환유에 더 중점을 두고 있음을 밝히고 있다(정과리, 『정신분석에서의 은유와 환유』, 있는 곳 : 한국기호학회 엮음, 『은유와 환유』, 문학과지성사, 1999, 13쪽). 미학의 기초가 결여적privativ이라는 관점도 실제적인 기호보다는 미끄러진(치환된) 의미가 주도적 의미를 취하게 된다는 것을 말해 준다.

치한 소원-사고에 따라 만들어진다. 그렇다면 류시화의 시 「새와 나무」의 "새는 그 나뭇가지에 집을 짓고 나무는 더 이상 흔들리지 않지만/ 나만 홀로 끝없이 흔들리는 것은/ 당신이 내 안에 집을 짓지 않은 까닭이다"에 나오는 "집"은 실제적인 새의 집이 아니라 모태나 여성의 느낌을 포함한 상징적 집이다. 기형도의 「빈집」을 읽어 보자. "사랑을 잃고 나는 쓰네 […] 장님처럼 나 이제 더듬거리며 문을 잠그네/ 가엾은 내 사랑 빈집에 갇혔네" 여기서도 빈집이란 여성이나 사랑과 관련이 있다. 그래서 결국 빈집이란 공허함을 상징하게 된다.

김기덕 감독의 영화 〈빈집〉을 보자. 어떤 청년이 광고 전단지를 돌리면서 알아낸 빈집에 들어가 샤워도 하고 음식도 먹고 잠도 잔다. 주인이 들어오면 도망가 또 다른 집에 들어간다. 그러나 빈집털이는 아니다. 오히려 그 집 빨래를 해 주고 고장 난 물건들을 고쳐 주고, 남편에게 폭력을 당하는 여성을 구해 주고 심지어는 죽은 사람의 염을 해 준다. 물론 스토리상으로 볼 때 재미있는 소재다. 그러나 그것이 단순한 소재주의로 갈 때 관객은 실망하고 마는데, 그 이유는 우리가 문학을 읽거나 영화를 볼 때 단순히 이야기나 표현으로만 읽거나 보는 것이 아니라 욕망이나 마음으로 읽거나 보기 때문이다.

상징은 언어적인 측면에서는 부수 의미connotation로 파악할 수 있으

나 비언어적인 측면으로는 오히려 스테레오타입에 가깝다. 부수 의미라고 보면 공적 상징을 말하고 스테레오 타입이라면 언어관습으로 구현된 원형적 상징을 뜻한다. 영화 〈빈집〉이 그런 상징공간을 만드는 데 실패한 이유는 마음의 변화를 어떤 현실참여적인 사건으로 진행했기 때문이다. 가령 빈집에 들어가는 남자는 어느 날 선화(이승연 분)의 집에 들어가 그 여자가 있는 줄도 모르고 사진을 찍고 빨래를 해 주고 그 집 안방에서 잠을 자는데 주인 남자가 들어와서 여자를 폭행하는 것을 목격한다. 그 다음부터가 문제다. 사건 중심으로 내러티브를 전개하기 때문에 골프채로 공을 쳐 그 남자를 맞게 함으로써 처벌한다는 식으로 진행된다. 이것이 영화의 내적인 의미를 죽이고 만다. 나 같으면 빈집이라는 상징의미를 부각시켜 스토리를 진행시켰을 것이다.

오규원은 『현대시작법』에서 개인적 상징의 모티프를 제시한다. "나는 바퀴를 보면 굴리고 싶어진다/ 자전거 유모차 리어카의 바퀴/ 마차의 바퀴 굴러가는 바퀴도 굴리고 싶어진다/ 가쁜 언덕길을 오를 때/ 자전거 바퀴도 굴리고 싶어진다"(황동규 시인의 「나는 바퀴를 보면 굴리고 싶어진다」).● 이 시에 대한 오규원의 해설은 이렇다. "이 시의 '바퀴'는 개인적 상징이다. 시의 화자는 바퀴만 보면 굴리고 싶다고 한다. 그러한 욕망은 자전거, 유모차, 리어카, 마차의 바퀴뿐만 아니라 모든 형이상학적 바퀴에까지 연장된다. [⋯] 그 바퀴는 그러므로 상징적 존재이다. 그리고 그 바퀴의 숨은 의미도 하나가 아니다. 그 바퀴는 굴릴 수 있고 또 굴러갈 수도 있는 모든 것을 하나로 표현하고 있기 때문이다(그것은, 범박하게 말해서 생명일 수도 있고

● 오규원, 현대시작법, 문학과지성사, 1992, 289~290쪽.

역사일 수도 있고 사랑일 수도 있다. 아니 이 모든 것이 합쳐진 것이라고도 할 수 있다. 그 어느 쪽에 초점이 두어졌느냐는 시인의 전편의 시를 연구해 보아야 한다. 개인적 상징은 시인의 개인적 상징체계 속에서 그 의미가 분명해지기 때문이다). 이렇게 숨은 의미가 하나일 수 없는 것이 다의성이라는 상징의 특징이다."

소위 여기서 오규원이 추가로 설명한 "범박하게"란 말에서 우리는 상징의 가능성을 가늠해볼 수 있지만 그가 나중에 첨가한 다의성이라는 말에서는 오히려 기호를 말하고 있다고 보아야 할 것이다. 오규원과는 독자적으로 이 시의 상징을 생각해 보자. 정신분석학에서 "굴리다"의 의미는 오나니즘, 즉 자위행위이다. 이를테면 활강이나 상승 같은 원적인 운동을 상상해 볼 수 있다. 그러므로 이성적으로 또는 문장 안에서 파악하는 것을 우리는 상징이라 할 수 없다. 왜냐하면 그것은 수렴하는 기호의 특성을 갖고 있기 때문이다. 그러므로 "바퀴"의 상징적 의미는 오규원이 말한 것처럼 '개인적'이라는 말을 붙이면 상징이 될 수 없다. 왜냐하면 우리가 이 주장대로 볼 때 어떤 소원, 연상 같은 것이 있어야 하기 때문이다. 문학적 수사법으로서의 상징이 가지는 한계를 오규원은 분명히 보여주고 있다. 다시 말해 정신분석학과 수사학의 상징은 상징의 의미에 대한 다른 스펙트럼을 가지고 있다.

분석심리학적인 관점을 견지한 융이 『인간과 상징』에서 언급한 바를 인용해 보자. 융은 자신이 한 말을 조금씩 다르게 퍼뜨리는 학자를 알고 있었는데, 그는 할 테면 하라는 식으로 그냥 방치했다고 한다.● 그런데 융

● 칼 구스타브 융 외, 인간과 상징, 이윤기 옮김, 열린책들, 2000, 43쪽.

은 어느 날 꿈에서 그 사람이 자기 등을 올라타는 것을 보았다. 곰곰이 생각해 본 결과 융은 자신이 오스트리아의 관용어를 알고 있다는 점을 알아냈는데, 그것은 "넌 내 등에 올라탈 수 있어.Du kannst mir auf den Buckel steigen."라는 것이었다. 이 상징이 꿈에 그대로 재현되었고 그 뜻은 "난 네가 나에 대해서 뭐라고 하든지 상관하지 않아."란 뜻이다. 앞에서 내가 꿈이 스테레오타입이라고 주장한 것을 증명해 주는 예이다. 보다시피 여기서는 상징이 일상 언어로 재현되어 있다. 융은 같은 내용의 심리를 갖고 있는 미국 사람이라면 어떤 꿈을 꿀 것인가 하고 생각하였다. 그는 아마도 "가서 호수에 뛰어 들어."라고 말하는, 또는 호수에 빠지는 모습이 현재몽顯在夢으로 드러날 것이라고 보았다. 이런 내용을 우리말로는 어떻게 재현할 수 있는가 깊이 생각해 볼 문제다. 나는 이런 문제를 고민하다가 국문과 교수들에게 자문을 구하였다. 그러나 좋은 예를 얻지 못하였다. 그 대신 며칠 후 비슷한 상황을 겪게 되었다. 내 강의가 날라리라고 비난하는 어떤 교수가 있었는데 난 그 말을 전해 듣고 기분이 좋지 않았지만 어쩔 수 없었다. 그것이 꿈에 이렇게 재현되었다. 꿈에 내 차가 나왔는데, 차의 앞부분은 내가 타고 다니던 트라제였고 뒤는 타이탄 트럭이었다. 그런데 어떻게 된 상황인지는 모르지만 차 뒤가 부서졌다. 나는 그 순간 매우 불만스러웠다. 하지만 뒤쪽 부분이라 괜찮다는 생각을 했다. 내가 이런 꿈을 꾼 것은 아마도 "안보는 데서 욕한들 상관치 않는다."는 나의 '개별언어'가 작동한 때문인 듯하다.

정신분석학의 도움 없이 문예학적인 관점에서 연구한 상징은 자칫 기호로 전락할 수 있다. 그렇지 않더라도 상징이라는 것은 정의하는 즉시 상징기호로 전락할 수 있다. 문학의 빈자리가 또는 작가/시인의 의미구상이 수용자에 따라 늘 다르게 재현될 수 있는 것은 바로 상징화된 상징이 아니라 상징화하는 상징이 작용하기 때문이다. 이 이론을 확대해서 보면 우리는 몇 가지 중대한 사실을 경험할 수 있다. 그중 하나는 가수들이나 성악가들의 노래를 결정하는 것이 바로 이 스테레오타입으로 결정된 하나의 상징이라는 점이다. 주현미의 콧소리나 현철의 꺾기, 이미자의 독특한 창법은 바로 이런 무의식을 표방하는 소원 사고의 암시적 표출이 아닐 수 없다. 나아가 월드컵 경기의 새마치 장단 응원 같은 것들은 외국인들이(이를테면 삼바리듬이나 독일어의 강약격으로 된 응원가) 모방할 수 없는 상징성을 내포하고 있다. 우리가 글자로만 표현한 기의의 굴레에서 벗어나 몸짓의 언어, 소리의 언어 같은 데로 연구를 확장할 때 우리는 진정한 상징성을 찾을 수 있다.

융이 주장한 대로 상징이 문화 속의 언어로 체현된다면 우리는 직접 그 현장을 찾아가 보아야 할 것이다. 문화의 현장이라 하지만 그것을 일일이 채보採譜할 수도 없고 기보記譜되어 있는 것이 절대적 정당성을 보장해 줄 수도 없는 이상, 우리는 그 상징을 문학과 영화 같은 예술 형식에 국한해서 논의를 진행할 수밖에 없다. 우선 한국인의 대표적 상징을 잘 담았다고 생각하는 정호승의 시 「그리운 부석사」를 인용하겠다.

사랑하다가 죽어버려라
오죽하면 비로자나불이 손가락에 매달려 앉아 있겠느냐
기다리다가 죽어버려라
오죽하면 아미타불이 모가지를 베어서 베개로 삼겠느냐
새벽이 지나도록
摩旨를 올리는 쇠종소리는 울리지 않는데
나는 부석사 당간지주 앞에 평생을 앉아
그대에게 밥 한 그릇 올리지 못하고

눈물 속에 절 하나 지었다 부수네
하늘 나는 돌 위에 절 하나 짓네.●

이 시에서 상징이 될 수 있는 것은 "비로자나불"과 "아미타불", 그리고 "쇠종소리"와 "당간지주"가 될 것이다. 물론 이들 대상이 상징은 아니다. 그보다도 "손가락에 매달려 앉아 있는" 비로자나불과 "모가지를 베어서 베개로 삼은" 아미타불, "마지를 올리는" 쇠종소리, "하늘 나는" 당간지주가 상징이다. 다시 말해 원형적인 상징은 시인에 의해 어느 정도 생각으로 처리되었지만 한국인 특유의 무의식이 그런 대상들을 통해 재현되었다는 점을 인식할 수 있다. 독일인이나 미국인이라면 그런 대상들에서 이런 무의식을 찾을 수 없다. 왜냐하면 그것은 바로 문화-언어적으로 구체화되어 있기 때문이다. 우리말을 살펴보면 '손가락을 걸고 사랑을 맹세하다.'와 '목 빠지도록 기다리다.'라는 관용구가 있다. 그리고 '모가지가 길어서 슬픈 짐승이여'에서 보듯, 기다림이 목과 관련되는 경우가 많다. 이 말을 영어로 번역할 때 절대로 '목'이라는 말을 사용할 수 없는 것이 곧 상징의 특수성을 말해 준다.

이렇게 보면 상징은 원형적인 것이며 암시적implicit인 것이라 할 수 있다. 앞서 인용한 『인간과 상징』이란 저서에서 융은 다른 에피소드를 하나 소개하고 있다.●● 13세기 스페인의 한 하급귀족이었던 라이몬 룰에 관한 이야기인데, 그가 어느 귀부인을 너무나 사랑해서 오랜 추적 끝에 자기가 사모하는 귀부인을 만나는 데 성공한다. 그런 그에게 부인은 말없이 드레스를 벗어 젖가슴을 보여 준다. 그 젖가슴은 암으로 썩어 있었다. 그 충격 때

● 정호승, 사랑하다가 죽어버려라, 창비, 1997.
●● 칼 구스타브 융, 인간과 상징, 열린책들, 2000, 76쪽.

문에 룰의 인생은 변했다. 룰은 실제로 스페인의 유명한 신학자이자 위대한 선교사가 되었다. 융이 여기서 말하고자 하는 것은 이런 생각이 이 사건으로 만들어진 것이 아니라 갑작스런 변화가 있을 경우 원형이 오랫동안 무의식에서 작용을 하고 있다가 기술적으로 위기를 만들어 낸다는 것이다. 이런 이론에 기댄다면 시적 화자는 언제나 이런 무의식을 늘 같은 방법으로 대상에 투사하는 것이다. 그는 한때 "눈물이 나면 기차를 타라."고 했다. '기차를 타라'는 것이 하나의 기호는 아닐 것이다. 상처가 있었고 이 상처가 늘 의식으로 올라와 무엇인가를 하게 만든다. 그러므로 이런 무의식이나 원형이 어느 나라에서건 공히 존재하지만 언어로 체현된다는 뜻에서는 다르다.

이러한 상징원리를 이제 우리는 한국영화 〈오아시스〉에서 찾아볼 것이다. 〈오아시스〉의 첫 부분은 매우 상징적이다. '오아시스' 그림이 있는 벽걸이 양탄자 위에 나뭇가지의 그림자가 어른거린다. 공주는 이 그림자를 매우 두려워한다. 그리고 거의 마지막 부분 반전에서 종두가 이 나뭇가지를 제거해 주는데 이는 곧 그녀의 불안을 제거해 준다는 상징적 의미이다. 그러자면 이 가지의 그림자가 한국인에게 불안을 상징해야 한다. 한국인에게 나뭇가지의 그림자가 불안이 될 만한 이유가 있는가? 그렇다. '가지 많은 나무에 바람 잘 날 없다.', '樹慾靜以風不止', '가지가 부러진다.' 등에서처럼 '가지-불안'은 오직 한국인의 집단무의식이 갖고 있는 원형적 상징으로서 적합하다.

그렇다면 독일인들에게 있어서 '불안', '두려움'을 상징하는 것은 무엇일까? 일례로 영화 〈글루미 선데이〉의 소재로 등장하는 '증기'(증기 기관차나 증기 주전자)가 그런 상징일 수 있다. 등장인물인 한스는 일로나에게 구애하였으나 뜻대로 되지 않고 자살마저 실패로 돌아가자(차보의 도움으로 살아남) 기차를 타고 베를린으로 돌아간다. 기차는 경적을 울리며(증기를 내뿜으며) 출발한다. 이때 기차가 출발하면서 내는 경적소리는 곧장 이어지는 장면에서,● (안드라쉬라는 자신을 사랑하여 그 집에서 머문) 일로나가 난로 위에 올려 놓은 주전자의 수증기 소리에 잠이 깨는 장면으로 연결된다. 상징의 의미가 한스의 충족되지 않은 원망, 즉 일로나에 대한 원망이 일로나의 불안한 꿈과 연결됨으로써 구체화된다. 그리고 그 의미는 두 사람의 장래에 어떤 숙명이 찾아올지도 모른다는 암시를 남긴다. 그렇다면 이런 증기와 관련된 독일어의 관용어를 찾을 수 있어야 한다. 독일어 숙어 사전을 보면 이런 예들을 어렵지 않게 찾을 수 있다. 'Dampf vor j-m haben'(누구 앞에서 수증기를 갖다, 즉 누구에 대한 두려움을 갖다. 예: Seit ihn der Lateinlehrer mal so angerufen hat, hat Werner mächtigen Dampf vor ihm 베르너는 라틴어 선생께 불려가고 난 후, 그에 대한 강한 수증기를 갖게 되었다, 즉 그에 대한 두려움이 생겼다), 'j-m Dampf machen'(누구를 족치다. 예: Mach mal etwas Dampf, ich muss um zwölf essen 수증기 좀 만들어라, 즉 좀 빨리빨리 하여라. 열두 시에 점심 먹으러 가야 하거든)가 그러한 예다.

이런 언어적 구현은 상징 사전에서 찾아보면 된다. 그러나 상징에는 그 이상의 것이 있다. 그것은 이런 상징이 지식을 갖추고 있으면 문화를

● 이 책 242쪽 그림 참조.

넘어 집단 무의식적으로 다른 문화권에서도 이해된다는 뜻이다. 다만 감독이 미장센이나 몽타주를 통해 의미를 부여할 때는 그것을 구체적 전략으로 수행해야 한다. 독일영화 속에서 흔히 찾아볼 수 있는 상징의 특징은 대사를 통해 직설적으로 표현하기보다 영상의 장점을 활용하여 간접적으로 표현할 때 훨씬 더 효과적이라는 것이다. 이것이 바로 상징이 주는 다의적 효과이다. 표정과 동작, 음향과 프레임의 구도만으로도 우리는 쇼트 속의 인물이 무엇을 갈망하고 있는지, 그리고 얼마 만큼 긴장과 초조함을 가지고 있는지를 짐작할 수 있는데 이것이 상징의 특성이다. 그러나 그것은 문화적으로 굴절되어 있다. 메시지 전달을 주로 배우의 대사에 의존하거나, 인간의 심층심리 표현이나 감정전달을 시각적으로 표현하는 것이 한국의 문화적 상징이다.

이처럼 장면과 장면이 부자연스럽게 연결되는데도 의미가 발생하는 것은 결국 상징의 도움이 있기 때문이다. 이런 간극을 메우는 것은 독자나 관객의 경험이다. 그렇기 때문에 영화의 장면(쇼트, 시퀀스)을 연결할 때는 드러나지 않는 상징이 문화(인류학)적으로 어떤 근거를 가져야 한다. 이런 의미에서 현대적 매체도 결국 전통적인 문예학이나 사회학, 심리학 등의 연구 성과에 기댈 수밖에 없다. 이런 상징 또한 관객/독자가 갖고 있는 문화적 체계 내에서 이루어진다고 할 수 있다. 영화는 한마디로 그냥 기호일 뿐 실제적 상징인 해석자료나 감각자료는 독자의 내면이나 문화 자체에 있으며 또한 그것을 의미적으로 다 이끌어낼 수도 없다. 따라서 영화 텍스트를 해석하고 의미를 도출해 내는 데는 문화적 상징과 상징의 감각자료를 찾아내는 작업이 우선되어야 한다. 그런 작업에서 영화는 많은 것을 실제로 보여 주면서 내면을 표현하는 가교의 역할을 할 수 있다.

이런 영상 기법이나 꿈의 구성원리는 또한 영화에서 몽타주를 통해 쇼트와 쇼트를 연결하는 내적인 원리와도 동일하다. 영화에서는 이미지나 상징을 통해 또는 기법적 통로를 통해 앞의 쇼트와 뒤에 이어지는 쇼트, 또는 뒤의 장면과 앞의 장면이 의미적으로 서로 연결되는 것이다.● 그런데 이런 내적인 인지나 상징은 문화적인 배경으로 결정되는 경우가 많다. 예를 들어 외국영화를 볼 때 그들이 우리와는 전혀 다르게 이해하는 경우를 볼 수 있는데, 그것은 외국인과 우리의 상징체계가 다르기 때문이다. 따라서 그들의 사회적 행위와 상징구조를 이해하기 위해서는 이런 전제조건들을 만족시켜야 하는 것이다. 보편적 · 원형적 상징일수록 관객이 쉽게 접근할 수 있고, 특수하거나 새로운 것일수록 이해하기가 힘들다. 또한 문화적 차이가 심할수록 특수하고 이질적인 것으로 보인다.

● Bernward Wember, Wie informiert das Fernsehen?, München : List, 1976, pp. 40~42. 그는 이런 이미지들이 다른 이미지와 중첩될 때, 앞의 의미가 뒤의 의미로 전이되거나 뒤의 의미가 앞으로 전이되는 효과를 귀납효과Induktionseffekt라 하고, 그 의미의 측면을 의미귀납Sinninduktion이라고 표현한다. 즉 시나 영화에서도 의미귀납은 앞으로 전이되기도prospektiv하고, 또는 뒤로 전이되기도retrospektiv한다는 것이다.

chapter 11

내러티브의 패러다임 변화와 내면의 수사학

◎ 내면을 중시하는 몽타주 스타일의 영화와, 수사를 중시하는 클로즈업 스타일의 영화는 서사구조의 패러다임 변화에 따른 것으로도 볼 수 있다. 그렇다면 이 장에서는 그 패러다임 변화를 살펴볼 필요가 있다. 문학이 이야기, 곧 서사를 의미한 것은 어디까지나 근대 계몽의 결과이다. 서사를 '누구에게 무슨 일이 일어났는가?'를 말하는 이야기(또는 스토리)와 '그 이야기를 어떻게 전달할 것인가?'를 말하는 담론(또는 플롯)으로 나눈다면 이것 또한 매체에 의해 다양하게 굴절된다. 음성매체의 시대에는 그것이 화자(의 문화)에 절대적으로 종속되어 있었고, 문자문화/영상문화에서는 화자와 독자/관객 간 상대적/복수적으로 변했다. 이런 서사의 패러다임 변화는 서로 다른 두 스타일의 영화의 차이를 일부분 비교 가능하게 만든다.

아득하게 먼 태초부터 말/이야기가 있었다. 그것은 음성/소리로 되어 있었다. 성경이 '태초에 말씀이 있었다.'라고 기술하는 것은 사실은 신의 음성이 있었다는 뜻이다. 선사시대는 말할 것도 없고 역사시대에 들어와서도 소리로 된 이야기는 존속해 왔는데 그것은 우선 음성으로 된 것이었다. 이 음성의 시대에 이야기는 주로 신적인 제사와 결부되어 있었다. 나중에 기록으로 남게 된 호메로스의 일리아스와 오디세이아, 성경, 그리고 여러 문화에서의 역사서들 또한 처음에는 모두 구전된 것이었다. 이들은 모두 문자가 발명되기 이전(또는 막 시작될) 시기의 것이었다. 이것이 역사시대로 편입되면서 문자로 고정되었고 그렇게 되면서 음성, 음악, 음률, 춤과 같은 것들, 즉 들을 수 있고 느낄 수 있는 것들이 소실되고 동시에 신적인 힘을 잃었다. 즉, 우리가 오성으로 파악할 말과 의미만 남아 있고 원래의 형태는 사라졌다. 그래서 일반적으로 "귀의 세계는 뜨겁고, 눈의 세계는 차갑다."고 한다.●

그에 반해 원래의 소리에 대해 아무런 유사성도 보여 주지 못하는 문어文語는 노래/시가의 내용을 의심스럽게 만들고 냉정한 독자의 눈에 착란과 비슷한 것으로 보이게 된다. 소리는 문자로 고정되면서 '신적인' 성격을 박탈당한다. 구어 문학은 늘 새로움을 잃지 않는 데 반해 책으로서의 일리아스나 오디세이아, 성경은 노화된다. 새로운 번역의 성경(가톨릭의 공동번역)을 보면 그것을 더욱 확실히 알 수 있다. 문자의 언어는 고색창연하게 들리기 때문에 그것을 이해하기 위해서는 주석이 필요하다. 이때 주석은 해석을 포함하고 있다.

● 하인츠 슐라퍼, 시와 인식, 변학수 옮김, 문학과지성사, 1992, 53쪽.

원래 문자가 고안된 것은 기억을 위함이지만 문자의 기억을 위함이 아니라 소리의 기억을 위함이었다. 알베르토 망구엘에 따르면, 아우구스티누스는 아리스토텔레스의 가르침을 따라 '심지어 눈앞에 없는 사람들과도 대화를 나눌 수 있도록 창조된' 문자들은 '소리의 기호'이자 '우리가 생각하는 것들의 기호'라고 주장했다. 다시 말하면 오늘날 글로 쓰여진 텍스트는 종이에 쓴 대화였고 라틴시대나 한국의 중세에도 글은 다만 소리를 위한 기호였을 뿐이다. 우리가 잘 알고 있는 '스크립타 마네트, 베르바 볼라트Scripta manet verba volat', 즉 '글자로 쓰여진 것은 영원하고 말은 공기 속으로 사라진다.'라는 말은 당시에는 정반대의 뜻으로 쓰였다고 한다.● 책장에 쓰여진 단어는 죽은 것임에 반해 큰 소리로 낭송된 말은 날개를 달고 훨훨 날아간다는 것을 말하고자 하는 것이었다. 우리가 위에서 말한 '귀의 세계는 뜨겁고 눈의 세계는 차다.'를 반증해 주는 말이며, 바울의 '율법 조문은 죽은 것'이라는 말과 맥을 같이한다. 그렇기 때문에 문자는 어떤 목소리를, 다시 말해 영이나 혼을 불어넣어야 비로소 말이 되는 것이다. 천자문을 읽을 때나 유대인 랍비가 경전을 읽을 때 리듬에 맞춰 몸을 좌우로 흔들고 큰 소리를 내어서 읽어야 했던 것은 바로 혼을 불러오기 위함이었다.

계몽과 더불어 서사의 리듬은 차츰 운율로 바뀌고 급기야는 산문으로 바뀌게 되었다. 그림 이야기라 할 수 있는 알레고리는 은유나 이미지의 언어인 상징으로 바뀌게 되었다. 믿음으로 가득했던 환상은 이제 비판적 생각으로 바뀌게 되었다. 동화나 감동은 이제 미적 거리감이라는 말로 대체

● 알베르토 망구엘, 독서의 역사, 세종서적, 1992, 70쪽 이하를 참조하라.

되었다. 음성매체 시대에는 절대적 세계관을 누구나 개성 없이 반복하였다. 그러나 소설의 서사는 문자로 정보를 전달한다. 문자는 상상력에 의존하여 의미를 추론하거나 감정이입을 하게 한다.

미디어시대의 서사는 프레임, 프레이밍, 미장센, 시점, 촬영, 편집(몽타주), 음향 등으로 이루어진다. 영상매체는 구어적 · 문어적 서사로만 말하지 않는다. 다만 영상매체에서는 그것이 비언어적인 만큼 언어적으로 번역 가능할 뿐 언어적이지는 않다. 영화가 어떻게 표출되고 있는지를 구체적인 장면들을 통해 살펴보면, 영화를 제작할 때 감독이 자신의 문화적 상징체계 내에서 서사를 창출한다고 할 수 있다. 문화적 상징체계는 단순한 형식에서뿐만 아니라 내용과도 일맥상통하기 때문에 영상의 의미구상 형식을 뜻한다. 교훈을 전달하려는 한국 유교전통의 시문학에서는 믿음과 상상을 유발하는 구어가 서사의 패러다임으로 자리하고 있다고 할 수 있다. 그에 반해 독일의 영화는 내면적이고 프로테스탄트적인 정서가 주를 이루고 있다. 독일영화가 한국의 그것에 비해 오락성이 떨어지고 지루한 내면의 수사로 가득한 것은 바로 계몽의 결과라고 할 수 있다. 인류는 서사의 패러다임을 구어적 → 문어적 → 매체적으로 변화시켜 왔다. 이런 과정에서 문화권마다 요청되는 의미구상의 방식이 다르게 굴절된다.

고전영화는 내러티브의 유기적 성격, 즉 중심인물, 중심주제, 중심장소, 중심시간● 등이 유기적으로 결부된 영화를 말하는데, 이는 전통에서 유래된 것으로 문학을 영화화한 경우에 지나지 않는다. 이에 반해 현대영화는 이러한 중심들이 분산되고 해체되어 있다. 다시 말해 영화에서의 시

● 영화의 이미지 성격변화에 따라 영화를 고전영화와 현대영화로 분류한 내용에 관한 것은 박성수, 영화 · 이미지 · 이론, 문화과학사, 13쪽을 참조하라.

간의 어긋남, 공간의 불일치, 중심사건의 부재, 인물에 대한 초점의 다중성 등이 영화의 이미지에서 지배적인 역할을 한다. 서사의 배열을 시간의 순서대로 하지 않는 이러한 특성은 기억과 관계된다. 그런데 이런 서사의 특징 중 전자는 주로 수사적 영화가, 후자는 상징적 영화가 지배적으로 가지고 있다.

영화 〈오아시스〉에서는 종두라는 주인공을 중심으로 이야기가 전개된다. 그러므로 시종일관 중심주제와 중심인물을 통해 서사가 진행된다. 그에 반해 〈왕의 남자〉는 누구를 중심으로 사건이 진행되지 않는다. 오히려 객관적인 시간이 서사를 진행시키고 있다. 그러므로 영화는 작품이 아니라 텍스트가 된다. 영화 〈익스페리멘트〉의 은유적 대화구조를 살펴보아도 우리는 쉽게 그러한 특성을 찾아볼 수 있는데, 가령 도라와 타렉의 대화는 순차적 소통으로 만들어진 것이 아니라 회상을 하는 장면으로 몽타주되어 있다.

다음 네 장의 그림은 이렇게 몽타주되어 있다. 우선 타렉이 감옥에서 모의실험을 하면서 힘들어하는 동안, 감옥에 들어오기 전 알게 되었던 도라를 생각한다. 도라 또한 집에서 바깥의 바닷가를 바라보며 자신의 유년과 더불어, 돌아가신 아버지를 생각한다. 그리고 곧장 타렉과 함께 밤을 지냈던 것을 회상한다. 그러면서 도라의 아버지와 타렉이, 타렉의 불안과 도라가 서로 중첩되어 제3의 의미를 만들어 낸다. 거세 위협과 오이디푸스 콤플렉스 같은 것이 만들어진다. 말할 수 없는 것이 말로 표현되지 않고 어떤 것을 함의한다.

이런 은유적 대화구조는 의미귀납으로 인해 새로운 의미를 만들어 낸다. 반면 서문에서 제시한 대부분의 한국영화와 할리우드의 그것은 해석할 필요가 없고 그 수사학을 따르면 된다. 그래서 서술과 표현이 주를 이룬다. 한국영화 〈오아시스〉나 〈서편제〉는 영화의 의미구상이라는 측면에서 내면적 영화와 큰 차이를 보이고 있다. 종두의 독백서사, 공주의 방 청소 장면, 공주의 방에서 그려지는 영화의 미장센, 장면의 구도 등은 전적으로 의미를 일치시키는 하나의 메시지로 집중되어 있고 〈서편제〉에서는 소설을 그저 영화로 옮겨놓은 것 이상이 아닌 듯하다. 이것은 〈아메리칸 뷰티〉에서 버냄의 행위나 〈글루미 선데이〉에서 차보의 행위, 〈피아니스트〉에서 슈베르트 가곡 텍스트를 통해 주인공의 내면을 전달하는 다의적인 의미구상과는 차원이 다르다.

수사적 표현의 영화가 언어와 영상, 인물의 행동과 장면의 구도 등을 전적으로 환유적 통일성으로 전개하고 있다면 내면성을 띠는 영화는 오히려 이런 측면들을 분산하고 해체하여 은유적으로 처리하고 있다고 볼 수 있다. 따라서 내면적 영화가 '차가운' 특성의 부정적 영상미학이라면 수사적 스타일의 영화는 '뜨거운' 속성을 지닌 영화 텍스트의 긍정적 서사로 볼 수 있다. 수사적 영화의 관객은 영화의 의미를 찾으려 애쓰지 않아도 이미 영화의 의미구상을 통해 영화가 의미하는 바를 전달받는다. 반면 내면적 영화의 관객은 과연 그러한 영화의 의미구상이 어떤 의미들을 암시하고 있는지를 알기 위해 많은 생각을 해야 한다.

||||| 스토리와 플롯

영화가 함의적이라는 것은 영화의 서사 중 한 축인 스토리의 오락성이 떨어진다는 것과 맥을 같이한다. 다시 말하면 은유적, 즉 계열적 축이 강하다 보면 환유적, 즉 통합적 축이 약화되는데 이는 영화의 긴장감을 떨어뜨린다. 이처럼 위에서 제시한 영화들은 스토리의 전개보다는 개개의 의미가 더 중요하기 때문에 할리우드 영화나 한국의 영화와는 구조적으로 다르다. 특히 플롯이 끝에 폐쇄적으로 끝나지 않고 개방적으로 끝남으로써 무슨 말을 하려는지 알 수 없는 경우가 대부분이다.● 이런 것을 개방형식이라고 하는데, 이것은 어떤 인물의 모험적 사건이나 개인적인 성찰이 매우 자유스런 방식으로 수용되다가 끝에서 관객 스스로가 결론을 내리도록 하는 경우를 말한다. 영화 〈신과 함께 가라〉의 경우 아르보와 키아라가 종국에는 서로 만나므로 러브스토리의 영화인지, 아니면 자기의 내적 자유(진정한 종교)를 만난다는 종교성을 띤 영화인지가 모호할 정도로 영화는

● 개방성과 폐쇄성은 전자가 의미의 확산을 꾀한다면 후자는 의미의 확정을 꾀한다는 것으로 구분할 수 있다.

개방적으로 끝난다.● 이는 개개 장면의 국부적 스토리에서도 같은 정도로 적용된다. 타실로와 벤노 수사가 기름을 사러 주유소에 갔다 오다가 타실로는 지도를 한 장 가져와서는 자기 엄마 집으로 가는 길을 설명한다. 이때 벤노 수사는 타실로를 나무란다. 하지만 다음 장면에서는 이에 대한 어떠한 해설도 없다. 그냥 관객의 상상에 맡기는데 그것이 여기서는 중요치 않다는 뜻이다. 수사였기 때문에 훔치는 것이 무엇인줄 몰랐으리라는 가설이 가능할 것이다. 그러나 이것은 어디까지나 함의적 표현이지 서술적인 표현은 아니다.

이러한 측면은 〈피아니스트〉에서도 마찬가지이다. 영화의 마지막 장면에서 관객은 에리카가 자기의 어깨를 찌른 후 이것이 다른 사건으로 연결될 것이라 기대하지만 영화는 그것으로 끝이 난다. 이와 같이 내면적 영화는 항상 '왜?'라는 심층을 추론하게 하여 수사와 스토리에 익숙한 한국의 관객들이 쉽게 이해할 수 있는 통로를 차단한다. 각각의 장면에서는 발터가 인간적으로 너무 동정심이 없다는 것인지, 아니면 에리카가 도착적 성 정체성을 가진 장애인인지를 분명하게 말하고 있지 않다. 〈글루미 선데이〉에서도 일로나의 뱃속의 아이가 누구 아이인지, 한스의 죽음이 독살에 의한 것인지 심장마비에 의한 것인지, 영화가 주는 메시지가 무엇인지 확실하게 알 수 없다. 이것이 내면적 영화가 주는 독특한 함의들이다. 아이의 아버지가 한스일 수도 있다는 것을 암시함으로써 오이디푸스 콤플렉스를 재현하고 있다고 볼 수 있다.

● 드라마의 개방형식과 폐쇄형식에 대해서는, 이제는 고전이 된 클로츠의 이론을 참고하기 바란다. Volker Klotz, Offene und Geschlossene Form im Drama, München, 1985.

정리하자면 스토리의 모험성, 오락성보다는 내면적인 의미에 더 치중을 하다 보니 내면적 영화는 앞 장면인지 뒷 장면인지 기억하기 힘들 때가 많다. 그리고 스토리를 전개할 때 다중시점을 사용하는 경우가 많다. 따라서 〈신과 함께 가라〉에서 아르보와 타실로, 벤노 수사 중 어느 한 사람의 시점을 택해서 영화를 읽기가 불가능하다. 이것이 내면적 영화가 일정한 시놉시스를 허용하지 않는 이유가 되기도 한다.

은유적 에피소드

다음으로는 비언어적 표현구조로서의 은유적 에피소드를 살펴보자. 앞서 언급한 세 편의 영화에는 에피소드가 하나씩 등장한다. 우리가 제시한 내면성을 띤 독일영화들이 에피소드를 유머보다는 아이러니로 처리한다고 해석할 수 있다. 〈신과 함께 가라〉의 에피소드에는 삶이 따뜻한 시각으로 그려져 있다. 레몬 세일 농담 에피소드는 유머와 아이러니를 모두 포괄하고 있다. 동료 수사 둘이 믿음을 잃고 딴 길로 빠지게 되자 아르보는 키아라에게 전화를 하고 댄스파티의 유혹에 넘어가 만취된 채 노숙자 보호센터로 가게 된다. 그곳에서 아르보는 키아라와 다시 돌아온 타실로의 간호를 받게 된다. 키아라는 아르보를 여관으로 데려가 몸을 씻어 주며 사랑의 감정을 표현한다. 성적인 면에 있어서 순결한 아르보를 탐하는 키아라의 모습이 독특하다. 이제 일어나라고, 타실로가 그들의 관계를 보면 어떡하겠느냐고 묻는 키아라에게 아르보는 자기에게 타실로가 늘 들려주던 농담을 이야기한다. "한 남자가 여행에서 돌아와 보니 가게에서 레몬을 세일 중이라 온 동네 사람들이 레몬을 사려고 줄을 서 있는 거야. 어서 사야겠다 싶어 집으로 돌아가 보니 그의 아내가 친구와 침대에서 뒹굴고 있는 거야. 그것을 본 이 남자는 '레몬 세일이라 온 동네가 난린데, 한가롭게 뒹굴고 있는겨?'라고 했단다." 이 이야기를 듣던 키아라는 웃고, 그때 마침 타실로가 들어와 침대 위에 벗고 있는 두 사람을 보고서는 "지금 벤노를 구출해야 하는데 침대에서 뒹굴고 있는겨?" 하고 소리친다. 이 유머는 이 맥락에서 수도사들의 삶에 대한 아이러니로 해석할 수 있다. 자신들이 말한 것을 스스로 실천하고 있다는 낭만적 아이러니로 파악할 수 있는 것이다. 마치 뷔히너의 『보이첵』에 나오는 할머니의 동화처럼 진지한 분위기에서 익살을 부림으로써 하나의 미학적 장치를 설정해두고 있는 것이다.

한편 〈글루미 선데이〉에는 한스가 독일군 장교가 되어 차보 레스토랑에 나타나 유대인은 농담을 잘하는데 어디 한번 해보라고 하면서 차보를 조롱한다. 차보는 순간적으로 무엇인가를 생각해 낸다. 그의 이야기는 다음과 같다. "어느 유대인 수용소에 뮐러라는 소장이 있었는데 그는 의안義眼을 하고 있었다. 그는 모범 죄수들을 불러 독일의 과학기술에 대해 긍지심 있게 자랑하곤 했는데 자기의 의안을 알아맞혀 보라고 했다. 그는 알아맞히면 총살은 면하게 해 주겠다고 말했다. 하루는 야콥 코른골트라는 죄수를 불러 같은 제안을 했는데 이 죄수는 즉석에서 알아맞혔다. 놀란 뮐러 소장이 어떻게 그렇게 빨리 알았느냐고 되물었더니 그 유대인은 '의안이 훨씬 친절해 보입니다.'라고 대답했다." 이 에피소드는 한스의 행위에 대한 은유적 표현이다. 이것이 이 영화에 예술성을 부여한다. 에피소드는 이야기를 수사하는 하나의 장식이 아니라 영화의 서사 전체를 보여 주는 은유로 작동한다.

끝으로 〈피아니스트〉에는 에피소드가 직접적으로 등장하지는 않지만 슈베르트의 가곡에 있는 시를 통해 영화의 내용을 은유적으로 반영한다. 연가곡 「겨울나그네」 17번 「마을에서」라는 노래의 마지막 연("자기가 갖고 있지 않은 많은 것을 꿈꾼다.")을 성악도가 노래하는 순간 에리카의 눈에는 눈물이 고이고 불안하게 밖으로 뛰쳐나간다. 그녀는 학생들의 옷 보관 장소에 있는 어느 학생 겉옷 주머니에서 스카프 하나를 찾아 바닥에 깔고는 그 안에 유리컵을 넣고 발로 그것을 밟는다. 그리고는 그것을 안나의 겉옷 주머니에 쏟아 넣는다. 그녀는 말없이 홀 안으로 다시 들어온다. 마치 에리카의 행위를 고발하기라도 하듯 그녀 앞에서 그 성악도는 슈베르트의 「이정표Der Wegweiser」를 우울하게 노래한다. "Was vermeid' ich denn die Wege, wo die andern Wanderer gehn, suche mir versteckte Stege durch verschneite Felsenhöhn? 다른 나그네들이 가는 길을/ 도대체 나는 어째서 피하여/ 눈에 뒤덮인 바위산 속에/ 숨겨진 험한 길을 택했는가?" 이 에피소드는 결국 에리카의 심리적 상태를 은유적으로 표현하는 장면이 된다. 돌발적인 에리카의 행동에 대해서는 구체적인 표현이 없으므로 영화의 앞뒤 에피소드가 보여 주는 정황으로 다양한 추론을 가능하게 한다. 이것이 내면적 영화 속에 나타나는 은유적 에피소드들의 특징이라 할 수 있다.

chapter 12

미장센, 몽타주 그리고 음악

◎ 원래 '장면 안에 무엇을 놓다.'는 의미인 미장센Mise en scène은 영화의 화면구성이나 영상에 담긴 인물, 사물의 공간배치를 말하는 기술적 카테고리이다. 영화에서는 프레임을 무엇으로 채울 것인가를, 즉 화면 속에 담길 모든 조형적 요소들을 고려해야 하는데 여기에는 세팅, 조명, 의상, 배열, 구도, 인물의 행동선, 카메라의 각도와 움직임 등이 포함된다.● 영화의 이런 요소를 문학적 기법과 비교해 보면 이러한 기법이 문학에서는 비유와 표현, 내면성 같은 수사修辭가 차지하는 영역에 해당된다. 미장센은 개방형식과 폐쇄형식으로 나눌 수 있다. 폐쇄형식은 영화가 제시하고자 하는 현실의 단면에 속하는

● 최상식, 영상으로 말하기, 시각과언어, 2001, 251쪽을 참조하라.

중요한 부분이 영화에 모두 제시되는 경우를 말한다. 그에 반해 개방형식은 관객이 영사막에 제시된 영상 밖의 공간을 자기 내면의 눈으로 그리면서 화면에 제시된 현실의 단면을 보완하도록 하는 경우를 말한다. 영화 〈피아니스트〉에서 에리카가 수업 중에 끊임없이 밖을 응시하는 장면을 예로 들 수 있겠다.

서구의 영화는 이런 개방 형식의 미장센을 매우 중시한다고 볼 수 있다. 이런 개방형식을 잘 이해하지 못하면 영화를 보는 안목이 높다 할 수 없다. 미장센은 영화에서 의미구상이나 영화의 암시를 파악하는 데 중요한 요소가 된다. 가령 영화 〈오아시스〉에서 남자 주인공 종두가 중국집 배달 일을 하면서 'FIFA'라는 글자가 쓰인 잠바를 입은 것은 단순히 옷을 입은 것이 아니라 의미를 담은 미장센에 속한다. 그것은 의미가 퇴색되고 껍데기만 남은 월드컵에 대한 빛바랜 시간을 암시하기도 한다. 또 그러한 퇴색된 분위기는 삶의 의미를 자신에게서 찾지 못하고 모자라는 듯 살고 있는 종두 스스로의 위치로 환원되는 상징적 코드로도 볼 수 있다. 영화 〈서편제〉에서의 북이나 소리꾼 모두 이들의 퇴색된 삶과 전통에 대한 미장센이지만 동시에 폐쇄적인 경향성을 띠고 있다. 이미 서양의 음악이 들어온 터라 작가는 소리꾼의 처지가 일종의 허위의식으로 전락했다는 것을 보여주려 한 것이다.

개방적 미장센이란 볼 수 없는 것을 보게 하는 능력을 말한다. 가령 〈피아니스트〉에서 텔레비전 장면이나 침대, 피아노, 연주 홀, 집으로 들어가는 대문은 아버지를 대신하는 딸의 역할을 개방형식으로 보여 준다. 에리카는 도착증이라는 정신병으로 관음증, 피학증을 보여 주는데 이는 스토리의 미장센으로 나타낼 수 없는 것이다. 이런 경우 비유적으로 나타내야 하는데 가령 여기에는 창살, 어두움, 빙판, 스카프 등이 있다면, 〈글루미 선데이〉에서는 파란색의 옷, 푸른 강, 푸른 하늘, 식당, 식탁보, 꽃 등이 있다. 시장에서 감자 값을 흥정하고 있던 차보는 안드라쉬와 부딪히게 된다. 그러자 차보는 원래는 20필레르를 주문했지만 같이 있던 일로나와 안드라쉬를 보는 순간 10필레르어치만 산다. '감자'와 '절반'은 차보와 안드라쉬가 일로나에 대해 갖고 있는 감정을 몽타주한 것이다.

내면적 영화는 전체적으로 화면을 어둡고 파스텔 톤으로 처리하는 반면, 수사적 영화는 밝고 깨끗한 원색으로 표현한다. 그리고 이러한 영화의 미장센에서는 색채상징이 큰 역할을 한다. 〈익스페리먼트〉, 〈밴디트〉에 나타나는 어두운 색조는 내면의 불안을, 〈글루미 선데이〉의 파란색은 우울과 희망을 상징한다. 정리하자면 내면적 영화의 미장센이 한국의 것에 비해 내면의 서술을 중심으로 한 개방형이라면 한국의 미장센은 표현을 통해 보여 줄 뿐 아니라 표현을 목적으로 하여 이루어진 폐쇄형으로 정의할 수 있을 것이다. 앞에서 언급했듯이, 나는 전자를 몽타주 스타일, 후자를 클로즈업 스타일이라 명명하고자 한다.

컨버그Otto Kernberg에 따르면 정신분석학에서는 적어도 세 가지 채널, 즉 언어적 의사소통, 신체언어, 얼굴표정이나 목소리 톤으로 전달되는 정서를 통해 분석가가 환자와 소통한다고 한다.● 이것은 영화의 소통에도 마찬가지로 적용될 것이다. 다만 언어적 의사소통은 기의를 지시하는(또는 의미하는) 언어가 있고 기표를 절대적 우위로 보는 언어가 있다. 프로이트는 꿈에 대한 그의 글에서 잠재몽과 현재몽을 구분하는 법을 말하면서 꿈은 사실적으로 나타나는 것이 아니라 욕망하는 것의 대리물이라고 주장한다.●●

● Otto Kernberg, New developmentsin the diagnosis and treatment of narscistic psychopathology, New York, 1997, p. 105.

●● Sigmund Freud, Vorlesungen zur Einführung in die Psychoanalyse(=S.F., Gesammelte Werke Bd. XI), Frankfurt a.M., 1940, p. 111.

이것은 마치 어린아이가 불장난을 하다가 엄마에게 들켰을 때 그 성냥을 감추며 아무것도 아니라고 주장하는 경우를 생각해 보면 분명해진다. 즉, 감추는 행동이 아무것도 아니라고 말하는 것보다 더욱 중요한 그 무엇이라는 것을 알 수 있다.

내면적 영화들의 화면 구성이나 영상에 담긴 인물 및 사물의 공간배치, 연기, 즉 미장센을 살펴보면 그것이 매우 독특한 구조로 되어 있음을 알 수 있다. 이런 맥락에서 공스의 말은 매우 시사적이다. “영화는 모든 사물을 표시하는 기호를 통해 우리가 원시적 글쓰기인 표의문자, 상형문자에 주목하게 만든다.”● 이런 측면을 보여 주는 것이 미장센이라고 할 수 있는데 내면적 영화에는 이런 비언어적 요소들이 많이 나타난다. 예컨대 영화 〈신과 함께 가라〉에는 수도원장에게 빚 독촉을 하러 온 여자의 가슴만 문 밖으로 드러낸 쇼트가 있는데, 이것은 수도사의 터부를 은유적으로 그려내고 있다고 볼 수 있다. 타실로가 종루에 올라가 종 줄을 매려다 바닥에 떨어지는 위기에 처해도 거의 언어적으로 표현되지 않는 것도 비언어적 표현이라 할 수 있다. 영화는 말하는 대신 보여 주어야 한다. 앞의 장면은 수도원이 위험할 정도로 경제적 곤궁에 처했다는 것을 보여 준다. 한국영화의 미장센이라면 여자의 가슴에 대해 무엇인가 언어적으로 표현을 했을 것이고, 타실로가 떨어질 때 소리를 지르며 ‘사람 살려.’라고 하든가, 그를 구출하러 가는 사람이 뭐라고 말을 했을 것이다. 내면적 영화는 그런 따뜻한 인간애보다 냉정한 상황에 더욱 큰 관심을 보인다. 사건의 진행보다 부정성을 통해 그에 대한 의미를 겨냥하기 때문이다. 그래서 영화가 정

● Abel Gance, Le temps de l'image est venu! In : Marcel Lapierre(Hg.) : Anthologie du cinéma, Paris, 1946, p. 148.

서를 형상화한 시처럼 느껴진다.

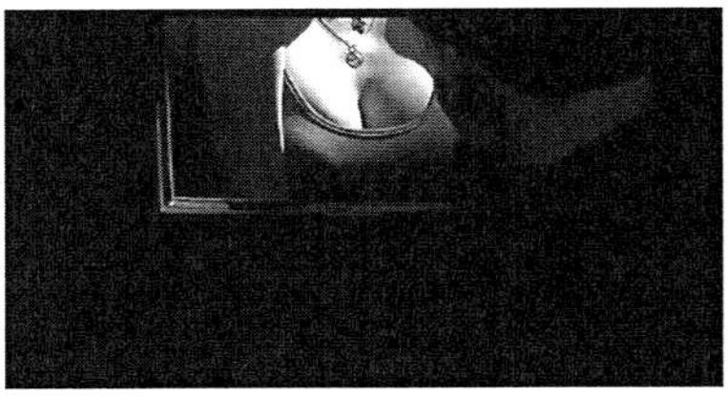 

타실로가 고향집 어머니를 찾아가서도 수도원에서의 발성연습을 하는 장면은 그가 서로의 갈등으로 헤어진 두 수사를 그리워한다는 암시이다. 또한 영화의 마지막 장면에서 키아라가 소리굽쇠를 전달했을 때도 몬테체볼리 수도원 밖에 키아라가 아르보를 기다리고 있을 것이라고 추측하게 하는데, 그녀가 그 자리에 부재함으로써 미장센이 부정의 미학을 강하게 체현하고 있다.

또한 〈피아니스트〉에서는 발터와 에리카가 화장실에서 변태적인 육체관계를 맺고 있을 때 화장실의 벽을 하얀 색으로 처리한다든가 바둑판 모양으로 설정하고 있다. 이것은 에리카의 병적인 결벽증을 암시한다고 하겠다. 그리고 이 영화가 억압과 강박을 주제로 한 만큼 철창살이 많이 등장하는 것, 또 그 사이로 사람들을 보게 하는 것도 내면적 영화만의 독특한 미장센이다. 이런 장면은 감옥에 정신적으로 갇혀 있다는 것을 보여주기에 충분하다. 정신분석학에서 고착이라는 개념을 실감할 정도이다.

이 영화에서의 이러한 장치는 영화 〈불안은 영혼을 잠식한다〉와 유사하다 하겠다. 〈글루미 선데이〉에서는 한스가 심장마비인지 독살인지 모를 이유로 쓰러질 때 자기 부인의 진주목걸이를 잡는데, 그것이 흩어지자 진주를 주워 모으려는 부인의 연기에서 한스와 부인의 관계가 매우 암시적으로 처리되어 있다. 이 부분을 관객들은 독일인의 냉정함이라고 해석하지만 (실제로는) 독일인의 질서의식이라고 보는 것이 더 타당하다. 그리고 한스가 일로나의 관심을 끌기 위해 카메라에 대해 설명하는 동안 일로나는 무의식중에 다른 사람 쪽으로 얼굴을 돌린다. 이때 무슨 말을 하지는 않지만 일로나가 한스에 대해 무관심하다는 것이 분명하게 드러난다. 나중에 한스가 도나우강에 뛰어내려 죽으려 할 때 카메라를 다리 난간에 걸어 두는데, 이 미장센은 매우 개방적인 것으로 많은 의미가 내포되어 있다.

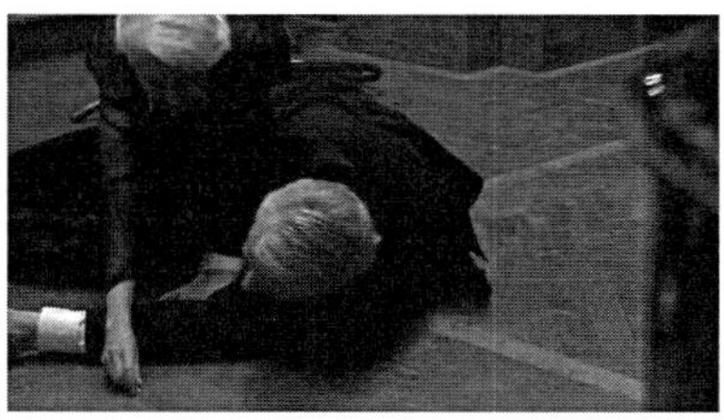

이러한 그의 행동은 죽어도 일로나를 잊지 못하겠다는 뜻이 포함되었을 것이다. 이 경우 기억과 망각에 대한 문화적 의미 차이는 분명하다. 이렇게 보면 독일영화에는 수없이 많은 함의적 미장센이 제시된다는 것을 알 수 있다.

개방성과 폐쇄성

내면적 영화가 지니는 중심인물에 대한 핵심 서사의 부재는 곧 영화의 개방성으로 이어진다. 내면적 영화가 영화의 의미나 마무리를 개방적으로 처리한 반면, 수사적 영화는 구체적인 결말을 낸다든가 이미 의미의 당위성을 제시하는 폐쇄성으로 이어진다. 〈오아시스〉나 〈서편제〉, 〈사마리아〉의 경우 무엇인가를 고발하고 무엇인가를 확정짓는다. 하지만 〈피아니스트〉나 〈아메리칸 뷰티〉, 〈글루미 선데이〉, 〈비욘드 사일런스〉, 〈파니 핑크〉의 경우 어디에도 확정적 결론은 없다. 그저 '인간은 무엇인가?'에 대한 끝없는 질문만이 펼쳐진다. 이런 개방성은 바로 몽타주 원리에서 나온다. 이런 영화 만들기에서는 틈새 사이의 욕망을 읽고 그 글쓰기 자체를 텍스트로 정당화하는 정신분석학적 원리가 통용된다. 틈새 사이의 욕망을 우리는 기억흔적Erinnerungsspur이라고 하는데 이것이 내적으로 숨겨진 삶의 의미를 만든다. 이런 방식으로 보면 스토리는 무의식의 전사轉寫, Umschrift일 뿐이다.

데리다의 말을 빌리자면 영화의 의미는 "결코 지각되지 않은, 즉 그 의미가 결코 현재에, 다시 말해 의식 속에서 체험되지 않는 흔적"●을 보여주는 것이다. 내면적 영화에서는 흔히 할리우드 영화 또는 한국영화에서나 기대할 수 있는 탈출의 성공이나 내적인 자유의 쟁취와는 거리가 멀다고 볼 수 있는, 그저 내면으로의 자유나 이상향에 대한 내면적 동경들이 주제다. 그러므로 영화의 의미도 개방적일 수밖에 없다. 〈글루미 선데이〉 또한

● 자크 데리다, 글쓰기와 차이, 남수인 옮김, 동문선, 2001, 339쪽.

일로나의 아들이 누구의 자식인지, 그리고 늙은 한스의 죽음이 독살인지 돌연사인지에 대한 대답이 없다. 하지만 수사적 영화에서는 이런 중심 주제는 항상 주어져 있다. 〈오아시스〉, 〈서편제〉 등에서 보여지는 것이 대부분이다. 예외적인 경우가 있다면 〈올드보이〉나 〈왕의 남자〉 등을 꼽을 수 있다. 〈올드보이〉가 국제 영화제에서 상을 받은 것은 개방성을 띤 소재의 구성에 있다 해도 과언이 아니다.

||||| 소품

이번에는 위의 영화에서 제시되는 소품에 관한 것을 보자. 이것 또한 매우 함의적이고 은유적으로 나타난다. 〈아메리칸 뷰티〉에서는 장미와 그 붉은색이, 〈신과 함께 가라〉에서는 '소리굽쇠'가 영화 전체의 주제를 내포하고 있다. 자기가 바라본 환상으로서의 장미(사랑)의 붉은빛은 나중에 피(죽음)로 되돌아온다. 키아라가 아르보에게 돌아온 것도, 아르보가 끝까지 칸토리안 규범집을 지키는 것도 모두 이 소품을 중심으로 이루어져 있다. 이 소품은 '내면의 소리를 들으라.'는 영화의 의미와 밀접한 은유적 관계에 있다. 그리고 수사복 또한 하나의 중요한 소품이다. 타실로의 수사복은 어머니가 세탁기에 집어넣어 줄어들었고, 벤노는 신학교에서 다른 복장으로 갈아입는다. 아르보 또한 나이트클럽에 갔다가 수사복을 잃고 만다. 그들은 각기 갈아입은 복장으로 몬테체볼리 수도원을 향한다. 이것은 각기 그들의 정체성에 대한 은유로 볼 수 있다.

하네케 감독의 영화 〈피아니스트〉에서는 피아노가 그 중심에 있다. 피아노는 에리카에게 곧 억압이다. 하지만 발터는 피아노를 다르게 연주한다. 그리고 피아노를 부감으로 찍어 내는 것 또한 이 소품의 억압을 말한다. 정확한 박자, 어머니의 통제 이 모든 것은 피아노를 중심으로 이루어진다. 에리카와 발터가 피아노를 각각 다르게 연주한다는 것은 곧 그들의 세계관이 다르다는 것을 은유적으로 표현하는 것이다. 에리카가 쓰고 다니는 머릿수건 또한 - 이는 보수적인 이슬람 여성들을 상기시키는데 - 곧 에리카 스스로 세상과 단절되어 산다는 것을 의미한다.

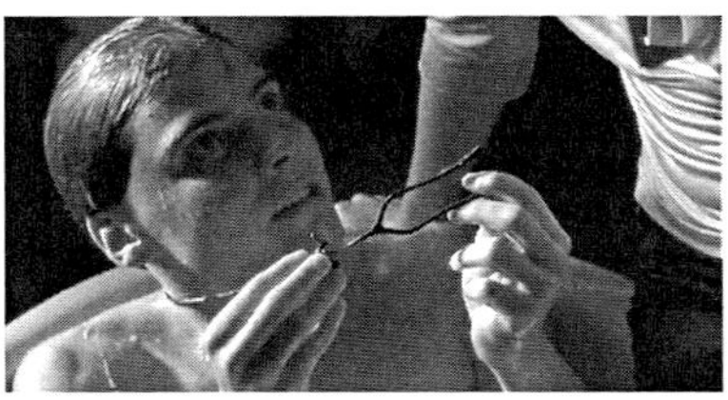

〈글루미 선데이〉에서는 차보가 선물로 준 파란 머리핀이 중심에 있다. 파란색은 우울이자 희망이다. 일로나의 사진 또한 한스가 심장마비를 일으킬 만큼 강렬한 기억에 대한 은유이다. 캐비어와 감자를 남성의 은유로 사용하는 것도 소품의 좋은 예이다. 차보는 감자 20필레르어치를 사려다가 10필레르어치로 줄인다. 왜냐하면 일로나를 안드라쉬와 나누어서 사귀어야 하기 때문이다. 한스의 카메라와 시계는 독일인의 과학적, 다시 말해 비인간적 특성을 함의하고 있다. 한스가 좋아하는 비프롤의 일종인 '마자로바로나' 또한 성욕에 대한 의미를 함의하고 있다. 이것이 만들어지는 식당은 영화의 주 무대가 되고 음식은 소품이 된다. 그 외에도 일로나의 복장이 파란색, 하얀색, 까만색 등으로 변하는데 이런 소품은 일로나의 심정을 상징적으로 보여주고 있다.

몽타주

몽타주는 영화의 핵심적 개념이다. 일반적으로 두 개 이상의 쇼트가 커트나 페이드를 통해 장면을 결합하여 내러티브를 완성해 나가는 것을 말한다. 프랑스 영화학자 바쟁은 몽타주를 "시간성 가운데서 영상을 조직하는 것"이라고 정의하고 있는데, 쿠헨부흐의 이론●에 따르면 서사적 몽타주, 기술적 몽타주, 환유적 몽타주, 상징적 몽타주, 연상적 몽타주와 같이 구분된다. 그런 구분에 따르면 한국의 영화는 서사적, 환유적 몽타주에 가까운 것이 압도적으로 많다. 대표적으로 사극을 들 수 있는데, 〈스캔들〉 같은 영화에서 주인공 조씨 부인이 가묘에 제례를 지내러 등장할 때 참배인 중 하나가 눈길을 쏘아붙이는 장면과, 조씨 부인의 '스캔들' 장면을 몽타주 한 경우를 예로 들 수 있다. 그러나 몽타주는 이런 쇼트와 쇼트 사이의 편집을 넘어선다. 몽타주는 특정한 미학적 효과를 위해 시각적 요소, 청각적 요소, 극적 요소를 결합하기도 한다. 어떤 방식으로 몽타주를 할 것인가 하는 것은 음악에서의 조바꿈과 비슷하다. 예를 들어 다장조일 경우, 완전5도 위의 조인 딸림조, 즉 사장조로 조바꿈할 수 있고, 완전5도 아래의 조인 버금딸림조, 즉 바장조로 조바꿈할 수 있으며, 나아가 같은 조표를 쓰는 단조인 가단조로 바꿀 수 있고, 같은 으뜸음을 쓰는 다단조로도 조바꿈할 수 있다. 이와 같이 몽타주 또한 쇼트나 페이드가 어떤 관계를 맺고 있어야 한다. 그렇지 않으면 유기적 몽타주가 아니다.

몽타주라 하면 알레한드로 곤잘레스 이냐리투 감독의 영화 〈바벨〉을

● Thomas Kuchenbuch, Filmanalyse. Theorien, Modelle, Kritik, Köln, 1978, p. 40.

넘어설 작품이 없다. 이 영화는 모로코의 사막, 멕시코와 미국 국경지대의 사막, 그리고 도쿄의 수많은 빌딩으로 이루어진 사막을 사막이라는 은유로 기막히게 편집하였기 때문이다. 영화 〈바벨〉은 이런 사막을 은유의 축으로 두고 소통불능이라는 세계현상을 하나의 내러티브로 엮어내는 데 성공하였다. 고달픈 삶을 영위하는 모로코 사막에서의 삶은 일본 한복판 도쿄에 모래성으로 쌓은 아파트 속 외로움의 사막일 수 있다.

영화의 몽타주를 통해 스토리는 두 개 이상의 사건 지선이 평행하게 진행된다. 소통불능이라는 것을 암시하는 사막이 여러 곳에서 유사한 사건 지선을 따라 전개된다. 이는 하네케 감독의 영화 〈피아니스트〉에서도 잘 나타난다. 에리카가 자동차 극장에 가서 엉뚱한 짓을 하는 동안 에리카의 어머니는 집에서 에리카의 옷장을 다 헤집어 놓는다. 두 지선의 관계가 클로즈업의 스타일로 결부되어 있지 않다. 〈파니 핑크〉에서 개가 달리고 있는 상징적 몽타주는 등장인물들의 욕망을 상징적으로 보여 준다. 〈유로파 유로파〉에서는 솔리의 정체성 상실과 억압을 나타내는 꿈이 연상적 몽타주로 처리되어 있다. 이와 같이 독일영화의 몽타주는 서사를 농밀한 방식으로 전달하는 〈서편제〉나 〈오아시스〉에서 볼 수 있는 클로즈업 스타일과는 달리, 관객이 유추할 수 있는 비유를 사용해 말로 표현하지 않고 다른 방식으로 서사를 강화하려는 시도라고 볼 수 있다.

||||| 셔레이드

셔레이드 상징이 또한 몽타주의 전형을 보여 주는데, 이를테면 〈비욘드 사일런스〉에서 찾아 볼 수 있다. 주인공 라라는 아버지의 반대로 고모 클라리사가 지지하는 클라리넷을 배울 수 없게 되자 아버지에게 반항한다. 그리고 난 뒤 라라와 아버지 마틴의 심정을 표현하는 상징으로, 아이가 작은 손을 아버지의 큰 손에 갖다대는 장면이 나온다. 천진난만한 아이의 손은 아버지의 강압적인 큰 손에 대한 힘없음의 표시로 작용하게 되지만 한국의 관객으로서는 그것이 의미하는 바가 무엇인지 알 수 없다. 한국영화 같은 수사적 스타일의 영화는 플롯이나 담론보다는 스토리 전개가 강하기 때문에 이런 셔레이드를 찾기가 매우 힘들다. 예를 들자면, 이런 셔레이드는 〈오아시스〉에서 등장인물 종두가 놀다가 배달에서 늦게 돌아온 후 공주의 집에 가서 그 집을 쳐다보는 장면에서 살펴볼 수 있다. 오아시스 양탄자에 비친 나뭇가지 그림자가 대표적인 셔레이드다. 이런 셔레이드를 몽타주하고 있지만 이 영화에서는 환유적 특성을 지니고 있다.

내면적 영화는 이런 몽타주의 효과를 적극적으로 수용하는데 이는 의미귀납을 통해 만들어지는 문화와 관련된다.● 이런 의미의 불연속 또는 불확정이 의미귀납을 통해 의미로 만들어지는 것이 비유적 몽타주이기 때문이다. 〈글루미 선데이〉에서 한 사람이 쾌락을 경험하는 동안 다른 사람은 불쾌를 경험하는데, 여기서는 변증법과 해석학을 통해 의미가 만들어진다. 몽타주가 거의 아날로그 상태에 가까우면 서사적 몽타주이고, 불연

● Bernward Wember, Wie informiert das Fernsehen?, München : List, 1976, pp. 40~42.

속이 많은 경우 비유적 몽타주라고 말할 수 있다. 비유적 몽타주는 인간의 인지와 경험, 기억과 무의식에 관련되는 문제로 귀결된다.● 이 원리는 심층심리학에서 꿈의 구성원리와 유사하게 만들어져 있다. 꿈에서는 같은 무의식의 배경 아래 검열이나 욕구에 의해서 꿈의 장면이 끊임없이 치환된다.

내면적 영화들은 몽타주나 셔레이드를 많이 사용한다. 몽타주란 스크린에서 하나의 쇼트 다음에 다른 쇼트를 이을 때 중단이나 비약 혹은 다른 종류의 단절이 있는 것을 말한다. 하지만 그 연결은 앞뒤 쇼트들의 명백한 인과관계에 따라 이루어져야 한다. 이때 관객이 "아주 명백한 이유를 찾지 못한다면"●● 영화에 짜증을 느끼거나 영화를 몰이해할 수밖에 없다. 이런 경우가 한국영화를 보는 외국 관객에게는 종종 일어날 수 있다. 그런 간극●●●을 메우기 위해서는 해설자나 관객이 그 연결고리를 이해할 수 있는 지식을 가지고 있어야 한다. 특히 내면적 영화에서는 이런 간극을 메우기 위해 은유적 표현을 많이 쓴다.

〈신과 함께 가라〉에서는 한 여자 사업가가 수도원에 돈을 받으러 오기 전에 자동차 바퀴가 물에 빠져 헛도는 셔레이드를 몽타주로 처리하였고, 타실로가 힐데가르트라는 염소를 부르는 소리(마치 여자/부인을 부르듯이)를 배경음으로 몽타주하였다. 〈피아니스트〉에서는 에리카가 엄마와 싸우

● 프로이트는 이러한 인지의 특성을 기억과의 연관성 속에서 "사후적 특성Nachträglichkeit"이라고 설명하고 있다. 그는 인지가 비로소 기억의 행위 속에서 그 의미를 확정 지을 수 있다는 사실을 발견하고 이 개념을 그의 심층심리학에 이용하였다.

●● V. I. Pudovkin, On Montage, trans. P. Dart and A. Rossol, Pudovkins Films and Film Theory, by Peter Dart(New York : Arno, 1974), p. 162, 163.

●●● 이것을 영화에서는 점프 컷jump cut 또는 엘립센Ellipsen이라고도 부른다. 상세한 것은 요아힘 패히의 영화와 문학에 대하여(임정택 옮김, 민음사, 2002) 34쪽을 참조하라.

는 장면 대신 TV 속의 장면, 즉 사람들이 싸워서 병원에서 치료받고 있는 장면을 셔레이드로 대체하고 있다. 〈글루미 선데이〉에서는 안드라쉬가 죽고 난 뒤, 차보와 일로나가 슬퍼하면서 무덤에 가는데 이때 미사포 속으로 검은 얼굴을 한 성모 마리아의 모습을 셔레이드로 처리하고 있다. 이런 예는 여기서 다루는 영화 곳곳에서 쉽게 찾아볼 수 있다.

이런 셔레이드는 영화에서 직접적인 설명과는 거리가 먼 함의적 표현으로서 한국의 관객들이 이해하기 매우 힘든 부분이다. 그것은 바로 셔레이드가 은유적, 다시 말해 내면적 의미를 내포하고 있기 때문이다. 특히 〈글루미 선데이〉에서는 등장인물의 심리적 갈등을 묘사하기 위해 변증법적으로 교차편집을 한다. 차보와 일로나가 방에서 육체 관계를 맺고 있으면 안드라쉬는 길목에서 밤새 담배를 피우며 기다리고 있고, 일로나와 안드라쉬가 빈으로 녹음하러 갔을 때 차보는 식당에서 와인 병을 깨뜨리며 분노한다. 한스가 괴로운 실연의 상처를 안고 기차를 타고 베를린으로 떠나면 일로나는 불안한 듯 잠에서 깨어난다. 이때의 매개는 증기 기관차와 주전자 증기소리의 은유적 공통분모이다.

하지만 이런 공통분모는 한 문화권의 은유적 바탕 위에서만 가능하다. 즉 증기라는 은유는, 위에서도 언급했지만, 한스의 충족되지 않은 일로나에 대한 소원이 일로나의 불안한 꿈에 남아 있다는 것 내지는 이러한 사실이 두 사람의 장래에 어떤 숙명을 만들지도 모른다는 것을 의미한다. 물론 이런 은유는 다른 문화권에서도 집단 무의식적으로 그 영화의 문맥에서 이해될 수 있다. 그러나 그것은 그냥 예감처럼 무의식적으로 느끼는 것이지 지식적으로 아는 것은 아니다.

||||| 음악과 음향

얼마 전 인기리에 방영되었던 드라마 〈황진이〉는 사극이면서도 내러티브에 상응하는 창이나 전통음악이 아닌 모차르트 음악 같은 서구 음악을 배경음악으로 사용하였는데, 특이한 점은 그것이 하나도 불편하지 않았다는 것이다. 이것은 한국의 드라마도 내면적인 성향으로 바뀌고 있다는 것을 의미한다. 그러나 아직 많은 한국영화에서 음악과 음향은 실제의 장면에서 발생되는 소리와 내면적 상상을 불러일으키는 영화적 소리 사이에 차이가 존재한다.

〈오아시스〉에서 종두와 공주가 '내가 만일 시인이라면…'이라는 노래를 통해 음원은 외적인 노래로 그들의 내면을 환기하는 반면, 〈피아니스트〉의 에리카는 슈베르트의 「이정표」를 음원은 내적인 음향으로 들으면서 그녀의 내면을 표현한다. 에리카는 이 노래를 외적인 귀로 들을 뿐만 아니라 그 음악을 듣고 내적인 변화를 일으킨다. "다른 나그네들이 가는 길을/ 도대체 나는 어째서 피하여/ 눈에 뒤덮인 바위산 속에/ 숨겨진 험한 길을 택했는가?" 이렇게 부르는 성악도의 노래는 하나의 서사이지만 동시에 다른 차원에 있는 에리카의 내면과 조우해서 은유적 지각양식을 만들고 있다. 영화 〈신과 함께 가라〉에서 벤노 수사를 설득하려는 두 명의 수사들이 '주님만이 홀로/ 기적을 행하시며/ 우리를 만드신 창조주시며/ 주님만이 홀로/ 구세주이십니다/ 우리 돌아갈 곳 주님뿐이며'라는 성가를 불러 설득하는 장면이 그런 경우에 해당한다.

그러나 이것이 한국영화 〈서편제〉에서는 불가하다. 〈서편제〉에서의 '소리'는 그저 서사적으로 영화의 앞뒤를 연결하거나 삶과 전통의 관습적 변화를 보여줄 뿐 이것이 주인공의 내면을 재현하지는 않는다. 등장인물들에게 '소리'는 직접적으로 계시하는 것이 아니라 – 그럴 경우는 내면적 영화처럼 몽타주로 이루어질 수 있다 – 그 상황에서 관객들에게 고맥락적으로 이해될 뿐이다. 표현의 너머에 있는 문화 심리적 정황을 이해해야 된다. 눈먼 채로 노래를 하고, 억압된 심정으로 북채를 잡는 이들의 심정은 상술되지 않는다. 반대로 내면과 음악 서사의 교차 편집(몽타주)은 〈글루미 선데이〉에서 구체적으로 드러난다. "우울한 일요일/ 머지 않은 이 저녁/ 내 외로움 어둠 속에 갇혀 있네/ 내 눈 감으면 수많은 당신의 기억/ 난 잠 이루지 못하는데 당신은 잠들어 있네."

이와 같이 영화에서 음악은 서사와 따로 존재하는 것이 아니라 서사와 은유적 관계를 유지하는 또 다른 서사이다. 안드라쉬는 한스로부터 피아노 치기를 종용받지만 우울하게 있을 뿐 피아노를 치지 않는다. 그러자 위험을 안 일로나는 악보를 들고 노래하기 시작한다. "난 잠 이루지 못하는데 당신은 잠들어 있네."의 의미는 곧 안드라쉬에게 보내는 내면적 메시지이다. 영화 〈유로파 유로파〉에서도 음악은 하나의 서사이다. 평온했던 분위기는 왈츠로, 카티와의 사랑은 아베 마리아로 나타난다. 〈비욘드 사일런스〉에서는 클라리넷을 직접 연주하는 라라가 그 음악으로 자기의 삶을 표현하고 있다. 음악이 보조 수단이 아니라는 것을 클라리넷 연주회에서 만난 연주가가 라라에게 가르쳐 준다. 음악은 바깥에 있는 것이 아니라 내면에서 만들어진다고. 〈밴디트〉의 주인공들이 연주하는 록 음악도 자유를 은유하는 하나의 서사라 할 수 있다. 그들의 자유를 록 밴드, 즉 '밴디트'(노상강도란 뜻)들이 노래하는 것이다.

그 외에도 이 장에서 다루는 세 편의 영화는 모두 소리(음악)와 관련되어 있다. 각각 성령/신의 음성, 낭만적 우울, 피아노, 죽음을 노래로 다루고 있는데 근대의 문턱에서 사라지고 없는 소리를 영화에서 다루는 것은 그것이 대상이 아니라 내면적 정서의 특수한 표현기법이다. 근대 이전의 소리를 근대 이후에는 문자가 보관하고 있지만 그 문자에서 소리로 나아가는 직접적인 통로는 없다. 그것은 비로소 영감을 받아서야 수행할 수 있는 것이다. 그것은 문화적 기억에서 매우 중요한 역할을 한다. 어떤 소리의 기호를 보고 그 소리를 재현해 내는 것이 가능한 이유는 몸 어딘가에 원시적 기억이 새겨져 있기 때문이다. 그것을 심리학자 융은 '집단 무의식'이라고 설명했다.

이와 같이 〈신과 함께 가라〉에서 세 수사들은 바로 전통적인, 즉 시대에 뒤떨어진 문화적 기억을 보존하고 기록하기 위해 노력한다. 태초에 신은 음성으로 계시를 했다. 성서에서 하느님은 음성만을 들려주지 절대 그 모습을 드러내지 않는다. 신약성서에서는 예수의 모습으로 성육화한 하느님의 말씀에 대해 사도 바울이 살아 있는 말씀과 죽은 글자로 대비하면서 그 갈등이 재현되고 있다(고린도 후서 3 : 6 "그가 또한 우리를 새 언약의 일꾼 되기에 만족하게 하셨으니 율법 조문으로 하지 아니하고 오직 영으로 함이니 율법 조문은 죽이는 것이요 영은 살리는 것이니라."). 우리가 다루는 이 영화 〈신과 함께 가라〉에서 소리는 관객의 순수한 내면을 울리는 중요한 역할을 할 뿐만 아니라 영화 전반에 흐르는 문화적 내면성에 대한 은유로 파악할 수도 있다.

영화 〈피아니스트〉에서의 소리는 신의 음성이 아니라 내면의 트라우마를 회상하게 하는 마술적 소리다. 에리카의 삶 자체가 이 소리(음악)와 더불어 존재한다. 여기서 음악이라는 이 내면화된 언어는 완전히 다른 언어 미학적 모습을 취하게 된다. 에리카의 정서는 슈베르트의 음정과 정서를 재현할 뿐 아니라 시적 내용에 조응하고 있다. 그녀가 듣고 싶어하는 소리는 곧 강박적으로 일정한 리듬으로 – 즉 발터의 수사적 화려함을 거부하는 – 이루어져 있다.

〈글루미 선데이〉에서 음악은 어떤 내면화된 이미지를 보여 줄 뿐 아니라 신적인 계시 내지는 죽음의 재현으로 이해된다. 쇼펜하우어가 "음악은 우주 그 자체만큼 의지의 직접적 구현"이며, "세계를 필요로 하지 않는" 최고의 예술이라고 말했다면 바로 이 영화를 두고 하는 말일 것이다. 영화의 주제가 된 음악은 곧 영화의 서사와 동일 선상에서 움직인다. "외로울 때만 노래를 부른다.(일로나가 안드라쉬와 처음 만나서 한 말)"는 상황은 직접 노래를 부르는 서사(안드라쉬가 마지막으로 연주를 하고 죽기 전 일로나가 안드라쉬를 죽지 않게 하려고 노래를 함)로 이어진다. 이 영화들에 사용된 음악은 수사적 영화에서처럼 단순한 삽입곡이 아니다. 이 음악들 속에, 소리 속에는 영화의 인물들이 찾는 삶의 목적과 영화의 의미가 내재해 있다고 볼 수 있다. 〈오아시스〉 같은 경우에 주인공들이 노래("내가 만일 하늘이라면 그대 얼굴에 물들고 싶어.")를 하지만 그것은 영화의 서사에 대한 은유적 관계를 가지는 것이 아니라 삽입곡으로서 환유적 관계를 가진다. 〈서편제〉에서도 소리나 소리꾼을 중심으로 전체의 정서가 결정되는 것은 사실이지만 은유적 관계에서 결정되는 것은 아니다. 이렇게 보면 음악에 관한 내면적 영화의 태도와 수사적 영화의 태도는 분명하게 구별된다고 할 수 있다.

chapter 13

수사의 문화, 내면의 문화

◎ 일반적으로 시학에서 은유는 시의 언어, 환유는 산문의 언어로 보고 있다. 그렇다면 왜 한국의 문학은 시에서도 이런 환유의 구조를 택하며 서구의 문학에서는 산문에서도 은유의 구조를 택하는가? 이 문제는 바로 교훈을 중요시하는 유교문화와, 내면을 중시하는 프로테스탄트적 문화의 결정적인 차이에서 비롯된 것이다. 같은 정서를 발생시키더라도 교훈을 전달하려는 한국 유교전통의 시문학에서는 그 의미가 좀 더 분명해야 했고, 또 그 정서가 발생한 과정이 구체적으로 제시되어야 했을 것이다. 더군다나 유교적 질서에 있어서는 정서의 공통의 기호가 가장 익숙한 자연의 모습과 닮아 있어야 했을지 모른다.

수사는 한국문학이나 서구문학 어느 쪽에서든 쓰이고 있다. 그러나 내면을 중시하는 프로테스탄트적 · 신비주의적 문화에서의 표현은 규범과 예의, 전통을 중시하는 유교문화에서의 표현과는 전적으로 다르게 그려진다. 영화를 보거나 책을 읽거나 글쓰기를 하는 데 있어서의 이런 상이한 두 가지 패턴을 우리가 인문학의 출발점으로 삼는 것은 인식론이라는 19세기 유산으로 인간의 정체성을 규명하려 한 인문학이 이제 한계에 이르렀다고 판단되기 때문이다. 더욱이 문학, 텍스트, 영화, 미디어가 문화의 원동력이 된 사회에서, 고착화된 수사적 글쓰기의 전승과 그런 맥락에서의 단순한 (외국)문학의 이해는 '누에섶을 지고 소금 사려' 하는 것에 지나지 않는다.•

우리는 이제 문화학적 차원에서 타 문화의 상대적이고 주체적인 판단과 문화의 중층기술, 전통코드의 유기적 해석, 상징의미의 해석이라는 맥락에서 수사의 문화와 내면의 문화를 비교할 수 있어야 할 것이다. 그간 우리의 글쓰기가 서양학을 자생적이며 주체적으로 보았는가 하는 문제는 이따금씩 언론매체나 선정적 저널리즘에서 들어온 터이기 때문에 매우 식상하다. 그보다는 오히려 문화학적 관점을 제시하여 상호 문화적인 수사적 글쓰기와 내면적 글쓰기의 차이점을 살펴보는 것이 시의적절하다. 그리고 합리적-비합리적, 근대적-전근대적, 텍스트성-작품성, 이데올로기-순수성, 유목민족-농경민족 등의 카테고리로 살펴볼 필요가 있다.

||||| 문체와 내면성

문체를 벗어나는 것은 쉬운 일이 아니다. 이미 문화의 말투라는 최면

• Hartmut Böhme/Klaus R. Scherpe (Hg.), Literatur und Kulturwissenschaften. Positionen, Theorien, Modelle, Hamburg, 1996, p. 12.

에 걸린 사람들은 아무런 저항도 할 수 없다. 내면성과는 상반되는 수사학의 문체에 매혹되면 그곳에서 빠져나오기가 쉽지 않다. 과연 그런가? 문체에 관한 한, 우선 어휘나 개별 문장에 나타난 수사(은유, 알레고리)의 문제부터 관찰해 보자. 예를 들어 '국가 배'란 알레고리를 살펴보자. 이 알레고리는 이미 고대 이집트 시대에 '왕은 항해사'란 표현에서 존재했다. 이것은 그리스 문학에서도 찾아볼 수 있다. 국가의 운영에 시민이 참여하도록 되어 있던 민주정치 제도 내에서 가끔씩 그런 알레고리를 찾아볼 수 있다. 즉, 위험에 처했을 때 승조원끼리 서로 의지하고 용기를 주며 그들이 한 몸이라는 것과 서로 도와주어야 한다는 것을 호소하고 있다(아이스킬로스). 그러나 오늘날 우리가 이런 수사를 대할 때 간과하지 말아야 할 것은 거의가 다, 항해사(또는 선장)가 배와 승무원들에 대해 가지는 절대적 역할이 이야기의 핵심이 되어 있다는 점이다. 그런 나머지 귀족적이거나 반민주적이며 민주주의 비판적인 입장들을 옹호하고 있다. 이에 대해 데만트 Demandt는 그리스 시대에는 "이미지가 구조적으로 반민주적인 경향을 띤다."고 말한다.●

로마문학은 '국가 배'라는 알레고리를 단지 통치와 관련하여 파악하고 있는데, 그 이미지는 강한 통치력을 요구하기 위해 만들어졌고, 그 이후 아우구스투스 황제 치하에는 황제 일인통치를 정당화하는 데 사용되었다.●● 위계질서에 이 이미지가 사용되는 경우는 근대를 넘어 오늘날까지도 존속하고 있다. 그러나 이런 이미지들을 듣거나 사용할 때 주의해야 할 것은 이 이미지들의 명징함 때문에 우리의 생각이 비민주적이고 비현실적인 방

●앞의 책 191쪽.
●●Berthold, 1968, 100~103쪽, Demandt, 1978, 20~27, 114~123쪽을 보라.

향으로 오도되지 않나 하는 것이다. 즉, 전통의 매력 그리고 이미지의 역동성을 근거로 사람들이 전혀 생각해 보지도 않고 때에 따라서는 우리가 거부하는 정치적 생각들을 담고 있을 수 있다. '국가 몸'에 대한 알레고리도 그와 유사한 경우다. 이에 대한 이미지도 고대 이집트에서 찾아볼 수 있고, 그리스 로마시대, 중세, 근대 그리고 현대에까지 널리 그 예를 볼 수 있다.

대표적 예로 아우구스투스 대제 시대에 Livius(II, 32, 9-12)로부터 전해 내려온 위장과 팔다리에 대한 알레고리가 있다. 로마의 평민들이 파트리치우스 치하의 폭정에 대항해 494년 로마로부터 나와서 성산에 이주한 직후 원로원인 메네니우스 아그리파가 백성들에게 다음과 같은 내용의 글을 전했다. "어느 날 팔다리들이 모여 위장에 불평하는 모의를 했는데 내용인즉슨 위장은 자기네들이 피땀 흘려 모은 것을 맛있게 먹고만 있으므로 더 이상 위장에 영양이 가도록 하지 않겠다는 것이었다. 그랬더니 그 팔다리는 머지않아 말라 비틀어져 약해졌고 결국 '위장도 중요한 역할을 하는 구나.', 즉 '온몸에 생명과 힘을 공급해 주는 구나.' 하는 것을 깨달았다."는 것이다. 이 말을 들은 평민들은 다시 로마로 되돌아왔다.

개개의 구성원들은 그 국가의 일부분이지만 국가에 완전히 종속되고 무엇보다 주도적 기관이 지시하는 일을 그저 따를 뿐이다. 국가와 제도들, 그리고 그 제도 안에서 통치하는 사람들은 상당한 구속력을 지니고, 논란의 여지가 없는 자연적 필연성을 부여받는다. 그에 반해 개인으로서의, 또 민주적으로 국가를 떠맡고 책임져야 할 시민으로서의 구성원은 제외되었다. 실제적으로 백성들을 위해 일해야 할 국가가 권위적인 자기 목적으로 화하고, 동시에 국민이 그 국가의 수단 내지는 국민들을 통해 지배하는 사람들의 수단이 된다. 여기에 '국가 몸'이나 '국가 배', 그 외의 정치적 · 이미지적 요소들에 대한 알레고리가 지니는 문제성이 놓여 있다.

이런 수사적 요소들이 어렵고 복잡한 정치적 사안들을 외형적으로나마 조망할 수 있고 이해할 수 있게 하나, 대부분 왜곡하고 무엇보다 어떤 특정한 방법으로 해석을 내리고 있다는 것이 바로 그 문제점이다. 이것은 쉽사리 개개인에게 의식되지 않는데 그 이유는 개인이 (일상적) 이미지에 익숙해져 있으면 그 이미지의 내적 논리와 명징함에 굴하고 말아 그것의 이데올로기적 입장을 그대로 받아들이기 때문이다. 이것은 우선 한번 비판적으로 검증해 보고 계몽되어야 할지도 모르는 일일 것이다.

문체반정文體反正과 신구논쟁

18세기 후반에 우리의 문화에서 문체에 관한 한 중대한 사건이 하나 있었다. 그것은 바로 정조正祖의 문화정책의 일환인 문체반정인데, 당시의 문체나 문학이 단순히 심미적 차원에만 머물러 있었던 것이 아니라는 점을 감안해 볼 때 이는 우리의 주제인 내면의 수사학 또는 마음 만들기와 밀접한 관련이 있다.●

17세기 이후 신분 제도가 고착되면서 신분상승의 길이 막힌 중인계층은 위항문학운동委巷文學運動을 전개하여 지적 토대를 구축하고, 서얼층庶孼層은 영조의 탕평책에 근거하여 통청운동通淸運動을 통해 신분상승을 꾀한다. 이 움직임이 18세기에 본격화되는 것은 사회경제적 변화와 무관하지 않다. 근대적 상공업 사회에 적합한 세습의 기술과 실제 행정력을 겸비한 중인계층이 새로운 시대사상으로 부상한 북학사상을 수용하면서 주도

● 이 부분의 내용은 정옥자의 『朝鮮後期文化運動史』와 이중연의 『'책'의 운명』, 조동일의 『한국문학통사』 제3권을 참고한 것임을 밝혀 둔다.

계층으로의 성장을 꾀한다. 이들 중인계층은 북학적北學的 소양에서 출발한 시무時務에 대한 인식과 선진문화를 받아들여야 한다는 개방적 사고를 갖고 있었는데, 이것이 실학사상의 한 줄기이며 후일 개화사상으로 연결된다. 다른 한편 조선 성리학은 시대사상으로서의 생명력을 다하였고 한계상황을 직시한 사대부들이 실학사상으로의 전이를 꾀하였지만 이미 사회는 말폐末弊현상을 보이고 있었다.

정조는 집권 후반기(1790년경)에 퇴폐하고 타락한 문체를 바로잡아야 한다는 명분하에 당시의 집권층인 노론정파老論政派를 중심으로 형성된 학풍과 문풍을 비판하고 노론 내부의 벽파僻派를 시파時派로 전향시키려는 포석을 하였다. 정조는 학문을 생활화한 군주였고 그의 학문기반은 종경宗經●이었다. 그는 도문일치道文一致 내지는 문이재도文以載道란 기치하에 문장을 '도를 담는 그릇', 즉 '생활을 담고 있는 그릇'으로 파악하여 문장이 기예로 전락하고 문학의 공용성功用性만이 부각되는 것을 막으려 했다. 공용성이란 서양의 계몽주의적 현상을 두고 낭만주의자들이 비난한 바 있는 공리주의utilitarism와 유사한 것으로 파악할 수 있는데 명청문학明清文策, 패관소설류稗官小說類, 서학西學 그리고 북학파의 신체문新體文●● 등을 가리키는 것이었고 이러한 것들은 명분과 기존질서에 배치背馳되는 것으로 이해되었다. 이것이 복고적 · 보수적인 학풍 내지는 문풍文風을 주창하여 문체반정을 일으킨 동기가 된다.

그러나 이 문체반정은 명분상의 역할에 그치는 것이지 실제로 정조는

● 종경宗經은 규범으로 제시된 六經(詩經, 書經, 易經, 春秋, 禮記, 樂經) 이외에 諸子, 史書, 八家文, 朱子를 말하며 고전의 규범적 문장을 뜻한다.
●● 연암 박지원의 『호질虎叱』 같은 것이 한 예다.

신사조에 민감하게 반응하여 북학자들을 등용하고, 규장각을 통한 문물의 개화에 몰두하면서 청문화 수입에 열정을 쏟는다. 재미있는 것은 한국인 특유의 이런 이중적 태도를 근래에도 찾아볼 수 있다는 점이다. 문물은 서양의 것을 동경하며 다 받아들여 생활하면서도 사상이나 문체에서는 배타적인 태도를 취하는 것인데, 실로 '순수기표'란 존재하지 않는다는 점을 여실히 드러내 준다. 이와 비슷하게 부조父祖들에게는 아직도 유효한 청에 대한 북벌론이 그 자제들에게는 극복의 대상이 되었다. 18세기 후반의 조선사회가 선진문물의 도입을 목표로 삼으면서 신구新舊의 갈등은 필연적이었다. 이는 연암 박지원이 주장한 법고창신法古創新의 정신에 잘 요약되어 있다.

> 옛것을 본받는 법고法古는 때 묻을 병폐가 있고 새로이 창조하는 창신創新은 상도에서 어그러지는 병폐가 있다. 법고하되 변화를 알고 창신하되 전거에 능해야 한다.●

이런 상황이 전개된 데는 여러 가지 사회적 변화가 부수되었는데, 첫째 문학담당층의 확대에 따른 문학의 저변확대 및 문학의 여항화閭巷化 또는 위항화委巷化에 의한 소설의 대중 확대가 그것이다. 또 다른 한 요인은 한문표현에서 국문표현으로의 이전을 들 수가 있겠다. 이와 같이 한 나라의 새로움에 대한 복고적 대응은 서양이나 조선이나 비슷한 양태로 존재했었다. 중요한 것은 우리의 사회변화과정은 지배체제의 고수로 인하여

● 정옥자 지음, 조선후기 역사의 이해, 일지사, 1993, 137쪽에서 재인용.

어떤 혁명적인 고비를 맞지 못했고 혁명적 동기도 주도세력에 의해 좌절되었기 때문에 구舊의 논리가 신新의 논리를 지배하게 되었다고 할 수 있다. 이것이 수사학의 전범을 오랫동안 지속시킨 한 요인이 되었다.

서양에서도 이와 비슷한 현상이 있었다. 그것은 바로 현대성에 대한 의식비판이라고 할 수 있는 프랑스의 신구논쟁이다. 여기서도 왕의 영광을 기리는 어떤 개선문의 비명碑銘을 라틴어로 쓰느냐 프랑스어로 쓰느냐 하는 것이 문제가 되었다.● 페로Charles Perrault와 퐁트넬르Fontenelle는 근대파의 투사로, 라 브뤼예르La Bruyère와 브왈로우Nicolas Boileau는 고대파의 투사로 논쟁에 참여했다. 특히 페로와 퐁트넬르는 인류의 역사를 유년기, 청년기, 완숙기로 보건데 당시의 인류는 노년기에 속한다고 하면서 고전주의의 자명성을 반박하고 나섰다. 즉 예술에 있어서의 절대적 척도가 다른(새로운) 시대에도 통용될 수 있는가라는 문제에 회의를 품은 것이다.

이 논쟁은 1800년경 독일로 확대되어, 지나간 예술의 무효용성이 시민사회에서 어떤 효용성을 띨 수 있는가란 문제로 변질되었다. 고대문학의 단순성과 소박성에 대해 근대문학은 기교적, 즉 의식적으로 시작되었다는 인식이 프랑스 판 '현대'에 대한 논쟁이다. 이것은 후일 독일의 낭만주의를 구성하는 요인이 된다. 독일 낭만주의의 자기 이해는 바로 고대의 기원과 다른 의식적 문학의 기원을 여러 방언들로 기록된 중세에서 찾은 데서 나왔다고 볼 수 있는 것도 다분히 이런 맥락에서 나온 것이다. 프랑스 혁명 이후 삶의 양식이 바뀌면서 예술의 취향에서만 논의되었던 현대성은 이제 구체적 예술형식과 아름다움에 대한 전혀 다른 접근방법을 찾

● 랑송 佛文學史 下, G. 랑송/P. 튀프로 공저, 정기수 옮김, 을유문화사, 338쪽 참조.

아야 했다. 혁명 전에는 3일치의 법칙 같은 고전의 규율이 독자를 매료시킬 수 있었으나 혁명 후에는 그렇지 못했다. 문체반정이든 신구논쟁이든, 주안점은 어떤 전범을 문학으로 보느냐, 변화된 실제를 문학에 반영시키느냐는 것이다. 그러므로 이 시기를 기점으로 하여 새로운 내면성의 문학이 만들어진 것은 우연이 아니다.

||||| 기층문화와 내면성

서구 내러티브를 이루고 있는 기저는 유목문화이다. 설혹 다른 민족이 있어도 그 문화에 동화되어 버렸고 이것은 저들의 식생활만 보아도 알 수 있을 정도로 유의미한 상황이다. 유목문화에는 사냥도구의 변형인 나이프와 포크가 있으며 1인 분portion이라는 것이 있다. 언제 헤어질지 모르는 운명은 각자의 몫을 정하는 문화를 만들었다. 이에 비해 한국인(동양인)들은 주식이나 부식 모두 한곳에서 떠먹기 때문에 몇 인 분이라는 의식이 없다. 그리고 한 냄비에 여럿이 수저를 넣어도 아무런 거부감이 없는 것은 오랫동안 같이 살면서 친숙해진 탓이다.

이런 생활방식은 곧 내러티브의 방식으로 이어질 수밖에 없다. 자기가 태어난 지역에서 자연과 함께 살아야 하는 사람들은 자연의 힘이 얼마나 거대한가를 잘 안다. 사계절이 뚜렷하여 그 거부할 수 없는 자연의 도래는 곧 타율적인 인간을 만들어 낸다. 그리하여 농경민족들은 자연을 신과 같이 받들고 그 자연이 곧 그들의 꿈이 되는 것이다. 이와 반대로 유목민족은 자연을 두려워했다. 그리하여 그들은 자연과 싸워 나가기 위해 온갖 머리를 다 짜냈다. 그것이 그들이 이루는 환상의 공간, 창의성의 공간을 마련하였다.

독일의 동화나 아동문학을 보면 이를 단적으로 알 수 있다. 『모모』가 하는 행동 양식은 누가봐도 유목민의 그것이다. 하지만 우리 동화에서는 이것이 허락되지 않는다. 아이는 항상 엄마가 있어야 하고 누군가의 보호를 받아야 한다. 헨젤과 그레텔은 숲속에 버려지지만 콩쥐는 힘들어도 새엄마와 같이 살아야 한다. 서양 사람들에게 자연은 투쟁해서 이겨야 할 그 무엇이지만 한국 사람, 즉 농경민족에게는 공존하고 조화를 이루어야 할 그 무엇이다. 유목민족에게는 침범의 위험이 존재하지만 농경민족에게는 평화의 기원이 존재한다.

이런 의식이 내러티브에 영향을 미치지 않았다고 볼 수 없다. 서양 사람들이 중시하는 내면성의 글쓰기는 말함을 통하여 내면적인 것이 입체적이고 사실적으로 드러나게 한다. 그러나 한국 사람들은 내면을 그리지 않는다. 다만 그리지 않은 여백으로 주제의 취의를 살리게 한다. 곧 그리지 않은 내면은 그린 부분을 통관함으로써 느끼게 한다. 상대를 정복하려는 사람들은 분석하고 사태를 객관적으로 보려는 방법으로 이야기를 전개하고, 한곳에 머물면서 조화를 꿈꾸는 사람들은 이야기를 주관적 태도로 서술한다. 마치 상대방의 마음이 내 마음인 것처럼. 이런 의식구조와 미학적 태도는 오랫동안 한국의 문학을 - 그것이 아동문학이든 시든 소설이든 - 시문詩文만이 유일한 문학인 것으로 생각하게 했다. 여기서 시문이란 의식적이고 주관적인 가르침이 있는 아포리즘이나 에세이 같은 것을 말한다. 앞에서 인용했던 류시화의 [시 3]이 바로 그런 경우다. 느낌은 오로지 주변을 고려해서만 타당한 것으로 여겨져 왔다. 그러한 나머지, 가령 『모모』 같은 이야기는 소인배의 하잘것없는 이야기 또는 위항문학 등으로 취급했던 것이다. 근대에 와서 이런 문학적 태도가 일부 수용되었지만 아직 대부분 그런 입장을 취하고 있다.

그렇기 때문에 한국의 문학은 작가의 인격적 표현이라는 관점으로 기술하고 있지, 허구적 상황이나 반 또는 비도덕적 상황을 서술하는 것을 꺼린다. 그러나 서양에서는 예술을 그야말로 기교로 생각한다. 작품을 작가의 인격이 아니라 작가가 모방할 수 있는 상상력으로 생각하기에 얼마든지 자신의 내면을 은유한 형상들을 제시할 수 있다. 이것은 이미 앞서 언급하였듯이 종교와도 밀접한 관련이 있다. 기독교(프로테스탄티즘)는 외형적으로 꾸미는 것을 싫어한다. 왜냐하면 그들의 신은 중심을 보시지 외양을 취하지 않기 때문이다. 그래서 문학 장르도 한국에서는 에세이나 시문을, 서양에서는 드라마나 소설을 우월한 것으로 본다. 또한 같은 드라마라도 서양에서는 비극을 우위로 하고(그것은 현실의 불만을 말한다) 한국에서는 희극을 우위로 한다(물론 슬픈 장면이 나오나 그것은 해피엔드를 목표로 한다). 그러니 서양에서는 내러티브가 알 수 없는 그 무엇이나 마음의 작용을 주로 내세우게 되지만 한국에서는 유교적 희망과 아름다움을 버리지 말아야 하기에 수사학적으로 묘사할 수밖에 없다.

그러므로 아동문학의 서술기법에서 익히 보았다시피 서양 사람들은 구성, 즉 플롯과 시점에 관심을 두지만 한국 사람들은 화자나 시인의 심리적 거리와 태도를 중시한다. 그래서 독자들에게 동의를 요구하고 그 화자나 시인이 얼마만 한 인격의 크기를 가지고 있느냐에 집중하게 한다. 그러나 서양의 내러티브는 허구라는 개념을 통하여 독자가 직접 이야기에 뛰어 들어가 독자 자신에 대한 객관적 시선을 갖게 한다. 화자나 시인은 죽고 마는 것이다. 한국의 작가들이나 시인들은 '낯설게 하기'를 통해 이미지를 만드는 것이 아니라 본받을 만한 보조관념이나 수사를 통해 독자가 해설자인 자신의 입장을 따르게 한다. 그러므로 서양의 내면적 문학은 독자 자신에게 있는, 알 수 없는 그 무엇을 어떻게 끌어낼까 하는 데 관심을 두지만 한국문학은 무슨 행위를 했으며, 그것이 어떤 가치를 띠고 있느냐에 집중하게 된다.

동양의 고전인 시경에 있는 작품은 주로 부賦, 비比, 흥興으로 분류해 두었다. 윤석산에 따르면 부賦는 말하고자 하는 속뜻을 펼쳐 놓거나 그리는 것이라고 정의할 수 있다.● 가령 소동파의 적벽부가 그 대표적인 경우다.

> 壬戌之秋 七月旣望 蘇子與客 泛舟遊於赤壁之下 淸風徐來 水波不興. 擧舟屬客 誦明月之詩 歌窈窕之章. 少焉, 月出於東山之上 徘徊於斗牛之間 白露橫江 水光接天 縱一葦之所如 凌萬頃之茫然. 浩浩乎 如憑虛御風 而不知其所止 飄飄乎 如遺世獨立 羽化而登仙
> (임술 가을 7월 기망 16일에 소자가 손과 배를 띄워 적벽 아래서 노니, 맑은 바람은 천천히 불어오고 물결은 일지 않네. 술을 들어 손에게 권하며 명월의 시를 외고 요조의 장을 노래하는데, 조금 있으니 달이 동쪽 산 위에 떠올라 북두성과 견우성 사이를 서성이네. 흰 이슬은 강에 비끼고, 물빛은 하늘에 이었네. 한 잎의 갈대 같은 배가 가는 대로 맡겨, 일만 이랑의 아득한 물결을 헤치니, 넓기도 넓구나. 허공에 의지하여 바람을 탄 듯하여 그칠 데를 알 수 없고, 훨훨 나부껴 인간 세상을 버리고 홀로 서서, 날개가 돋치어 신선이 되어 오르는 것 같더라.)

이 부賦에서 마지막 연 "허공에 의지하여 바람을 탄 듯하여 그칠 데를

●윤석산, 동양시학과 서양시학의 접점 찾기, 있는 곳 : 다층 2000 여름호, 333쪽.

알 수 없고, 훨훨 나부껴 인간 세상을 버리고 홀로 서서, 날개가 돋치어 신선이 되어 오르는 것 같더라."를 제외하면 모두 대상을 묘사하는 데 그치고 있다. 따라서 부는 서사시 같기도 하고 서정시 같기도 하다. 이런 전통이 한국의 시 또는 소설에 그대로 옮겨져 있지 않은가 생각해 볼 일이다. 그 다음 비比는 은유와 가장 가까운 형식이라고 보면 된다.

> 메뚜기 떼 날갯짓 소리 요란하네/ 그 자손들 마땅히 많겠네/ 메뚜기 떼 날갯짓 소리 후둑대네/ 그 자손들 마땅히 번성하겠네●

서양에서 말하는 은유에 가장 가깝다고 할 수 있겠으나 엄밀한 의미에서 이야기로 치면 알레고리와 비슷하기 때문에 치환은유로 보아야 하며, 아래에서 보는 흥興이라고 하는 형식 또한 다른 모습을 보이나 상징과 치환은유 사이에 있다고 보아야 할 것이다.

> 구욱구욱 징경이가 하수 섬가에서 우는구나/ 아름다운 고운 아가씨는 군자의 좋은 짝이라네●●

설령 부, 비, 흥이 다르다 할지라도 윤석산에 따르면 비가 차지하는 비율은 1/6 정도밖에 되지 않는다고 한다. 그러나 이런 비율과는 상관없이 부, 비, 흥 모두에서 어떤 사건의 묘사를 보게 된다. 중요한 것은 부, 비, 흥 어느 것이든 사건이나 대상을 묘사하면서 감정을 그리고 있다는 점이다.

● 윤석산, 같은 곳.
●● 윤석산, 같은 곳.

어느 것도 부정하면서 이미지를 얻지는 않는다. 부정하면서 이미지를 얻는 방식은 서구의 근대에서부터 시작한다. 미메시스 개념도 수사학적 시대에는 그저 보이는 것을 서술하고 문체 내에서 은유를 다룰 뿐이었다. 근대를 넘으면서 서구 사람들은 돈키호테 같은 인물을 찾았고 서정시에서는 부정이라는 수단을 찾았다. 우리 문화에서 내러티브나 서정적 문체가 환유에 의존하는 것은 수천 년 간의 전통 때문이라고 할 수 있다. 근대와 더불어 새로 발견된 내면의 수사학에 대해 우리는 새로 읽는 법을 배워야 한다. 단지 '우리' 문학, '우리' 시가 아니라 서양 사람들도 시대변화에 따라 새로운 마음 읽기를 배웠다는 사실을 알아야 할 것이다.

||||| 내면성과 미디어

수사의 경향성과 내면성의 구상은 문자문화나 영화에만 국한되는 것이 아니다. 이것이 문화의 소산인 만큼 우리의 현실을 재현하는 미디어에서도 직접적으로 찾아볼 수 있다. 인터넷 홈페이지만 보아도 한국의 것과 서구의 것은 매우 다르다. 서구의 것은 카테고리에 따라 큰 글자와 작은 글자가 일목요연하게 정리되어 있지만 한국의 홈페이지는 재미있는 것을 부각시키는 클로즈업 스타일로 꾸며져 있다. 특히 팝업처럼 창을 여러 개 동시에 띄우는 것은 한국만의 독특한 특성일 것이다. 화면이 정적이지 않고 동적인 경향성을 띤다. 그리고 많은 이슈들이 메인 창에 다 뜬다. 뒤로 감춰진 것을 찾아갈 수 있는 마음의 여유가 없다. 메인에 뜬 것만이 – 다시 말해 외부로 보이는 것만이 – 중요한 것으로 인식되기 때문이다.

인터넷상의 각종 홈페이지나 광고에서의 산업 이미지 코딩에서도 한국과 서구의 의미구상은 많은 차이를 보인다. 수사적 경향성을 띤 한국문화에서는 내용을 이미지적으로 제시할 수 있는 외장코딩이나 다중창 사용에 더 큰 비중을 두고 있다. 이것은 상업적 광고에서도 쉽게 찾아볼 수 있다. 가령 환경친화적 상품을 선전하는 광고물을 예로 들면, 서구의 광고에서는 텍스트 내용과 이미지 코딩을 동일하게 일치시키는 영상을 제시하는 반면, 한국의 광고는 건강미 넘치는 여성 배우를 매개로 하거나 여유로운 주변 분위기를 보여 주면서 실제의 광고 내용과는 관련이 적은 이미지를 환기하는 장면들이 연출된다.

이런 차이는 문학적 텍스트에도 그대로 드러나는데 우리의 것은 편안하고도 매우 집단적인 목소리를 내는 스토리를 토대로 한 환유적 구조를 띠고 있다고 볼 수 있다. 거의 매년 이어지는 추석이나 설 명절 때의 방송 또한 하나의 패턴으로 이루어진다. 언제 어디에 갖다 두어도 마찬가지인 뉴스의 내용이다.

> 연로한 부모님 대신 오랜만에 모인 형제들이 팔을 걷어붙였고 자식들 올라가는 길에 실어 보낼 고추를 말리는 부모님의 손길도 분주합니다. 변변치 못한 선물에 마음은 무겁지만 강아지도 기뻐 반겨 주는 고향. 그 길이 거침없이 달리는 고속철이든 아니면 다소 더딘 뱃길이든 귀성객들의 부푼 마음은 한결같았습니다. 추석 연휴 첫날인 오늘은 차량소통도 비교적 수월해 귀성객들의 마음을 가볍게 했습니다. KBS뉴스 안현기입니다.

이러한 의미구상의 차이는 비단 영화나 광고 또는 방송 멘트에만 국한되는 것이 아니라 일상적인 뉴스보도 형식에서도 흔히 찾아볼 수 있다. 2004년 6월 24일자 방송 부문 자료 중 "KBS-MBC 메인뉴스 심층성 떨어진다."는 보도가 있다.● 예를 들면 한국의 공영방송 KBS와 MBC의 메인 뉴스는 영국의 BBC 등과 같은 뉴스에 비해 기사 아이템은 많으나 심층성이 떨어진다는 지적이다. 한국방송영상산업진흥원은 「한국, 영국, 일본 공영방송 저녁종합뉴스 비교 분석」이라는 보고서에서 KBS, MBC, BBC, NHK의 평일 메인뉴스를 분석하였는데, 기사 건수는 KBS가 284건으로 가장 많고 BBC(148건)의 2배에 가까웠던 반면, 기사당 평균 보도 시간은 KBS가 1분 25초로 가장 짧고 NHK가 2분 19초로 가장 긴 것으로 보고하고 있다. 사실을 단순 전달하는 스트레이트 기사의 비중이 가장 높은 곳은 MBC(91%)였다. BBC는 분석이 가미된 심층보도가 68.9%를 차지했다. 사운드바이트는 KBS가 546건으로 가장 많은 반면 평균 시간은 8.5초로 가장 짧았다. 취재원을 인용하는 횟수는 많으나 깊이 있는 인용을 하지 못한다는 것이다. BBC는 308건에 평균 시간 13.4초, NHK는 338건에 25.3초였다. 한국 뉴스의 이러한 보도 형식은 독일의 ZDF나 Tagesschau 보도 형식과 비교해 볼 때도 마찬가지다. 뉴스의 기사 아이템은 많으나 그에 대한 심층 분석 보도는 부족하다.

여기서 우리는 또한 문화적으로 고맥락 사회에 속하느냐 아니면 저맥락 사회에 속하느냐에 따라 보도의 표현방식도 다르게 취함을 알 수 있다. 예를 들면 영화나 문학 매체에서처럼 표현이나 수사적 전달방식을 선호하는 한국의 뉴스 보도 양식도 그와 비슷한 현상을 보이고 있음을 알 수 있다. 서구의 경우는 한 가지 뉴스를 집중적으로 보도하고 심층보도를 하는 데 비해, 한국의 매체들은 시위나 외부적 부연 상황들을 보도한다. 그리고

● 자료 제공: 한국방송영상산업진흥원 뉴스 워치 팀, 2004년 6월 24일자 보도내용 중 일부 인용.

서구의 매체들은 사건의 실제상황을 심층 보도할 뿐만 아니라 사건의 정황이나 실제 현장을 다루고 있다.

이것은 전반적인 매체의 의미구상의 방식, 즉 내러티브에 있어서 한국과 서구가 서로 다른 체계를 가지고 있다는 것을 말해 준다. 우리의 것이라지만 같은 방식으로 말하고 표현하는 것에만 집중하면 이곳에서의 내러티브를 세계 시장에 내놓을 수 없다. 아동문학 시장과 영화의 시장은 이미 삭막하다. 이야기하고 설명하는 대신 보여 주고 판단하게 하는 것이 전략적으로 유리하다. 내면의 수사학은 말로 표현될 수 없는 것을 말로 표현하지 않고 함의하는 것이다.

마치는 말

◎ 최근 문학은 문화나 영화, 미디어를 배제하고서는 생각할 수 없는 상황에 이르렀다. 그것은 이제 여러 영역, 이를테면 문학, 철학, 공학, 언어학, 광고학, 경영학, 사회학, 심리학, 매체학 등에서 모두 필요한 학제가 되었다. 그런 만큼 새로운 패러다임으로 인해 유발되었던 '인문학의 위기'는 이제 낡은 화젯거리에 불과하다. 그것은 수백 년 동안 인식을 지배해 온 문자/인쇄문화가 영상문화라는 새로운 패러다임과 상호 보완적 역할을 하게 됨으로써 오히려 인문학의 위기에 대한 대안을 모색할 수 있는 새로운 국면을 가져다 주었기 때문이다.

이런 맥락에서 우리는 인문학적 내러티브 연구가 이미지 산업에서도 큰 역할을 하고 있다는 것을 주시할 필요가 있다. 즉, 세계의 문화가 점점 가까이 교류하게 되자 자국의 문화, 자국의 내러티브만 고집할 수 없는 상황에 이르렀다. 이미 시장은 열려 있고 인터넷은 세계를 하나로 묶고 있다. 이런 문화적 다양성을 여기서는 우선 두 가지로 나누어 보았다. 표현을 중시하는 수사의 문화와, 보이지 않는 해석을 중심으로 하는 내면의 문화가 그것이었다. 그래서 이 책의 제목도 '내면의 수사학'이라 붙인 것이다. '보이지 않는 마음을 어떻게 나타낼까?' 하는 것이 이 책의 고민이었다. 신화, 고전, 아동문학, 시, 소설, 영화, 미디어에 이르기까지 일관성 있게 적용되는 이 수사형식과 내면형식은 이제 어느 특정한 문화의 소산일 수 없다는 생각을 하게 한다.

말로 표현될 수 없는 것은 대체로 은유적 이미지로 나타낼 수 있다. 그 이미지의 재현은 물론 음악이나 미술, 언어적 매체에 따라 다르다. 하지만 오늘날 내러티브는 이미 말로 하는 대신 상상과 환상 이미지를 만드는 방법으로 표현의 왕국에 새로운 길을 열고 있다. 답이 예고되는 당연한 대사나 서술방식으로는 독자를 더 이상 긴장시킬 수 없다. 작가가 주도적으로 독자를 이끌고 나가면서 도덕적으로 훈계하거나 사회의 일정한 고정관념으로 눈물을 유도하는 방식으로는 더 이상 독자를 유혹할 수 없다. 특정한 매개수단으로 독자들로 하여금 자신만의 고유한 경험을 할 수 있게 하는 그런 서스펜스가 오늘날 환영받게 되었다. 그러므로 문학이든지 영화든지 언제나 수사법에서 새롭고 변화된 모습의 내러티브를 만들어야 한다. 부정성 속에서 인간은 새로운 것을 생각하기 때문이다.

매체의 변화는 내면의 수사학에 대한 생각을 근본적으로 뒤흔들어 놓았다. 중세에서 근대로 넘어오면서 말로 하는 시학이 글로 이루어진 시학에 의해 밀려난 것, 또 오늘날 책이라는 매체가 영상매체에 밀려나면서 내면의 수사학이 몸이나 비언어적 소통과 결부되게 된 것, 이 모두 내면의 수사학을 필요하고 가능하게 만들었다. 현대에 와서 진리는 어떤 선형적인 인과관계상의 논리나 주장보다는 상대적인 가치, 이를테면 상호주관성이나 다의성의 지배를 받는다. 그리고 그것은 "다른 진리와의 결속력을 가지고 있다."● 문학적 소통이 이런 패러다임 변화에 의미를 부여하는 것은 그것이 문화적 수사의 패턴을 근본적으로 뒤흔들기 때문이다. 지배계층이 유지하고 있던 '텍스트 권위'는 평등이라는 패러다임이 가치 있게 여기는 '텍스트 흔적'에 의해 밀려나고 말았다.

이젠 신학이나 철학, 절대주의나 민족주의 같은 거대담론이 퇴장하였다. 그 이후 그런 흔적이 역사(이야기)라는 것보다 더 많은 진실을 담고 있는 것으로 여겨진다.●● 데리다는 눈에 보이지 않는 텍스트는 "늘 수정본일 뿐인 문서들에서 만들어진 것이다. […] 모든 것은 재구성으로 출발한다."라고 말하였다. 현대의 텍스트는 절대적 진리내용보다는 상대적 가치에 의해 판단되는 텍스트 흔적으로서의 중요성을 더 중시하고 있다. 그렇기 때문에 전근대 문화가 갖고 있던 이성 우위의 상징을 재현하려는 수사의 문화보다는 숨겨진 욕망 기표를 해석하는 내면의 문화가 오늘날 주류를 이루게 되었다. 이것은 내러티브를 보는 또 하나의 새로운 눈이 되어야 한다.

● Nikolas Rescher, Die Grenzen der Wissenschaft, Reclam, Stuttgart, 1985, pp. 155~157.
●● Jacques Derrida, Gramatologie, Frankfurt a. M., 1974, p. 109.